高等职业教育文秘专业系列教材
职业教育课程改革示范教材
从业人员继续教育辅助教材

档案管理技能训练

第 2 版

主　编　陈　琳
副主编　朱晓倩　段宏毅　袁新芳
参　编　杨　兰　杨　璘　等

机械工业出版社

本书集档案的管理理论、技能训练、法律规范、案例思考于一体，共分12章。第一章通过走进档案室（馆）实地观摩等内容，让学生可近距离接触档案，了解档案及其收藏环境，了解档案工作人员及相关制度。第二至十章分别训练学生档案收集与鉴定、整理、登记与统计、检索、保管与利用、编研、人事档案管理、会计档案管理、特殊载体档案管理等技能。第十一章训练学生档案管理软件操作技能，以提高学生的档案管理现代化适应能力。第十二章将档案管理由公共领域延伸到家庭，进一步提高学生对档案及档案管理的认识、兴趣和能力。附录为企业档案管理规范和制度，涉及档案管理的方方面面，用来巩固本书所学内容。

本书有3个显著的创新点：

一是附录现行主要的档案管理法律法规、行业标准，特别是工业企业档案管理方面的法规、标准，旨在引导档案管理法制化、规范化；

二是增加大量档案管理实务方面的图形、表格、小资料，旨在增加趣味性、可读性；

三是吸收档案法规最新精神和档案研究前沿成果，旨在与时俱进，与实际相结合。项目后附有贴近学生实际、贴近企业实际的案例思考，以期本书更加适合于高职高专教学。选材新颖实用也是本书一大特色，内容涉及SARS、汶川地震、次贷危机、流动档案管理、信用档案管理等。

本书主要面向高职高专文秘专业学生，亦可作为其他层次文秘、档案、社区管理等专业辅助教材，还可以供企事业单位一线工作人员参阅之用。从以往的销售实践中发现，还有不少本科院校、中职学校选用本书。

为方便教学，本书配备电子课件等教学资源。凡选用本书作为教材的教师均可登录机械工业出版社教材服务网 www.cmpedu.com 免费下载电子课件。如下载过程中出现问题，或对电子课件有宝贵建议，欢迎致电010-88379375。

图书在版编目（CIP）数据

档案管理技能训练 / 陈琳主编．—2版．—北京：机械工业出版社，2015.5

（2023.8 重印）

高等职业教育文秘专业系列教材

ISBN 978-7-111-50356-9

Ⅰ．①档⋯　Ⅱ．①陈⋯　Ⅲ．①档案管理—高等职业教育—教材　Ⅳ．①G271

中国版本图书馆 CIP 数据核字（2015）第 109551 号

机械工业出版社（北京市百万庄大街22号　邮政编码100037）

策划编辑：徐春涛　　责任编辑：徐春涛

封面设计：张　静　　责任校对：徐春涛

责任印制：刘　媛

涿州市般润文化传播有限公司印刷

2023年8月第2版第8次印刷

184mm×260mm・17印张・418千字

标准书号：ISBN 978-7-111-50356-9

定价：49.80元

电话服务	网络服务
客服电话：010-88361066	机 工 官 网：www.cmpbook.com
010-88379833	机 工 官 博：weibo.com/cmp1952
010-68326294	金 书 网：www.golden-book.com
封底无防伪标均为盗版	机工教育服务网：www.cmpedu.com

　　本书是一本"视角新、观点新、形式新、选材新"的档案管理教材的尝试之作。传统本科教材将学生培养成档案"理论员",高职教材注重培养动手能力,但又容易将学生培养成档案"整理员"。本书致力于将学生培养成真正的档案"管理员"。内容集档案管理理论、技能训练、法律规范、案例思考于一体,增加了档案管理软件操作、家庭档案、流动人员人事档案管理、个人信用档案管理等崭新内容。

　　本书第1版自2009年1月出版以来,年年印刷,发行20000册,被百余所院校以及山东、江苏等地档案管理机构、专业服务机构选用,年销量、使用单位数居同类教材前列,成为当今档案管理职业教育和继续教育的主流教材。本书还是当当网、京东商城、淘宝网等网站热销教材,截至2015年1月,当当网商品评论高达889项,好评率达98.8%,强烈推荐购买。

　　本书获得社会的广泛关注与认可,对编者来说既是一种动力,也是一种压力。一方面我们积极将此次教材编写的想法和体会进一步理论化,在《档案管理》《浙江档案》发表职业教育档案管理教材编写原则与方法等文章;另一方面我们积极跟踪使用情况,听取各方面的意见和建议,为本书的修订做好各方面准备工作。

　　本次修订主要将2009年1月以来颁布的新法规、新标准、新规定,以及有关新技术、新要求、新做法融合到修订教材中,替换过时的法规,如编入新法规《企业文件材料归档范围和档案保管期限规定》(2012)、《企业档案工作规范》(2009);修订并适当充实了会计档案、电子档案、声像档案、实物档案等方面的内容;增加了时代感、亲切感更强的案例、插图、表格等,并对"案例思考"部分进行必要的分析与提示。

　　本书由陈琳任主编,朱晓倩、段宏毅、袁新芳任副主编,何杰、杨红华、俞杨、许兰、张小雨、丁海华、李小凡、杨兰、杨璘等参加编写。全书由陈琳统稿。

　　本书是江苏省职业教育教学改革研究重点课题(ZCZ41)"后现代视阈下的高职教材建设生态研究"阶段性研究成果。

　　在编写过程中,本书利用了一些同行的研究成果和网络资料,机械工业出版社徐春涛编辑为本书的出版付出了辛勤的劳动,对他们表示深深的谢意。

　　由于作者水平有限,本书难免存在缺点和错误之处,敬请读者批评指正。

　　联系方式：rwxcl@mail.ntvc.edu.cn

陈　琳

前言
第一章　走进档案室（馆） 1
 第一节　认识档案室（馆） 1
 第二节　掌握档案概念、分类及工作环节 4
 第三节　了解档案工作人员 9
 法规阅读与案例思考 10

第二章　档案收集与鉴定技能训练 16
 第一节　文书资料归档与移交 16
 第二节　拟写归档制度和档案征集公告 19
 第三节　编制新的机关文书档案保管期限表 21
 第四节　拟写档案鉴定销毁制度 25
 法规阅读与案例思考 28

第三章　档案整理技能训练 52
 第一节　做好整理准备工作 52
 第二节　按"件"整理档案 57
 第三节　按"卷"整理档案 68
 第四节　编写立卷说明 70
 法规阅读与案例思考 71

第四章　档案登记与统计技能训练 80
 第一节　档案登记与统计 80
 第二节　做好档案登记工作 81
 第三节　编制档案统计报表 87
 法规阅读与案例思考 93

第五章　档案检索技能训练 101
 第一节　认识档案检索工具 101
 第二节　档案著录 106
 第三节　档案标引 113
 第四节　档案计算机检索 116
 法规阅读与案例思考 118

第六章　档案保管与利用技能训练 125
 第一节　认识档案保管环境 125
 第二节　整理全宗卷 132
 第三节　做好档案利用工作 136

第四节　档案用户调研与档案开放 ………………………………………………………… 140
　　案例思考 ………………………………………………………………………………………… 144

第七章　档案编研技能训练 …………………………………………………………………… 146
　　第一节　了解档案编研 ………………………………………………………………………… 146
　　第二节　编写全宗介绍 ………………………………………………………………………… 150
　　第三节　编写大事记 …………………………………………………………………………… 152
　　第四节　编写组织沿革 ………………………………………………………………………… 156
　　第五节　编写基础数字汇编 …………………………………………………………………… 159
　　第六节　编写档案文摘汇编与专题概要 ……………………………………………………… 160
　　第七节　出版档案编研成果 …………………………………………………………………… 162
　　案例思考 ………………………………………………………………………………………… 165

第八章　人事档案管理技能训练 ………………………………………………………………… 167
　　第一节　认识人事档案 ………………………………………………………………………… 167
　　第二节　管理人事档案 ………………………………………………………………………… 171
　　第三节　流动人员人事档案管理 ……………………………………………………………… 180
　　法规阅读与案例思考 …………………………………………………………………………… 182

第九章　会计档案管理技能训练 ………………………………………………………………… 189
　　第一节　认识会计档案 ………………………………………………………………………… 189
　　第二节　管理会计档案 ………………………………………………………………………… 191
　　第三节　管理会计电算化档案 ………………………………………………………………… 193
　　法规阅读与案例思考 …………………………………………………………………………… 195

第十章　特殊载体档案管理技能训练 …………………………………………………………… 199
　　第一节　管理电子档案 ………………………………………………………………………… 199
　　第二节　管理声像档案 ………………………………………………………………………… 203
　　第三节　管理照片档案 ………………………………………………………………………… 206
　　第四节　管理实物档案 ………………………………………………………………………… 209
　　法规阅读与案例思考 …………………………………………………………………………… 211

第十一章　档案管理软件操作技能训练 ………………………………………………………… 229
　　第一节　安装运行与系统设置 ………………………………………………………………… 229
　　第二节　收文和发文登记管理 ………………………………………………………………… 231
　　第三节　归档文件管理 ………………………………………………………………………… 236
　　第四节　数据备份与恢复 ……………………………………………………………………… 241
　　法规阅读 ………………………………………………………………………………………… 243

第十二章　家庭档案DIY ………………………………………………………………………… 246
　　第一节　认识家庭档案 ………………………………………………………………………… 246
　　第二节　整理家庭档案 ………………………………………………………………………… 248
　　案例思考 ………………………………………………………………………………………… 250

附录 ………………………………………………………………………………………………… 252
　　附录A　企业档案工作规范 …………………………………………………………………… 252
　　附录B　企业档案管理制度一则 ……………………………………………………………… 260

参考文献 …………………………………………………………………………………………… 265

走进档案室（馆）

> **学习任务和目标**
>
> （1）进入档案工作实际环境，了解档案室（馆）的结构组织、环境要求、整理工具、保管工具等，培养学生对档案室（馆）整体布局、环境布置的能力。
>
> （2）直接触摸档案实物，翻阅档案利用登记簿，掌握档案的定义、价值、作用等。
>
> （3）走访档案工作人员，了解档案工作者应具备的职业道德、工作能力、工作要求等，培养学生与人沟通、交流合作的能力。

档案室（馆）是档案的集聚之地，是档案工作人员的重要工作场所。通过走进档案室（馆）实地观摩学习，学生可以近距离地接触档案，了解档案及其收藏环境，了解档案工作人员及相关工作制度。

第一节 认识档案室（馆）

一、认识档案室（馆）类型与任务

1. 档案室类型与任务

我国档案室数量多、分布广，主要类型有普通档案室、科技档案室、音像档案室、人事档案室、综合档案室、联合档案室、档案信息中心。基本任务是：集中统一地管理本机关各部门形成的各种门类和载体的全部档案，为本机关各项工作服务，并为党和国家积累档案史料。具体任务是：对本机关文书部门或业务部门文件材料归档工作进行指导和监督；负责管理本单位的全部档案和相关资料，并积极组织提供利用；定期把具有长远保存价值的档案向档案馆移交。

2. 档案馆类型与任务

我国档案馆共分三类：国家档案馆（包括国家综合档案馆和国家专门档案馆）、部门档案馆（包括部门综合档案馆和部门专门档案馆）、企业事业及其他社会组织单位档案馆。基本任务是：收集、保管和利用档案，维护档案的完整与安全，维护历史的真实，服务于现实和未来。

二、了解档案工作基础设施

（1）有专门库房，并做到档案库房、阅览室、办公室三分开。

（2）有充足并且规范统一的档案箱柜，条件好的单位还配有密集架（如图1-1所示）、底图柜（如图1-2所示）等。

图1-1 密集架

图1-2 底图柜

（3）有照相机、录音机、录像机、复印机、计算机、打印机、装订机（如图1-3所示）、档案缝纫机（如图1-4所示）等。

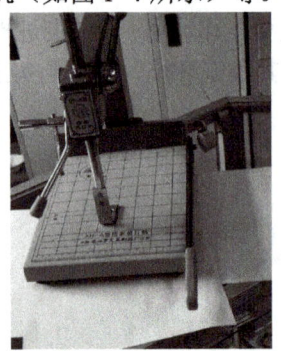

图1-3 装订机

图1-4 档案缝纫机

（4）有空调、去湿机（如图1-5所示）、温湿度计（如图1-6所示），库房温湿度要达到国家规定标准。

图1-5 去湿机

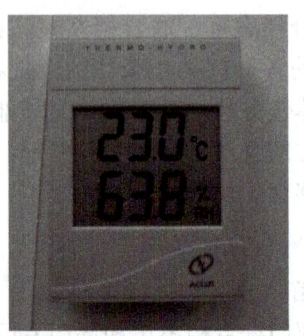

图1-6 温湿度计

小实例：

档案库房温湿度记录表

____年____月　　　库房号_____　　　记录人_____

日期	上午8时		下午5时		日期	上午8时		下午5时	
	温度/℃	相对湿度（%）	温度/℃	相对湿度（%）		温度/℃	相对湿度（%）	温度/℃	相对湿度（%）

（5）档案库房安装防盗门窗，配备灭火器等消防设施。

三、了解档案工作机构与工作制度

1. 档案工作机构的设置

（1）**单位档案室**　各级各类机关、团体、企业、事业单位和其他组织内设立的档案室。

（2）**文件中心**　集中保管并提供利用的机关、事业单位处理完毕的文件的机构。文件由文件中心管理的单位，原则上不再设立档案室；文件未纳入文件中心管理的单位，应设置档案室。

（3）**各级各类档案馆**　中央和各省、市、县综合档案馆（公共档案馆），中央和国家各部门档案馆，专门档案馆，企业档案馆。

（4）**各级档案局**　国家和各省、市、县人民政府的档案行政管理部门，《档案法》的执法主体。

2. 档案室应标识的工作制度

（1）档案工作人员岗位职责

（2）文件材料归档制度

（3）档案保管制度

（4）档案阅览制度

（5）档案鉴定与销毁制度

（6）档案保密制度

（7）安全防火制度

四、了解档案室布局要求与防护措施

1. 档案室的布局要求

（1）档案室用房一般要求档案库房、办公室、阅览室三分开。

（2）用平房作档案室的，位置要在办公室附近，地势要高于周围地势。

（3）用楼房作档案室的，原则上位置不要在顶楼或楼两侧。

（4）档案室要远离卫生间、洗漱间、热水房等。

（5）使用计算机管理档案时，计算机要求放在档案工作人员办公室。

2. 档案室的防护措施

（1）要在明显处标识"严禁烟火"警示牌。
（2）照明灯具要选用 40W 或 60W 乳白色白炽灯，并加装防爆罩禁止使用日光灯。
（3）灭火器材要方便取放，不允许放在档案库房内。
（4）档案室要配备手电筒，以备停电时使用，严禁明火照明。
（5）档案室温度一般控制在 14～24℃，相对湿度为 50%～65%。
（6）档案库房的窗户要配有红黑两色窗帘，避免阳光直射档案。
（7）档案橱柜的摆放应与窗户垂直。
（8）档案室要安装防盗窗、防盗门，并要妥善保管钥匙。

小知识：世界档案之最

1. 世界上现存最大的一份纸草档案

公元前 1164 年，埃及法老拉美西斯四世时制成的特大型纸草文件，文件记载了其父拉美西斯三世在位期间的功绩和善行，现存于伦敦不列颠博物馆。

2. 世界上创刊最早的档案专业刊物

1876 年，德国《档案杂志》创刊，该刊物由巴伐利亚州档案局出版，年刊，德文，主要刊登档案学论文和档案汇集介绍。

3. 世界上第一个提出"档案学已经成为一门独立学科"观点的人

1884 年，法国著名历史学家郎格鲁在《国际档案馆、图书馆、博物馆杂志》第一卷第一期上发表了《关于档案学的科学》一文，第一次提出了"档案学已经成为一门独立学科"的观点。

4. 世界上唯一的档案专业出版社

1982 年 1 月 3 日，中国成立了档案出版社，这是世界上唯一的档案专业出版社。

5. 世界上唯一的档案专业报纸

1995 年，《中国档案报》正式创刊，这是世界上唯一的档案专业报纸。

第二节　掌握档案概念、分类及工作环节

一、掌握档案的法定含义

《中华人民共和国档案法》将档案的定义表述为："本法所称的档案，是指过去和现在的国家机构、社会组织以及个人从事政治、经济、科学、技术、文化、宗教等活动直接形成的对国家和社会有保存价值的各种文字、图表、声像等不同形式的历史记录。"

国家档案局 2000 年 12 月发布的行业标准 DA/T 1—2000《档案工作基本术语》将档案的定义表述为："国家机关、社会组织或个人在社会活动中直接形成的有价值的各种形式的历史记录。"

档案定义表达了 7 方面含义：档案形成的时间（历史性）；档案产生的主体（多元性）；档案来源渠道（广泛性）；档案形成的特点（原始性）；档案保存的目的（价值性）；档案

表现的形式（多样性）；档案的本质属性（记录性）。

二、了解档案的价值和作用

档案的价值有两个方面：一是凭证价值，二是参考价值。

1. 凭证价值

档案是历史的真凭实据，这是由档案的本质属性——原始记录性所决定的。从档案的形成看，它是形成者当时、当地、当事直接使用的文件材料转化而来的，是未经任何改动的原件，即使其内容不真实、不准确，也都是原本地、客观地记录了人们当时的思想和行为，是令人信服的历史证据。从档案自身特点看，它记录了形成者留下的历史真迹，是确凿无疑的原始文件和历史凭证，可以成为查考、研究、争辩、护权和处理问题时具有法律效力的依据。

> **小实例：凭证价值**
>
> 一页证书，一次机会
>
> 家住奉化市庄山五村的周某是一家企业的工人，原来的学历为高中毕业。2006年，他打算参加技师职称考试，但是在准备相关资料时，奉化一中的毕业证书却怎么也找不到了，他心急如焚。于是，他抱着一丝希望，走进了奉化市档案馆。在馆藏档案里发现了当年的毕业证书存根，他终于获得了参加技师考试的机会。

2. 参考价值

档案反映人类社会实践活动的正反两方面的教训，可为后人提供广泛的借鉴。它对于人们查考既往实践、探索事物发展的过程及其规律，总结和吸取历史的经验教训，开拓创新，是必备的参考材料，具有广泛的情报价值。

档案的作用是多方面的，概括起来主要有以下几个方面：

（1）机关工作的查考凭证

（2）生产建设的参考依据

（3）政治斗争的必要工具

（4）科学研究的可靠资料

（5）宣传教育的生动素材

> **小实例：参考价值**
>
> 档案为煤气管道过江开绿灯
>
> 煤气二期工程是湘潭市"八五"期间的重点建设项目。煤气管道如何通过湘江是这一工程的关键和难题。开始，考虑了从江底打隧道或架设简易桥铺设管道两个方案。工作人员在市城建档案馆详细查阅了20世纪50年代设计的湘潭大桥的档案材料24卷（册）、图纸101张，考证了湘潭大桥设计时已预留了管道过江位置。市政府根据这一考证，果断决策从桥面预留的位置上铺设管道过江。采用这一方案，不仅大大减少了勘测、设计、施工时间，而且还节省费用360万元人民币。

三、了解档案的基本分类

（1）**按产生领域分**　文书档案、科技档案及专门档案（如会计档案、诉讼档案）。

（2）**按制成材料分**　甲骨、竹简、缣帛、纸质、胶片、磁带、光盘、实物档案等。

（3）**按单位性质分**　党政机关档案、事业单位档案、企业档案、军队档案、农村档案等。

（4）**按形成时期分**　新中国成立前档案（包括革命历史档案和旧政权档案）、新中国成立后档案。前者常称为历史档案，后者常称为现实档案。

四、掌握工业企业档案的分类

为深化企业档案业务管理，提高档案现代化科学管理水平，促进企业档案工作的整体建设，使档案更好地服务于企业生产、经营管理和技术进步，1991年7月国家档案局发布了《工业企业档案分类试行规则》。

本规则适用于全国工业企业档案的分类整理、组织案卷和排架管理。交通、邮电、建筑施工、农林和商业服务等企业亦可参照执行。工业企业档案分类原则是以全部档案为对象，依据企业管理职能，结合档案内容及其形成特点，保持档案之间的有机联系，便于科学管理与开发利用。

工业企业档案分类设置10个一级类目（见表1-1）：党群工作类、行政管理类、经营管理类、生产技术管理类、产品类、科学技术研究类、基本建设类、设备仪器类、会计档案类、干部职工档案类。特大型企业或生产程序特殊的企业，有些档案难以归入上述10大类目时，可根据实际需要增设一级类目。工业企业档案分类按照企业管理职能和档案特点设置基本二级类目，企业可结合实际需要增设或减少二级类目。声像、照片或其他非纸质载体形式的档案，其形成、反映的内容和作用与纸质载体档案有着不可分割的联系，一般不单独设置类目，可视其内容特征同纸质档案对应分类编号。考虑其载体形式和保管要求不同，应分库保管，其他则不作统一规定。

表1-1　工业企业档案分类表

一级类目名称	二级类目名称	基 本 范 围
党群工作类	党务工作	党委综合性工作，党员代表大会或党委其他有关会议，党委办公室其他事务性工作等
	组织工作	组织建设，整党建党，党员和党员干部管理，学费管理等
	宣传工作	理论教育，各种工作活动宣传，政治思想工作与精神文明建设等
	统战工作	民主党派工作，无党派人事工作，港澳台工作，华侨工作，民族事务，宗教事务等
	纪检工作	党风治理，党纪检查，案件审理，信访工作等
	工会工作	职工代表大会，职工民主管理，劳动竞赛，劳保福利，女工工作，文化艺术和体育活动等
	共青团工作	组织建设，政治思想教育，团员大会，团员管理，团费管理，青少年工作等
	协会工作	各专业学会，协会工作、各群众团体活动等
行政管理类	行政事务	企业综合性行政事务工作，厂务会议，厂长（经理）办公室工作，文秘工作，机要保密工作等

第一章 走进档案室(馆)

(续)

一级类目名称	二级类目名称	基 本 范 围
行政管理类	公安保卫	社会治安,武装保卫,枪支弹药管理,民兵工作,消防,交通管理,刑事案件审理,人防工作等
	法纪监察	法律事务,政纪监察,违纪案件审理等
	审计工作	各专项审计工作活动等
	人事管理	干部管理,员工招聘、录用、调配工作,企业劳务出口工作等
	教育工作	普及教育,中等职业教育,高等教育,职工在职培训,幼儿教育等
	医疗卫生	卫生监督与管理,职工防病治病,计划生育工作等
	后勤福利	职工生活福利,食堂,商店,幼儿园,农牧副业,职工住房,企业第三产业等
	外事工作	企业涉外活动
经营管理类	经营决策	企业改革,重大经营战略性决策,企业发展规划,方针目标管理等
	计划工作	企业中、长期计划,年(季)度计划,各项专业发展计划,全面计划管理工作等
	统计工作	各种统计报表,企业综合性统计分析工作等
	财务管理	资金管理,价格管理,会计管理,资金流通等
	物资管理	物资供应,仓库管理,废旧物资回收与修旧利废等
	产品销售	市场分析,用户调查,产品销售,广告宣传,售后服务工作等
	企业管理	企业普查,企业整顿和企业升级,经济责任制管理,企业管理现代化工作等
生产技术管理类	生产调度	生产组织,调度指挥工作等
	质量管理	企业全面质量管理,产品质量检测和质量控制工作等
	劳动管理	劳动定额、定员,劳动调配,劳动工资,劳动保护等
	能源管理	能源消耗定额管理,节能降耗工作等
	安全管理	安全生产,工伤事故处理,职工安全教育等
	科技管理	新产品开发,科技成果管理,技术引进,技术革新等
	环境保护	环境保护检测与控制,污染治理等
	计量工作	各种计量检测工作
	标准化工作	企业标准化管理工作,各种标准档案
	档案和信息管理	企业档案工作,各类数据管理,电子计算机系统,情报工作,图书资料工作等
产品类	产品档案二级类目按产品种类或型号设置	同一产品型号内,包含产品从开发、设计、工艺、工装、加工制造、检验、包装、商标广告和产品评优的全过程
科学技术研究类	科研档案二级类目按课题设置	同一科研项目内,包含课题立项、研究准备、研究试验、总结鉴定、成果报奖、推广应用等项目研究和管理的全过程
基本建设类	基建档案二级类目按工程项目或建筑项目设置	同一工程项目内,包含工程的勘探测绘、设计、施工、竣工验收和工程创优的全过程
设备仪器类	设备仪器档案二级类目按设备种类或型号设置	同一设备仪器内,包含设备购置、安装调试、运行、维护修理和设备管理等全过程
会计档案类	凭证	各种会计凭证
	账簿	各种财务账簿
	报表	各种财务报表
	其他	
干部职工档案类	干部档案	
	工人档案	
	离退休职工档案	
	死亡职工档案	

五、掌握档案工作 8 大环节

1. 档案的收集

档案的收集是档案室和档案馆接收和征集档案的总称，包括档案室对本单位归档案卷的接收，档案馆对现行机关或撤销机关移交档案的接收、对社会各界人士捐赠档案的接收、对流散在社会上的珍贵档案的征集。档案收集的任务，是要解决档案分散状况与保管、利用档案要求合理集中的矛盾，只有"化分散为集中"，才便于保管和利用。

2. 档案的整理

档案的整理是将零散文件分门别类地形成档案有机体的一项工作，包括分类、立卷、案卷的排列、案卷目录的编制等一系列工作程序。档案整理的任务，是要解决档案零散状态与保管、利用档案要求其系统化的矛盾，只有"化零散为系统"，使档案由无序状态转化为有序状态，才便于保管和利用。

3. 档案的鉴定

档案的鉴定是指对档案保存价值的鉴定，是鉴别档案价值的大小、确定保管期限、决定档案存毁的一项工作。档案鉴定的任务，是要解决档案的量大质杂，与保管、利用档案要求其优质化的矛盾，只有"化质杂为质优"，淘汰档案中无用部分，存留其有用部分，才便于保管和利用。

4. 档案的保管

档案的保管是保护档案的安全、延长档案寿命的一项工作，包括档案保护技术工作和库房管理工作。档案保管的任务，是要解决档案的易损性与社会要求长期保管和利用档案的矛盾，只有最大限度地延长档案的寿命，或者通过缩微复制等技术手段保护档案信息并使之久传，才能保证社会对其的长远利用。

5. 档案的统计

档案的统计以表格数字形式全面地反映档案、档案工作和档案事业状况，包括档案的收进、移出、整理、鉴定、保管、利用情况，以及档案机构、人员、经费、设备的登记和统计。档案统计是取得各种反馈信息，对档案工作进行监督的重要手段之一，是档案部门了解情况、总结经验、进行决策、制订计划的依据。

6. 档案的检索

档案的检索又称档案编目，是对档案内容和形式进行分析、选择、浓缩和记录，并按照一定次序编排成为各种目录的工作过程。档案的目录包括：①检索性目录，如案卷目录、分类目录、专题目录、主题目录、人名目录等；②介绍性目录，如档案馆指南、全宗指南、专题指南等。档案的编目工作，就是为了解决不断增长的大量档案与利用者对档案信息特定需要之间的矛盾。

7. 档案的利用

档案的利用又称档案信息的输出，是通过多种信息传输渠道和媒介，将档案信息传递给利用者的工作过程。它是档案工作为各项社会实践服务的直接体现，它把档案利用由可能性变成现实性，通过它可以把档案工作搞活，把档案这种"死材料"变成"活信息"，在各项社会实践中发挥作用。

8. 档案的编研

档案的编研指档案馆（室）工作人员对档案资料的编辑与研究工作，包括编辑档案文献汇编、编写综合参考资料以及编史修志等。其主要任务是按照一定的选题，将重要的档案编辑成为文献出版物，如档案史料汇编或丛编，重要文件汇编或政策法令汇编，以及科学技术资料汇编等；或者将档案信息浓缩化、系统化，编成大事记、组织沿革、基础数字汇编、专题概要等，以便于不同利用对象的利用。

> **小知识："档案"溯源**
>
> "档案"一词最早出现于清代。清代康熙十九年（1680年）档案《起居注册》记载：该年十月，在批阅秋审众犯册时，"上问：'马哈喇之父与叔皆没于阵，本身亦有功牌，其罪如何？'大学士明珠奏曰：'马哈喇之父、叔阵没，皆系松山等处事，部中无档案，故控告时部议不准。'"
>
> "档案"一词具有形象的和内在的意义。"档"，《康熙字典》解释为"横木框档"，即木架框格的意思；"案"，《说文解字》解释为"几属"，即小桌一类的东西。由此引申，又把处理一桩事件的有关文件叫做一案，并通称收存的官方文件为"案""卷案""案卷"。"档"字和"案"字连用，就是存入档架收贮起来的案卷，而把放置档案的架子称作档架，把一格称为一档。这些叫法有的一直沿用下来，但是其含义已经得到了深化和发展。

第三节 了解档案工作人员

一、了解档案工作人员应具备的素质

（1）**政治素质** 忠诚于档案事业，恪守本职，遵纪守法，勤奋工作。

（2）**专业素质** 熟悉档案工作的法律、法规和规章制度，掌握档案工作的一般规律，学习、掌握档案工作专业知识，不断提高档案业务技能，善于解决档案工作实际问题。

（3）**相关素质** 广泛了解与档案工作相邻、相关的专业知识，努力提高科学、文化、历史和现代化管理等知识水平和开拓创新能力。

二、了解档案工作人员岗位职责

（1）热爱档案工作，为档案事业尽职尽责。

（2）努力钻研业务，掌握各门类档案材料的分类、组卷和管理、信息开发利用等知识技术。

（3）努力使归档的文件材料收集齐全、保管科学、查找方便，保证有较高的案卷质量，实现档案管理标准化、规范化。

（4）做好本机关档案材料的立卷归档和本系统档案业务指导工作。

（5）坚持原则，保守机密，坚守岗位，不得把档案资料擅自带离岗位或给无关人员抄阅，不随便谈论机密事宜，做到不丢密、不泄密。

（6）热情接待档案利用人员，为查档者提供方便，做到迅速、准确地提供档案资料。

（7）加强综合档案室的日常管理工作，定期检查，保证档案完整无缺，保持档案室整

齐清洁。

（8）做好档案资料的统计工作。

三、了解档案专业职务任职条件

档案专业职务有研究馆员、副研究馆员、馆员、助理馆员、管理员。研究馆员、副研究馆员是高级职务；馆员是中级职务；助理馆员、管理员是初级职务。

（1）**管理员**　高职高专、中职毕业，见习一年期满，初步掌握档案专业基本知识，对档案工作有关规章制度有一定的了解，并初步掌握档案工作的基本方法和技能。

（2）**助理馆员**　大学本科毕业见习一年期满，高职高专毕业担任管理员职务2年以上，中职毕业担任管理员职务4年以上，比较系统地掌握档案专业基础理论和专业知识，基本了解党和国家有关档案工作的方针、政策和档案工作的规章制度，初步掌握一门外语或基本掌握古汉语。

（3）**馆员**　大学本科毕业担任助理馆员职务4年以上，高职高专毕业，担任助理馆员职务5年以上，系统地掌握档案专业的基础理论和专业知识，熟悉党和国家有关档案工作的方针、政策和档案工作法规，能起草本地区、本系统、本部门有关规章制度，掌握一门外语或古汉语。

（4）**副研究馆员**　获得博士学位，担任馆员职务2～3年，具有大学本科以上学历，担任馆员职务5年以上，对档案学有较深的研究，能够指导档案专业人员进行业务、学术研究，解决业务工作中的疑难问题，熟练掌握一门外语。

（5）**研究馆员**　担任副研究馆员职务5年以上，对档案学有较深的造诣，能够指导档案专业人员进行业务、学术研究，解决业务工作中的重大疑难问题，工作成绩卓著，对档案事业有较大的贡献，熟练掌握一门外语。

法规阅读与案例思考

▶ 法规阅读

中华人民共和国档案法（节选）

第一章　总　　则

第一条　为了加强档案管理，规范档案收集、整理工作，有效保护和利用档案，提高档案信息化建设水平，推进国家治理体系和治理能力现代化，为中国特色社会主义事业服务，制定本法。

第二条　从事档案收集、整理、保护、利用及其监督管理活动，适用本法。

本法所称档案，是指过去和现在的机关、团体、企业事业单位和其他组织以及个人从事经济、政治、文化、社会、生态文明、军事、外事、科技等方面活动直接形成的对国家和社会具有保存价值的各种文字、图表、声像等不同形式的历史记录。

第三条　坚持中国共产党对档案工作的领导。各级人民政府应当加强档案工作，把档案事业纳入国民经济和社会发展规划，将档案事业发展经费列入政府预算，确保档案事业发展与国民经济和社会发展水平相适应。

第四条　档案工作实行统一领导、分级管理的原则，维护档案完整与安全，便于社会各方面的利用。

第五条　一切国家机关、武装力量、政党、团体、企业事业单位和公民都有保护档案的义务，享有依法利用档案的权利。

第六条　国家鼓励和支持档案科学研究和技术创新，促进科技成果在档案收集、整理、保护、利用等方面的转化和应用，推动档案科技进步。

国家采取措施，加强档案宣传教育，增强全社会档案意识。

国家鼓励和支持在档案领域开展国际交流与合作。

第七条　国家鼓励社会力量参与和支持档案事业的发展。

对在档案收集、整理、保护、利用等方面做出突出贡献的单位和个人，按照国家有关规定给予表彰、奖励。

第二章　档案机构及其职责

第八条　国家档案主管部门主管全国的档案工作，负责全国档案事业的统筹规划和组织协调，建立统一制度，实行监督和指导。

县级以上地方档案主管部门主管本行政区域内的档案工作，对本行政区域内机关、团体、企业事业单位和其他组织的档案工作实行监督和指导。

乡镇人民政府应当指定人员负责管理本机关的档案，并对所属单位、基层群众性自治组织等的档案工作实行监督和指导。

第九条　机关、团体、企业事业单位和其他组织应当确定档案机构或者档案工作人员负责管理本单位的档案，并对所属单位的档案工作实行监督和指导。

中央国家机关根据档案管理需要，在职责范围内指导本系统的档案业务工作。

第十条　中央和县级以上地方各级各类档案馆，是集中管理档案的文化事业机构，负责收集、整理、保管和提供利用各自分管范围内的档案。

第十一条　国家加强档案工作人才培养和队伍建设，提高档案工作人员业务素质。

档案工作人员应当忠于职守，遵纪守法，具备相应的专业知识与技能，其中档案专业人员可以按照国家有关规定评定专业技术职称。

第三章　档案的管理

第十二条　按照国家规定应当形成档案的机关、团体、企业事业单位和其他组织，应当建立档案工作责任制，依法健全档案管理制度。

第十三条　直接形成的对国家和社会具有保存价值的下列材料，应当纳入归档范围：

（一）反映机关、团体组织沿革和主要职能活动的；

（二）反映国有企业事业单位主要研发、建设、生产、经营和服务活动，以及维护国有企业事业单位权益和职工权益的；

（三）反映基层群众性自治组织城乡社区治理、服务活动的；

（四）反映历史上各时期国家治理活动、经济科技发展、社会历史面貌、文化习俗、生态环境的；

（五）法律、行政法规规定应当归档的。

非国有企业、社会服务机构等单位依照前款第二项所列范围保存本单位相关材料。

第十四条　应当归档的材料，按照国家有关规定定期向本单位档案机构或者档案工作人员移交，集中管理，任何个人不得拒绝归档或者据为己有。

国家规定不得归档的材料，禁止擅自归档。

第十五条　机关、团体、企业事业单位和其他组织应当按照国家有关规定，定期向档案馆移交档案，档案馆不得拒绝接收。

经档案馆同意，提前将档案交档案馆保管的，在国家规定的移交期限届满前，该档案所涉及政府信息公开事项仍由原制作或者保存政府信息的单位办理。移交期限届满的，涉及政府信息公开事项的档案按照档案利用规定办理。

第十六条　机关、团体、企业事业单位和其他组织发生机构变动或者撤销、合并等情形时，应当按照规定向有关单位或者档案馆移交档案。

第十七条　档案馆除按照国家有关规定接收移交的档案外，还可以通过接受捐献、购买、代存等方式收集档案。

第十八条　博物馆、图书馆、纪念馆等单位保存的文物、文献信息同时是档案的，依照有关法律、行政法规的规定，可以由上述单位自行管理。

档案馆与前款所列单位应当在档案的利用方面互相协作，可以相互交换重复件、复制件或者目录，联合举办展览，共同研究、编辑出版有关史料。

第十九条　档案馆以及机关、团体、企业事业单位和其他组织的档案机构应当建立科学的管理制度，便于对档案的利用；按照国家有关规定配置适宜档案保存的库房和必要的设施、设备，确保档案的安全；采用先进技术，实现档案管理的现代化。

档案馆和机关、团体、企业事业单位以及其他组织应当建立健全档案安全工作机制，加强档案安全风险管理，提高档案安全应急处置能力。

第二十条　涉及国家秘密的档案的管理和利用，密级的变更和解密，应当依照有关保守国家秘密的法律、行政法规规定办理。

第二十一条　鉴定档案保存价值的原则、保管期限的标准以及销毁档案的程序和办法，由国家档案主管部门制定。

禁止篡改、损毁、伪造档案。禁止擅自销毁档案。

第二十二条　非国有企业、社会服务机构等单位和个人形成的档案，对国家和社会具有重要保存价值或者应当保密的，档案所有者应当妥善保管。对保管条件不符合要求或者存在其他原因可能导致档案严重损毁和不安全的，省级以上档案主管部门可以给予帮助，或者经协商采取指定档案馆代为保管等确保档案完整和安全的措施；必要时，可以依法收购或者征购。

前款所列档案，档案所有者可以向国家档案馆寄存或者转让。严禁出卖、赠送给外国人或者外国组织。

向国家捐献重要、珍贵档案的，国家档案馆应当按照国家有关规定给予奖励。

第二十三条　禁止买卖属于国家所有的档案。

国有企业事业单位资产转让时，转让有关档案的具体办法，由国家档案主管部门制定。

档案复制件的交换、转让，按照国家有关规定办理。

第二十四条　档案馆和机关、团体、企业事业单位以及其他组织委托档案整理、寄存、开发利用和数字化等服务的，应当与符合条件的档案服务企业签订委托协议，约定服务的范围、质量和技术标准等内容，并对受托方进行监督。

受托方应当建立档案服务管理制度，遵守有关安全保密规定，确保档案的安全。

第二十五条　属于国家所有的档案和本法第二十二条规定的档案及其复制件，禁止擅自运送、邮寄、携带出境或者通过互联网传输出境。确需出境的，按照国家有关规定办理审批手续。

第二十六条　国家档案主管部门应当建立健全突发事件应对活动相关档案收集、整理、保护、利用工作机制。

档案馆应当加强对突发事件应对活动相关档案的研究整理和开发利用，为突发事件应对活动提供文献参考和决策支持。

第四章　档案的利用和公布

第二十七条　县级以上各级档案馆的档案，应当自形成之日起满二十五年向社会开放。经济、教育、科技、文化等类档案，可以少于二十五年向社会开放；涉及国家安全或者重大利益以及其他到期不宜开放的档案，可以多于二十五年向社会开放。国家鼓励和支持其他档案馆向社会开放档案。档案开放的具体办法由国家档案主管部门制定，报国务院批准。

第二十八条　档案馆应当通过其网站或者其他方式定期公布开放档案的目录，不断完善利用规则，创新服务形式，强化服务功能，提高服务水平，积极为档案的利用创造条件，简化手续，提供便利。

单位和个人持有合法证明，可以利用已经开放的档案。档案馆不按规定开放利用的，单位和个人可以向档案主管部门投诉，接到投诉的档案主管部门应当及时调查处理并将处理结果告知投诉人。

利用档案涉及知识产权、个人信息的，应当遵守有关法律、行政法规的规定。

第二十九条　机关、团体、企业事业单位和其他组织以及公民根据经济建设、国防建设、教学科研和其他工作的需要，可以按照国家有关规定，利用档案馆未开放的档案以及有关机关、团体、企业事业单位和其他组织保存的档案。

第三十条　馆藏档案的开放审核，由档案馆会同档案形成单位或者移交单位共同负责。尚未移交进馆档案的开放审核，由档案形成单位或者保管单位负责，并在移交时附具意见。

第三十一条　向档案馆移交、捐献、寄存档案的单位和个人，可以优先利用该档案，并可以对档案中不宜向社会开放的部分提出限制利用的意见，档案馆应当予以支持，提供便利。

第三十二条　属于国家所有的档案，由国家授权的档案馆或者有关机关公布；未经档案馆或者有关机关同意，任何单位和个人无权公布。非国有企业、社会服务机构等单位和个人形成的档案，档案所有者有权公布。

公布档案应当遵守有关法律、行政法规的规定，不得损害国家安全和利益，不得侵犯他人的合法权益。

第三十三条　档案馆应当根据自身条件，为国家机关制定法律、法规、政策和开展有关问题研究，提供支持和便利。

档案馆应当配备研究人员，加强对档案的研究整理，有计划地组织编辑出版档案材料，在不同范围内发行。

档案研究人员研究整理档案，应当遵守档案管理的规定。

第三十四条　国家鼓励档案馆开发利用馆藏档案，通过开展专题展览、公益讲座、媒体宣传等活动，进行爱国主义、集体主义、中国特色社会主义教育，传承发展中华优秀传统文化，继承革命文化，发展社会主义先进文化，增强文化自信，弘扬社会主义核心价值观。

第五章　档案信息化建设

第三十五条　各级人民政府应当将档案信息化纳入信息化发展规划，保障电子档案、传统载体档案数字化成果等档案数字资源的安全保存和有效利用。

档案馆和机关、团体、企业事业单位以及其他组织应当加强档案信息化建设，并采取措施保障档案信息安全。

第三十六条　机关、团体、企业事业单位和其他组织应当积极推进电子档案管理信息系统建设，与办公自动化系统、业务系统等相互衔接。

第三十七条　电子档案应当来源可靠、程序规范、要素合规。

电子档案与传统载体档案具有同等效力，可以以电子形式作为凭证使用。

电子档案管理办法由国家档案主管部门会同有关部门制定。

第三十八条　国家鼓励和支持档案馆和机关、团体、企业事业单位以及其他组织推进传统载体档案数字化。已经实现数字化的，应当对档案原件妥善保管。

第三十九条　电子档案应当通过符合安全管理要求的网络或者存储介质向档案馆移交。

档案馆应当对接收的电子档案进行检测，确保电子档案的真实性、完整性、可用性和安全性。

档案馆可以对重要电子档案进行异地备份保管。

第四十条　档案馆负责档案数字资源的收集、保存和提供利用。有条件的档案馆应当建设数字档案馆。

第四十一条　国家推进档案信息资源共享服务平台建设，推动档案数字资源跨区域、跨部门共享利用。

……

案例思考

案例1　被盗的图纸

某市一家机械厂于1994年2月与市机械研究所合作研制生产2L30型装载机，正当技术人员为试制作生产设计，晒图做生产技术准备时，厂办公室秘书王××利用工作之便，趁档案员李××将钥匙放在桌子上不备之机，将档案室门上的钥匙压在事先准备好的一块胶泥上并配制钥匙成功，在夜间将档案室的门打开，盗出2L30型装载机图纸，以1万元的价格卖给外地一家工程机械厂。由于该厂没有及时发现图纸被盗一事，故该厂将此作为拳头产品还在研制时，外厂已照图纸投入生产，以致给该企业造成严重的经济损失。

案例2　席世国窃密案纪实

椰影婆娑，浪逐白沙，美丽的海南安宁而富有南国风韵。然而，在这份安宁背后，境外情报机构悄悄伸展触角，以拉拢收买我国工作人员的方式进行情报刺探、搜集活动。海南省政府办公厅助理调研员席世国，就是被境外情报机构看中，并被收买而走向堕落的。

自1996年7月首次作案至1997年3月案发，席世国在7个多月的时间里，多次利用省政府某些部门保密工作和内部管理存在的漏洞，获取近百份秘密文件和内部材料，提供给境外间谍分子，从中获得4 300美元、14万元台币、6 600元人民币情报酬金及其他酬物。他的行为，给国家的安全和利益造成极大危害和损失，影响十分恶劣。

1996年6月，席世国结识了自称做汽车配件生意的境外间谍分子熊某。一天晚上，熊某请席世国吃饭时，试探道："我那边有很多朋友想来海南寻找项目投资，但是他们对你们的政策不太了解，不知道有哪些优惠条件。为了吸引他们投资，中央或省政府的有关经济政策方面的文件能不能让我看一看？"他还谎称其舅在境外开设一家高科技公司，希望请席世国加入"公司"，为"公司"提供政策咨询。实际上，所谓的"公司"就是境外情报机构。对于加入"公司"，席世国未置可否，但对于"看看文件"的要求，席世国却答应"去找一找"。

7月30日黄昏，熊某走进席世国的办公室。席世国从文件柜里拿出一沓文件，熊某从中挑选出10余份有关经济、税收、灾情、警备区预备役等内容的秘密文件，席世国将这些文件复印后，将复印件交给了熊某。

对于席世国的表现，境外情报机构表示满意，想面谈进一步"合作"事宜。按照境外情报机构的安排，席世国参加了由情报机构出钱的旅行，经中国香港赴泰国、马来西亚、新加坡。两天后，他在泰国曼谷同境外情报机构头目"杨总"见面。境外情报机构向席世国布置了任务，要求他提供更高密级的文件。从新、马、泰回来以后，席世国更加卖力。1996年11月至1997年1月，席世国多次从办公室拿出许多秘密文件，用相机拍摄了396张照片，悉数带往境外。1997年春节后，熊某除交给席世国一沓厚厚的酬金外，还有一封"杨总"的信，勉励他"不能自满，尚须同心合力，持续创新，精益求精，将产品生产推至更高档，更新颖，且独一无二，以垄断市场，独家经营"，要求席世国继续提供更高质量的情报。获指示后，席世国于1997年3月初将国务院等部门的6份秘密文件，其中包括一份有关海南省国家安全机关年度工作总结的绝密级文件，交给熊某带回其住所拍照。

正当席世国和熊某为窃得绝密级文件而自鸣得意的时候，1997年3月海南省国家安全机关根据线索一举破获这起由境外情报机构和政府内部工作人员相勾结的窃密案，将席世国、熊某逮捕归案。（据1999年8月31日《人民日报》相关内容改编）

思考：案例1、案例2提醒我们该如何加强自身的职业道德建设？各级领导又该如何强化档案室的内部管理？

第二章

档案收集与鉴定技能训练

> **学习任务和目标**
>
> （1）通过文书资料归档、鉴定等实际操作，了解归档制度，掌握档案交接要求、手续，档案鉴定的流程、工作内容，提高学生档案收集与鉴定技能。
>
> （2）通过拟写归档制度、档案征集公告、档案鉴定与销毁制度，提高学生语言表达能力、档案管理规章制度撰写能力。

收集是档案管理工作的起始环节，担负着档案"从无到有"的使命；鉴定则是对已有档案进行价值判断和保管期限确定，是使档案管理真正做到保存精华的必要措施。在简化档案整理工作、强化档案利用工作、突出馆藏特色的今天，档案收集和鉴定技能的培养显得越来越重要。

第一节 文书资料归档与移交

一、掌握归档制度

机关各单位在工作活动中不断产生的文件，处理完毕以后，经由文书部门或文件工作人员整理，定期移交给档案室集中保存，称为"归档"。中华人民共和国成立以来，在党和国家各个组织，从上到下建立起了统一的归档制度。归档制度的内容包括归档范围、归档时间和归档要求等。

1. 归档范围

归档范围是指本单位哪些文件应该立卷归档，哪些文件材料可不立卷归档。各单位应依据《机关文件材料归档范围和文书档案保管期限规定》（2006）、《企业文件材料归档范围和档案保管期限规定》（2012），并结合具体情况制定本单位文件归档与不归档的范围。

2. 归档时间

文书处理部门将需要归档的文件材料向档案室移交的时间一般应在第 2 年 6 月底以前，由文书部门立好卷向档案室归档。对于某些专业方面的文件、特殊载体的文件，以及驻地分散的个别业务部门文件，为了便于日常工作查考，可以另行规定切合实际的归档时间。例如，《会计档案管理办法》规定："当年会计档案，在会计年度终了后，可暂由本单位财务会计部门保管1年，期满之后原则上应由财务会计部门编造清册移交本单位的档案部门保管。"磁带、照片及底片、胶片、实物等形式的文件材料应在工作结束后及时归档。

3. 归档手续

文书处理部门或业务部门向档案部门移交档案时，交接双方应根据案卷目录详细清点。经过认真核对后，交接双方如确认无误，即可履行签字手续，并将案卷目录中的一份由档案部门签字后，交还移交单位妥善保存。必要时，移交单位须编写归档文件简要说明，交接双方还应填写交接清单或移交清单。在档案工作和文书工作由一个人兼管的机关，不需要履行上述归档手续。

4. 归档要求

（1）**归档总要求** 遵循文件材料形成规律和特点，保持文件之间的有机联系，区别不同的价值，便于保管和利用。

（2）**归档注意点** 电话答复重要问题、会议记录、一些高级领导人的即席讲话应当记录下来形成文字，并要标明作者（责任者）、时间、地点、办理情况等；注意基层单位档案的收集工作，一般收集会议记录、决议、请示和报告、计划和总结、生产统计报表、分配方案、财会凭证和财务账簿、单位的简史等；要求归档制度标准化，即用于档案管理的各种图表的外形尺寸、大小、用纸应当统一。

二、了解档案馆收集工作

1. 收集范围

本级各机关、团体及所属单位的具有永久保存价值的档案；省辖市、州、盟和县级档案馆同时接收长期保存的档案；属于本馆应当接收的撤销机关、团体的档案；属于本馆应当接收的中华人民共和国成立以前的各种档案；档案馆之间交接的档案。

2. 保管期限

省级以上档案馆接收立档单位保管20年左右的永久保存的档案；省辖市、州、盟和县级档案馆接收立档单位保管10年左右的长期和永久保存的档案。

3. 要求和手续

进馆档案应保持全宗的完整性，并按规定整理好；立档单位编制的组织沿革、全宗介绍和有关检索工具应随同档案一起接收；交接双方必须根据移交目录清点核对，并在交接文据上签名盖章。

三、掌握档案馆接收档案的质量要求

1. 文书档案

以案卷为单位进行整理归档的，应当按照《机关档案工作业务建设规范》（国档发[1987]27号）、《文书档案案卷格式》（GB 9705—1988）的有关要求整理编目；以件为单位进行整理归档的,应当按照《归档文件整理规则》(DA/T 22—2000)的有关要求整理编目。

2. 科技档案

按照《科学技术档案案卷构成的一般要求》(GB/T 11822—2000)的有关要求整理编目。

3. 专门档案

按照各专门档案管理的有关规定进行整理编目。会计档案按照《会计档案管理办法》(1998年8月21日发布)、《会计档案案卷格式》(1991年9月2日发布)的有关要求整理编目。

4. 声像档案

照片档案按照《照片档案管理规范》(GB/T 11821—2002)的有关要求整理编目;磁性载体档案按照《磁性载体档案管理与保护规范》(DA/T 15—1995)的有关要求整理编目。

5. 实物档案

各种荣誉奖品、宣传纪念品等不同载体和不同物质形态的实物原件,应按件编写说明和编制目录。

6. 电子档案

计算机光盘、激光视盘和激光唱盘等档案应按盘编号,注明有关内容,编制目录。

四、掌握档案馆对检索工具的接收要求

(1)全宗指南的内容以文章叙述的方式,介绍立档单位沿革、全宗内档案情况及档案内容与成分等情况。具体格式、内容与要求按照《全宗指南编制规范》(DA/T 14—1994)标准执行。

(2)以卷为单位整理归档的,要求具有书本式案卷目录、全引目录各一套;以件为单位整理归档的,要求具有书本式归档文件目录一套。

(3)要求具有与书本式目录对应的案卷级、文件级机读目录各一套。

五、掌握档案接收的交接程序

接收事项由档案馆与移交单位商定,档案馆派专人清点所有移交档案数量、检索工具。双方填写档案交接文据(见表2-1),签字盖章,一式二份,档案馆保存一份,移交单位保存一份。

表2-1 档案交接文据

送交单位名称(全宗):		
接收单位名称:××市档案馆		
送交档案年度	卷　数	备　注
1999年		
2000年		
2001年		
2002年		
2003年		

（续）

送交单位领导人（签字）：	
送交单位经办人（签字）：	
送交单位（章）：	
送交日期：	
接收单位经办人（签字）：	
接收单位（章）：	
接收日期：	

注：此表一式两份，交接双方各执一份。

第二节 拟写归档制度和档案征集公告

一、拟写归档制度

归档制度就是确定归档范围、归档时间以及归档案卷质量要求和手续的一种实用文。归档制度的拟写，主要是根据国家的统一规定，采用条款式一一列出。基本内容包括：

（1）**归档范围** 哪些文件应该归档，哪些文件不该归档。
（2）**归档时间** 文书处理部门需要归档的文件材料向档案室移交的时间。
（3）**归档要求** 归档案卷的质量要求和手续。

小实例：归档制度

××中学文件材料归档制度

一、归档范围
（1）本校的档案包括本校的党务、行政、工会在活动中形成的，并且具有保存价值的文书档案材料。
（2）经济业务往来的财务管理、统计工作等活动中形成的会计报表、凭证、账册等会计档案，各统计年报，基础工程中形成的文字材料、图纸材料等，以及各重要活动中形成的照相档案。
（3）上级发来的依据性文件。

二、归档时间
（1）上级和同级机关发来的文件材料，借阅完毕后，立即退还归档。
（2）本校各部门在活动中形成的文件材料，一年归档一次，一般于次年二月至三月底前整理后组卷归档。
（3）基建档案、会计档案由总务处每年归档一次，于次年六月底前移交档案室。

三、归档要求
（1）归档文件材料必须保证文件之间的有机联系，要完整、准确、系统，对于缺损和无法补救的漏盖页号，以及只有请示没有上级机关批复、通知、决定的案卷，均在案卷的封底"备考卷"内注上方案说明。
（2）对于永久和长期保存的文件材料，必须纸张良好，字迹端正，图像清晰，严禁用圆珠笔、铅笔、复写纸等书写归档的文件材料。

二、拟写档案征集公告

档案征集公告是指政府或机关团体向社会公众宣布档案征集目的、范围、方式等事项的一种应用文体。基本内容包括：

（1）**征集范围**　征集哪些方面的档案。
（2）**征集方式**　捐赠、收购、寄存、复制等。
（3）**联系方式**　地址、电话、联系人等。

小实例：档案征集公告

"5·12"大地震档案征集公告

为永久保存反映绵竹在"5·12"大地震中的受灾情况及社会各界抗震救灾的档案资料，让绵竹人民"团结一致，抗灾自救"、全国各地"一方有难，八方支援"、"万众一心，众志成城"的伟大精神世代传颂，绵竹市档案馆特向社会各界和人民群众公开征集与本次大地震有关的档案资料。现将征集事项公告如下：

一、征集范围和内容
（1）反映地震发生时绵竹受灾情况及抗震救灾的照片、声像资料；
（2）反映解放军、武警、消防官兵、人民警察、预备役等抗震救灾的各种档案资料，如日记、书信等；
（3）反映党政机关及救援队、医疗队、卫生防疫、电力、通信、水利等部门实施救援的各种档案资料；
（4）反映志愿者在我市参与救灾的各种档案资料；
（5）反映全国各地向我市捐款、捐物的各种档案资料，如捐款收据、捐赠存单、证书、登记资料等；
（6）反映抗震救灾慰问演出等活动的档案资料；
（7）反映我市在抗震救灾中涌现的典型人物和典型事件的档案资料。

二、征集要求
纸质档案、照片、声像档案和实物档案等各种载体均可。有关档案资料必须具有原始性、真实性。

三、征集方法
采取捐赠、收购、代管等形式。
（1）凡捐赠进绵竹市档案馆的档案资料全部归国家所有。向档案馆捐赠的个人，对其档案享有优先利用权，并可对档案中不宜向社会开放的部分提出限制利用意见，档案馆将负责维护其合法权益；
（2）对于捐赠档案资料者，经绵竹市档案馆鉴定领导小组依其捐赠档案资料数量及珍贵程度给予奖励，并颁发荣誉证书；
（3）经过鉴定，对于确有价值，本人又不愿意捐赠的档案资料，档案馆在征得本人同意后可以有偿收购或收取复印件；
（4）本人不愿捐赠或出售的档案资料也可以采取由档案馆代为保管的方式。
本公告自发布之日起长期有效。

四、联系方法
地址：绵竹市档案局临时办公点（中心广场对面市委大楼前）
联系人：×××
电话：0838-6226××××
邮政编码：618200

绵竹市档案局
二〇〇八年七月四日

第三节 编制新的机关文书档案保管期限表

一、了解新的机关文书档案保管期限划分方法

国家档案局第 8 号令《机关文件材料归档范围和文书档案保管期限规定》于 2006 年 12 月 8 日发布施行。《规定》将原有的"永久""长期""短期"三种保管期限的划分方法改为"永久""定期","定期"中再实行标时制,一般分为 30 年和 10 年。改变了过去"短期"为 1～15 年、"长期"为 16～50 年的模糊式划分方法,更方便档案部门对到期的"定期"档案及时地进行鉴定处置,减少保管压力,节省保管空间和人力、物力。具体的划分标准与内容如下:

1. 永久保管的文书档案范围

凡是反映本单位主要职能活动、中心工作和基本历史面貌的,对本单位、本地区和国家的建设以及历史研究有长远利用价值的文件材料,以及在维护国家、集体和个人权益等方面具有永久性凭证价值和文化价值的各种文字、图表、声像等不同形式的文件材料都要永久保管。机关永久保管的文书档案主要包括:本机关制定的法规政策性文件材料;本机关召开重要会议、举办重大活动等形成的重要文件材料;本机关职能活动中形成的重要业务文件材料;本机关关于重要问题的请示与上级机关的批复、批示,以及重要的报告、总结、综合统计报表等;本机关机构演变、人事任免等文件材料;本机关房屋买卖、土地征用、重要的合同协议、资产登记等凭证性文件材料;上级机关制发的属于本机关主管业务的重要文件材料;同级机关、下级机关关于重要业务问题的来函、请示与本机关的复函、批复等文件材料。

2. 定期保管的文书档案范围

机关定期保管的文书档案主要包括:本机关职能活动中形成的一般性业务文件材料;本机关召开会议、举办活动等形成的一般性文件材料;本机关人事管理工作形成的一般性文件材料;本机关一般性事务管理文件材料;本机关关于一般性问题的请示与上级机关的批复、批示,一般性工作报告、总结、统计报表等;上级机关制发的属于本机关主管业务的一般性文件材料;上级机关和同级机关制发的非本机关主管业务但要贯彻执行的文件材料;同级机关、下级机关关于一般性业务问题的来函、请示与本机关的复函、批复等文件材料;下级机关报送的年度或年度以上计划、总结、统计、重要专题报告等文件材料。

二、了解档案保管期限表的类型

1. 通用档案保管期限表

通用档案保管期限表,又称标准档案保管期限表,是由国家档案事业管理机关编制的,供全国县级以上机关、团体、企业、事业单位鉴定文书档案通用的标准和依据,是全国各机关确定一般性档案保管期限的标准和制定其他类型档案保管期限表的指南,如 2006 年制定颁发的《机关文件材料归档范围和文书档案保管期限规定》。通用档案保管期限表有两个特点:

(1) **通用性** 可供全国各机关、团体、企业、事业单位使用。

(2) **依据性** 各系统、各机关可以按照通用档案保管期限表的原则精神,结合各自的实际情况来制定各自的档案保管期限表。各系统、各机关档案保管期限表中各条款的保管期限,应

相当于或略长于"通用档案保管期限表"中相应条款的保管期限，而不能任意缩短。

2. 专门档案保管期限表

专门档案保管期限表是各机关、团体、企事业单位鉴定专门性档案时通用的依据和标准，是由国家档案事业管理机关会同有关主管部门编制的。专门档案一般由专用公文转化而来，因其是在一定工作部门和业务范围内因特殊需要而专门使用的公文，所以有其特殊性，其保管期限与通用保管期限有所差别，如《预算会计账簿、凭证、报表保管、销毁期限一览表》和《预算会计档案保管期限表》。

3. 同系统机关档案保管期限表

同系统机关档案保管期限表是由主管领导机关编制的，供同一系统内各机关、单位使用的档案保管期限表。这种档案保管期限表要经过本部门领导人批准后执行，并要报送国家档案局，抄送各省档案局，如《卫生部门行政、企业系统档案材料保管期限暂行标准》《中国人民解放军文书档案保管期限参考表》。

4. 同类型机关档案保管期限表

同类型机关档案保管期限表是由档案事业管理机关或主管领导机关编制的，是同一类型单位（如学校、医院等）鉴定档案时通用的依据和标准，如《××市学校档案保管期限表》。

5. 机关档案保管期限表

机关档案保管期限表是各机关根据本机关档案的具体情况编制的，是专供本机关鉴定档案时使用的，如《中华人民共和国昆明海关文件保管期限表》。

三、了解档案保管期限表的结构

档案保管期限表的结构一般包括顺序号、条款、保管期限、附注以及总的说明等部分。可以根据档案保管期限表的特点和实际需要，增加或减少某些项目，但条款与保管期限是最基本的项目，任何一种保管期限表都必须要有。

1. 顺序号

档案保管期限表各条款经过系统排列后，要在各条款的前面编上统一的顺序号。目的是固定条款的排列位置，条款必须从头到尾，统一编流水号，不能有重号、空号。

2. 条款

条款是指一组类型相同文件的名称或标题。拟制条款必须能反映出一组文件的来源、内容、名称和形式，要求文字简明确切。在列举一组文件的来源、内容、名称和形式时，可以指出具体的作者、问题和名称，也可以概括地指出其类型，如"上级文件""会议文件""报表"等，必要时还应指出文件的用途，如"执行""图案""参考"等。

3. 保管期限

保管期限是指在每一条款之后指出该组文件材料应该保存的年限，即档案的保管期限。确定保管期限，是编制档案保管期限表最核心的内容。

4. 附注

附注是指在表格之后，对某些条款及档案保管期限所作的必要的注释和说明。例如：

条款中"主要文件材料"指哪些材料;"重要的"是何含义;"一般的"指什么等。

5．说明

对档案保管期限表所作的说明，一般应指出保管期限表的使用范围，制订保管期限表的依据、指导思想，以及本表的结构、保管期限的计算方法和其他有关事项等。一般列于档案保管期限表的开头，也可置于表后。

四、掌握文书档案保管期限表的编制方法

1．档案保管期限表编制要求

（1）要符合本机关档案的实际情况，要求内容全面，针对性强。
（2）保管期限要档次清楚，跨度适当。
（3）要便于查用。
（4）要与通用的、专门的、专业系统的档案保管期限表保持一致。

2．档案保管期限表编制步骤

（1）**熟悉档案，了解工作情况**　熟悉档案，就是对本机关文件的数量、种类、完整程度及其基本内容进行深入研究，以便从本机关全部文件中归纳出基本文件类型作为条款的基础；了解工作情况，就是考察本机关的工作职能、任务、地位、组织机构、业务分工等情况，便于根据本单位工作情况设置条款。

（2）**排列条款，草拟保管期限表**　经过考察和了解，掌握了机关工作情况和档案的基本类型，将本机关所有档案文件归类，区分不同类型，逐条逐款排列，并按一定规律排序，在每个条款后面都草拟相应的保管期限，初步确定档案保管期限表的体系和结构，形成档案保管期限表草稿。

（3）**征求意见，修正草稿**　档案部门应将所编制的档案保管期限表草稿分送有关单位和部门，充分征求意见，根据大家的意见，逐条逐款修改草稿，使其切合实际。

（4）**领导审批，颁发执行**　经上述三个步骤修改定稿后的档案保管期限表，必须报送领导后执行，同时报上级主管机关备案。

小实例：

××市××局文书档案归档范围和保管期限表

序号	归档范围	保管期限
1	党委会议、局务会议、局长办公会议和局领导民主生活会议记录	永久
2	全局年度财政、地税工作会议、中层干部会议、业务学习会议、党风党纪教育等各类会议记录	30年
3	局年度年鉴、大事记、组织沿革等	永久
4	计划、总结、统计调研分析等方面的文件材料	
4.1	年度和年度以上的计划、总结、统计材料	永久
4.2	年度以下的计划、总结、统计材料	10年
4.3	重要职能活动的总结、重要专题的调研材料	永久
4.4	一般活动的总结、一般问题的调研材料	10年
5	财政预算执行情况和市人代会通过的年度预算、决算和调整预算的文件和附表	永久

（续）

序号	归档范围	保管期限
6	全市年度总决算及分析、全市年度乡镇财政总决算及编制说明、全市社保基金、税收执行情况年报、地方政府债务统计报表、财政性资金投资基本建设项目决算表及编制说明等各类年报	永久
7	本局召开的全市财税工作会议、专题会议等的文件材料	
7.1	请示、批复、通知、名单、日程、报告、讲话、总结、决议、决定、纪要	永久
7.2	典型材料、代表发言材料、交流材料等	30年
8	局年度公务员、干部、职工花名册及机构编制，国家公务员统计报表，财政系统职工基本情况年报表，地税系统、人事系统统计报表，机关事业单位工作人员工资统计报表等各类人事报表	永久
9	本局及所属单位机构设置、撤销、合并、更改名称、组织简则、人员编制、启用印鉴和作废等文件	永久
10	人事工作制度、规定、条例、细则、办法等文件	30年
11	本局干部职务任免文件	永久
12	本局干部、职工录用、转正、聘任、调资、定级、辞职、离休、退休、死亡、抚恤等文件材料	永久
13	本局干部、职工人事考核、职称评审文件材料	永久
14	本局干部、职工调动工作的行政、工资介绍信，党团组织关系介绍信及存根，公积金汇缴清册，遗属补助	永久
15	独生子女审批表	30年
16	先进单位、劳动模范、先进工作者的文件材料	
16.1	受县级（含）以上表彰、奖励的基层	永久
16.2	受县级以下表彰、奖励的	30年
17	对本机关有关人员的处分材料	
17.1	受到警告（不含）以上处分的	永久
17.2	受到警告处分的	30年
18	党委、工会、团委、妇委会、学会工作活动中形成的文件材料	
18.1	工作报告、总结及成立换届选举结果	永久
18.2	重要专项活动的报告、总结等	永久
18.3	一般性活动的报告、总结等	10年
18.4	局年度党团员、工会会员名册、批准加入党团、工会组织的文件材料及中国共产党党内统计年报	永久
19	纪检、监察工作中形成的综合性报告、调查材料	
19.1	重要的	永久
19.2	一般的	30年
20	保卫部门的安全检查、调查记录	10年
21	本机关处理人民来信来访的文件材料	
21.1	有领导重要批示和处理结果的	永久
21.2	一般人民来信来访（除税务案件举报归稽查局外）有处理结论的	10年
22	答复人大建议、议案、意见和政协提案的文件	30年
23	本局印发的《财税信息》等刊物的原稿和印刷件	30年
24	房产、土地所有权和使用权的文件材料	永久
25	与有关单位签订的合同、协定、协议、议定书等文件材料	
25.1	重要的	永久
25.2	一般的	10年

(续)

序号	归档范围	保管期限
26	机关物资（办公设备及用品、机动车等）采购计划、审批手续、招标投标、购置文件材料，机动车调拨、保险、事故、转让等文件材料	30年
27	国有资产管理（登记、统计、核查清算、交接等）文件材料	
27.1	重要的	永久
27.2	一般的	10年
28	上级机关制发的属于本机关主管业务的文件材料	
28.1	重要的	永久
28.2	一般的	10年
29	上级机关制发的非本机关主管业务但要贯彻执行的文件材料	10年
30	上级机关、上级领导检查、视察本地区、本机关工作时形成的文件材料	
30.1	重要的	永久
30.2	一般的	30年
30.3	本地区、本机关工作汇报材料	30年
31	本机关制定的政策性、法规性、普发性业务文件、中长规划、纲要等文件材料	永久
32	本机关的请示与上级机关的批复、批示	
32.1	重要业务问题的	永久
32.2	一般业务问题的	30年
33	同级机关、下级机关的来函、请示与本机关的复函、批复等文件材料	
33.1	重要业务问题的	永久
33.2	一般业务问题的	30年
34	本机关代上级机关起草并被采用的重要法规性文件、专项业务文件的最后草稿	30年
35	机关联合行文的文件材料	
35.1	本机关为主办的	
35.1.1	重要业务问题的	永久
35.1.2	一般业务问题的	30年
35.2	本机关为协办的	
35.2.1	重要业务问题的	30年
35.2.2	一般业务问题的	10年
36	行政管理工作制度、程序、规定等文件材料	永久
37	执法检查情况汇总、通报、整改通知等	永久
38	行政管理工作中形成的审批、审查、核准等文件材料	30年
39	出国或出境访问考察、参加国际会议、接待来访等外事活动形成的文件材料	
39.1	发表的公报、签订的协议、协定、备忘录，重要的会议记录、纪要等	永久
39.2	出国审批手续、执行日程、考察报告、一般性会议记录	30年

第四节 拟写档案鉴定销毁制度

一、了解档案鉴定的意义

1. 有利于发挥档案的作用

通过鉴定工作，剔除无价值的档案，保管好有价值的档案，以便利用时可以按照利用者的需求及时查找出来，使档案发挥其应有的作用。通过鉴定工作，还可以发现档案馆收集、整理、保管、统计、编目等工作环节的缺陷和不足，并采取适当的措施加以补救，从而提高档案工作的整体水平，实现优质服务。

2. 有利于档案的安全保管

鉴定工作是为了将档案分清主次，对价值大的档案重点保护，尽可能延长档案的寿命，维护它的安全。对失去保存价值的档案剔除销毁，可以腾出库房和装具去妥善保管有价值的档案。

3. 有利于应付突发事变

经过鉴定，区分出档案的主次，一旦遇到突发事件，才能及时、迅速地将重要档案抢救和转移。

二、制定档案销毁制度

档案销毁制度一般应包含以下内容：

（1）销毁的档案必须是经过严格的鉴定程序鉴定后确认已失去保存价值的档案。

（2）销毁档案，应以全宗为单位编制"销毁档案清册"，书写销毁档案报告，报请主管机关或上级档案管理机关批准。未经鉴定和领导批准，不得擅自销毁档案。

（3）对已经批准销毁的档案，如无特殊情况，一般可存放一段时间再行销毁。

（4）销毁档案时，应指派两名以上人员监销，监销人员要认真履行职责，并在"档案销毁清册"上签名盖章，注明"已销毁"字样和销毁的时间、地点、方式。

（5）销毁档案数量较大时，要送交指定的工厂进行监销，严禁将档案出卖或改为他用。

（6）"档案销毁清册"及批准手续，要归入相关的全宗卷妥善保存。

小实例：凭证价值

××投资（集团）有限公司档案鉴定销毁制度

为了全面地确定档案的保存价值，准确地判定档案的保管期限，有关人员需定期对档案进行鉴定，使保存的档案能反映和维护本企业的主要职能活动的历史面貌，且便于保管和利用，并能最大限度地为本公司的各项工作服务，特制定本制度。

一、鉴定原则

（1）鉴定档案的保存价值，应坚持全面的、历史的和发展的观点，根据国家有关档案保管期限的规定和本企业制定的档案保管期限表，对档案进行定期的鉴定，准确地判定档案的存毁。

（2）档案鉴定的主要任务是对档案密级的确定和调整，对档案价值的鉴定。通过鉴定，对失去保存价值的档案进行销毁；对具有保存价值的档案科学地确定其保管期限；对保管期限永久、长期的档案进行重点保管和保护。

保管期限划分原则是：凡是反映本企业主要职能活动和基本历史面貌的，具有长远利用价值的档案，列为永久保管范围；凡是反映企业一般工作活动，在较长时间内对企业工作有查考利用价值的文件材料，列为长期保管范围；凡是在较短时间内对本企业有参考利用价值的文件材料列为短期保管范围。凡是介于两种保管期限之间的档案，其保管期限一律从长。

二、组织管理

（1）本企业档案的鉴定工作在档案鉴定领导小组的主持下按规定进行。鉴定领导小组由公司分管领导、有关部门人员和档案人员组成。

（2）档案鉴定采用直接鉴定法，即直接对档案内容具体分析和详细审查，逐套、逐卷、逐份地判定其价值，分为初步鉴定与期满鉴定两种方式。初步鉴定是文件材料归档时的鉴定，由档案业务人员会同归档单位及有关人员进行；期满鉴定是归档后鉴定，是对间隔一定时间已到保管期限档案的鉴定，由鉴定领导小组根据档案部门提出的鉴定申请报告组织实施。因此，档案工作人员必须定期（一年一次）或不定期地对保管的档案材料进行检查，对需要鉴定的档案及时提出申请报告，鉴定会议应建立记录备查，参加鉴定人员应签字盖章以示负责。

（3）在档案的鉴定过程中，发现档案不准确、不完整，应及时责成有关人员负责修改、补充。

三、销毁手续

（1）销毁档案必须严格掌握慎重从事的原则，严格遵守国家有关规定。对经鉴定失去保存价值需要销毁的档案，由档案人员编制销毁清册，经鉴定领导小组组长及全体成员签字后，写出销毁报告，经公司领导批准后，方可销毁。

档案销毁清册及报告应各编制一式两份，待档案销毁后一份存档，一份入全宗卷。

（2）进行档案销毁时，应指派两人以上在指定地点进行监销，监销人员在销毁档案前应认真核对，核对无误后方可送到指定地点销毁。档案销毁后，监销人必须在销毁清册上注明"已销毁"字样和销毁日期，并签字盖章以示负责。

三、编制档案销毁清册

档案销毁清册分封面和内页两个部分，样式参照图 2-1、图 2-2 所示。

（封面）

编号：

××省基础测绘成果资料销毁清册

一式____份　每份____页

（永久保存）

批准人：　　　　　　　　　　　鉴定人：
监销人：　　　　　　　　　　　销毁人：

（销毁单位盖章）
年　月　日

图 2-1　档案销毁清册封面

（内页）

××省基础测绘成果资料销毁清册
（数据类）
（单位盖公章）

第　页/共　页

序号	数据名称	载体类型	文件数量	密级	提供时间	提供单位名称	销毁原因	附件
								起止页码

注：在销毁数据光盘等载体的同时，必须同时销毁拷贝在计算机及信息系统中的所有相关数据。

编制者：　　　　　　　　　　　校核者：
编制日期：　　年　月　日　　　校核日期：　　年　月　日

图 2-2　档案销毁清册内页

法规阅读与案例思考

法规阅读

法规 1

机关文件材料归档范围和文书档案保管期限规定

（2006 年 12 月 18 日国家档案局令第 8 号公布）

第一条 为便于各级党政机关和人民团体（以下统称机关）正确界定文件材料归档范围，准确划分档案保管期限，使所保存的档案既能反映机关主要职能活动情况，维护其历史面貌，又便于保管和利用，根据《中华人民共和国档案法》《中华人民共和国档案法实施办法》，制定本规定。

第二条 本规定中的机关文件材料是指机关在其工作活动过程中形成的各种门类和载体的历史记录。

第三条 机关文件材料归档范围是：

（一）反映本机关主要职能活动和基本历史面貌的，对本机关工作、国家建设和历史研究具有利用价值的文件材料；

（二）机关工作活动中形成的在维护国家、集体和公民权益等方面具有凭证价值的文件材料；

（三）本机关需要贯彻执行的上级机关、同级机关的文件材料；下级机关报送的重要文件材料；

（四）其他对本机关工作具有查考价值的文件材料。

第四条 机关文件材料不归档范围是：

（一）上级机关的文件材料中，普发性不需本机关办理的文件材料，任免、奖惩非本机关工作人员的文件材料，供工作参考的抄件等；

（二）本机关文件材料中的重份文件，无查考利用价值的事务性、临时性文件，一般性文件的历次修改稿、各次校对稿，无特殊保存价值的信封，不需办理的一般性人民来信、电话记录，机关内部互相抄送的文件材料，本机关负责人兼任外单位职务形成的与本机关无关的文件材料，有关工作参考的文件材料；

（三）同级机关的文件材料中，不需贯彻执行的文件材料，不需办理的抄送文件材料；

（四）下级机关的文件材料中，供参阅的简报、情况反映，抄报或越级抄报的文件材料。

第五条 凡属机关归档范围的文件材料，必须按有关规定向本机关负责档案工作的部门移交，实行集中统一管理，任何个人不得据为己有或拒绝归档。

第六条 机关文书档案的保管期限定为永久、定期两种。定期一般又分为 30 年和 10 年两种。

第七条 永久保管的文书档案主要包括：

（一）本机关制定的法规政策性文件材料；

（二）本机关召开重要会议、举办重大活动等形成的主要文件材料；

（三）本机关职能活动中形成的重要业务文件材料；

（四）本机关关于重要问题的请示与上级机关的批复、批示，重要的报告、总结、综合统计报表等；

（五）本机关机构演变、人事任免等文件材料；

（六）本机关房屋买卖、土地征用，重要的合同协议、资产登记等凭证性文件材料；

（七）上级机关制发的属于本机关主管业务的重要文件材料；

（八）同级机关、下级机关关于重要业务问题的来函、请示与本机关的复函、批复等文件材料。

第八条　定期保管的文书档案主要包括：

（一）本机关职能活动中形成的一般性业务文件材料；

（二）本机关召开会议、举办活动等形成的一般性文件材料；

（三）本机关人事管理工作形成的一般性文件材料；

（四）本机关一般性事务管理文件材料；

（五）本机关关于一般性问题的请示与上级机关的批复、批示，一般性工作报告、总结、统计报表等；

（六）上级机关制发的属于本机关主管业务的一般性文件材料；

（七）上级机关和同级机关制发的非本机关主管业务但要贯彻执行的文件材料；

（八）同级机关、下级机关关于一般性业务问题的来函、请示与本机关的复函、批复等文件材料；

（九）下级机关报送的年度或年度以上计划、总结、统计、重要专题报告等文件材料。

第九条　机关形成的人事、基建、会计及其他专门文件材料的归档范围和档案保管期限，按国家有关规定执行。

第十条　机关对应归档电子文件的元数据、背景信息等要进行相应归档。

机关应归档纸质文件材料中，有文件发文稿纸、文件处理单的，应与文件正本、定稿一并归档。

第十一条　机关联合召开会议、联合行文所形成的文件材料原件由主办机关归档，其他机关将相应的复制件或其他形式的副本归档。

第十二条　各机关应根据本规定，结合本机关职能和各部门工作实际，编制本机关的文件材料归档范围和文书档案保管期限表，经同级档案行政管理部门审查同意后执行。

有垂直领导关系的中央、国家机关应依据本规定，结合本系统工作实际，编制本系统的文件材料归档范围和文书档案保管期限表，并经国家档案局审查同意后执行。

第十三条　在编制本机关或本系统文件材料归档范围和文书档案保管期限表时，应全面分析和鉴别本机关或本系统文件材料的现实作用和历史作用，准确界定文件材料的归档范围和划分档案保管期限。

第十四条　本规定适用于各级党政机关和人民团体。军队系统、民主党派、企业事业单位可参照执行。

第十五条　本规定自颁布之日起施行，1987年颁发的《国家档案局关于机关档案保管期限的规定》和《机关文件材料归档和不归档的范围》同时废止。

附件：《机关文书档案保管期限表》

机关文书档案保管期限表

序号	归档范围	保管期限
1	本级党的代表大会、人民代表大会、政治协商会议，工会、共青团、妇联代表大会的文件材料	
1.1	请示、批复、通知、名单、议程、报告、领导人讲话、选举结果、讨论通过的文件、决议、纪要、公报、主席团会议记录等文件材料	永久
1.2	大会发言，人大代表建议和意见、人大议案及答复，政协委员提案及办理结果，简报，快报	永久
1.3	重要的贺信、贺电，筹备工作、选举过程中形成的文件，小组会议记录、会议服务机构的计划、总结等文件材料	30年
1.4	讨论未通过的文件	10年
2	本级党委、人民代表大会、政治协商会议、纪律检查委员会、共青团、工会、妇联的常委会、执委会、主席团、全体委员会会议，政府常务会、办公会议的文件材料	
2.1	公报、决议、决定、记录、纪要、议程、领导人讲话、讨论通过的文件、参加人员名册	永久
2.2	讨论未通过的文件	10年
3	本机关党组（或实行党委制的党委）会议和行政办公会的纪要、会议记录	永久
4	本机关召开工作会议、专题会议的文件材料	
4.1	请示、批复、通知、名单、日程、报告、讲话、总结、决议、决定、纪要	永久
4.2	典型材料、代表发言材料、交流材料、简报	30年
5	机关联合召开会议的文件材料	
5.1	本机关为主办的	
5.1.1	请示、批复、通知、名单、日程、报告、讲话、总结、决议、决定、纪要	永久
5.1.2	典型材料、代表发言材料、交流材料、简报	30年
5.2	本机关为协办的	
5.2.1	请示、批复、通知、名单、日程、报告、讲话、总结、决议、决定、纪要的复制件或副本	30年
5.2.2	典型材料、代表发言材料、交流材料、简报的复制件或副本	10年
6	本机关承办国际性会议、大型展览会、博览会的文件材料	
6.1	请示、批复、申办和筹办组委会主要活动安排、议程、名单、主报告（原文及译文）、辅助报告（原文及译文）、上级领导人贺词、题词、讲话、会徽设计	永久
6.2	代表发言材料、交流材料、简报、新闻报道	30年
6.3	委员会、分会会议和学术会的讨论记录、会议代表登记表、接待安排	10年
7	上级机关、上级领导检查、视察本地区、本机关工作时形成的文件材料	
7.1	重要的	永久
7.2	一般的	30年
7.3	本地区、本机关工作汇报材料	30年
8	本机关业务文件材料	
8.1	本机关制定的方针政策性、法规性、普发性业务文件，中长期规划、纲要等文件材料	永久
8.2	本机关的请示与上级机关的批复、批示	
8.2.1	重要业务问题的	永久
8.2.2	一般业务问题的	30年
8.3	同级机关、下级机关的来函、请示与本机关的复函、批复等文件材料	
8.3.1	重要业务问题的	永久
8.3.2	一般业务问题的	30年

（续）

序　号	归　档　范　围	保管期限
8.4	本机关代上级机关起草并被采用的重要法规性文件、专项业务文件的最后草稿	30年
8.5	机关联合行文的文件材料	
8.5.1	本机关为主办的	
8.5.1.1	重要业务问题的	永久
8.5.1.2	一般业务问题的	30年
8.5.2	本机关为协办的	
8.5.2.1	重要业务问题的	30年
8.5.2.2	一般业务问题的	10年
8.6	本机关编辑、编写的文件材料	
8.6.1	大事记、组织沿革等	永久
8.6.2	简报、情况反映、工作信息等	10年
8.7	行政管理、执法活动中形成的文件材料	
8.7.1	行政管理工作制度、程序、规定等文件材料	永久
8.7.2	执法检查情况汇总、通报，整改通知等	永久
8.7.3	行政管理工作中形成的审批、审查、核准等文件材料	
8.7.3.1	固定资产投资、科技计划等项目的审批（核准）、管理、验收（评估）等文件材料	永久
8.7.3.2	不动产、自然资源的所有权、使用权确认的文件材料	永久
8.7.3.3	20年（含）以上有效或未注明有效期的许可证、执照、资质证、资格证等的审批、管理文件材料	永久
8.7.3.4	20年以下有效的许可证、执照、资质证、资格证等的审批、管理文件材料	30年
8.7.4	行政管理工作中形成的备案文件材料	10年
8.7.5	行政处罚、处分、复议、国家赔偿等工作中形成的文件材料	
8.7.5.1	重要的	永久
8.7.5.2	一般的	30年
8.8	计划、总结、统计、调研等方面的文件材料	
8.8.1	年度和年度以上的计划、总结、统计材料	永久
8.8.2	年度以下的计划、总结、统计材料	10年
8.8.3	重要职能活动的总结、重要专题的调研材料	永久
8.8.4	一般活动的总结、一般问题的调研材料	10年
9.5	对本机关有关人员的处分材料	
9.5.1	受到警告（不含）以上处分的	永久
9.5.2	受到警告处分的	30年
9.6	职工录用、转正、聘任、调资、定级、停薪留职、辞职、离退休、死亡、抚恤等文件材料	永久
9.7	人事考核、职称评审工作文件材料	永久
9.8	职工调动工作的行政、工资、党团组织关系的介绍信及存根	永久
9.9	职工名册	永久
9.10	党、团、工会工作活动中形成的文件材料	
9.10.1	工作报告、总结，换届选举结果	永久
9.10.2	重要专项活动的报告、总结等	永久
9.10.3	党团员、工会会员名册，批准加入党团、工会组织的文件材料	永久
9.10.4	情况反映、工作简报	10年
9.11	纪检、监察工作中形成的综合性报告、调查材料	
9.11.1	重要的	永久

（续）

序号	归档范围	保管期限
9.11.2	一般的	30年
9.12	保卫部门的安全检查、调查记录	10年
9.13	本机关处理人民来信来访的文件材料	
9.13.1	有领导重要批示和处理结果的	永久
9.13.2	其他有处理结果的	30年
10	本机关事务管理文件材料	
10.1	房产、土地所有权和使用权的文件材料	永久
10.2	与有关单位签订的合同、协定、协议、议定书等文件材料	
10.2.1	重要的	永久
10.2.2	一般的	10年
10.3	接待工作的计划、方案	
10.3.1	重要的	30年
10.3.2	一般的	10年
10.4	机关财务预算	30年
10.5	机关物资（办公设备及用品、机动车等）采购计划、审批手续、招标投标、购置等文件材料，机动车调拨、保险、事故、转让等文件材料	30年
10.6	国有资产管理（登记、统计、核查清算、交接等）文件材料	
10.6.1	重要的	永久
10.6.2	一般的	10年
10.7	职工承租、购置本单位住房的合同、协议和有关手续	永久
10.8	职工住房分配、出售的规定、方案、细则，职工住房情况统计、调查表、职工住房申请	30年
11	上级机关制发的文件材料	
11.1	上级机关制发的属于本机关主管业务的文件材料	
11.1.1	重要的	永久
11.1.2	一般的	10年
11.2	上级机关制发的非本机关主管业务但要贯彻执行的文件材料	10年
11.3	上级机关制发的关于本机关机构设置、领导人任免、人员编制等文件材料	永久
12	同级机关制发的非本机关主管业务但要贯彻执行的文件材料	10年
13	下级机关报送的文件材料	
13.1	重大问题的专题报告	30年
13.2	年度和年度以上的计划、总结、统计材料	10年

法规 2

企业文件材料归档范围和档案保管期限规定

（2012年12月17日国家档案局令第10号公布）

第一条　为便于企业正确界定文件材料归档范围，准确划分档案保管期限，促进企业依法经营和规范管理，根据《中华人民共和国档案法》《中华人民共和国档案法实施办法》，制定本规定。

第二条　本规定所指的企业文件材料是指企业在研发、生产、服务、经营和管理等活动过程中形成的各种门类和载体的记录。

第三条　各级档案行政管理部门依照企业资产关系分别负责对企业文件材料归档范围和档案保管期限表编制工作进行业务指导和监督。

第四条　企业文件材料归档范围是：

（一）反映本企业研发、生产、服务、经营、管理等各项活动和基本历史面貌的，对本企业各项活动、国家建设、社会发展和历史研究具有利用价值的文件材料；

（二）本企业在各项活动中形成的对维护国家、企业和职工权益具有凭证价值的文件材料；

（三）本企业需要贯彻执行的有关机关和上级单位的文件材料；非隶属关系单位发来的需要执行或查考的文件材料；社会中介机构出具的与本企业有关的文件材料；所属和控股企业报送的重要文件材料；

（四）有关法律法规规定应归档保存的文件材料和其他对本企业各项活动具有查考价值的文件材料。

第五条　企业下列文件材料可不归档：

（一）有关机关和上级主管单位制发的普发性不需本企业办理的文件材料，任免、奖惩非本企业工作人员的文件材料，供工作参考的抄件等；

（二）本企业文件材料中的重份文件，无查考利用价值的事务性、临时性文件，未经会议讨论、未经领导审阅和签发的文件，一般性文件的历次修改稿、各次校对稿，无特殊保存价值的信封，不需办理的一般性来信、来电记录，企业内部互相抄送的文件材料，本企业负责人兼任外单位职务形成的与本企业无关的文件材料，有关工作参考的文件材料；

（三）非隶属关系单位发来的不需贯彻执行和无参考价值的文件材料；

（四）所属和控股企业报送的供参阅的一般性简报、情况反映，其他社会组织抄送的不需本企业办理的文件材料；

（五）其他不需归档的文件材料。

第六条　凡属企业归档范围的文件材料，必须按有关规定向本企业档案部门移交，实行集中统一管理，任何个人不得据为己有或拒绝归档。

第七条　企业档案的保管期限定为永久、定期两种，定期一般又分为30年和10年两种。

第八条　永久保管的企业管理类档案主要包括：

（一）本企业设立、合并、分立、改制、上市、解散、破产或其他变动过程中形成的文件材料，本企业董事会、监事会、股东会的构成、变更、召开会议、履行职责和维护权益的文件材料；

（二）本企业资产和产权登记、评估与证明文件材料，资产和产权转让、买卖、抵押、租赁、许可、变更、保护等凭证性文件材料，对外投资文件材料；本企业资本金核算、确认、划转、变更等文件材料，企业融资文件材料；

（三）本企业关于重要问题向有关机关和上级主管单位的请示、报告、报表及其复函、批复，有关机关和上级单位制发的需本企业办理的重要文件材料，行业协会、中介机构等对本企业做出的重要决定、出具的审计、公证、裁定等重要文件材料，本企业与其他组织和个人形成的重要合同、协议及补充协议等文件材料；

（四）本企业发展规划、战略决策、重大改革、年度计划和总结文件材料，内部管理制度、规定、办法等文件材料；

（五）本企业机构演变，人力资源管理的重要文件材料；本企业涉及职工权益的其他重要文件材料；企业文化建设文件材料；

（六）本企业经营管理工作的重要文件材料；

（七）本企业生产技术管理工作的重要文件材料；

（八）本企业行政管理工作的重要文件材料；

（九）本企业党群工作的重要文件材料；

（十）新闻媒体对本企业的重要活动、重大事件、典型人物的宣传报道；

（十一）有关机关和上级主管单位领导、社会知名人士等重要来宾到本企业检查、视察、调研、参观时的讲话、题词、批示、录音、录像、照片及企业工作汇报等重要文件材料；本企业参与国家和社会重大活动的重要文件材料，本企业职工参加省级以上党、团、工会、人大、政协等代表大会形成的重要文件材料；

（十二）本企业直属单位、所属、控股、参股、境外企业和机构报送的关于重要问题的报告、请示和批复等文件材料。

第九条 定期保管的企业管理类档案主要包括：

（一）本企业资本金管理、资产管理的一般性文件材料，本企业涉及职工权益的一般性文件材料；

（二）本企业部门工作或专项工作规划，半年、季度、月份计划与总结等文件材料；

（三）本企业召开会议、举办活动的一般性文件材料，发布的一般性公告；

（四）本企业经营管理工作的一般性文件材料；

（五）本企业生产技术管理工作的一般性文件材料；

（六）本企业行政管理工作的一般性文件材料；

（七）本企业党群工作的一般性文件材料；

（八）本企业关于一般性问题向有关机关和上级主管单位的请示、报告、报表及有关机关和上级主管单位的复函、批复，有关机关和上级主管单位、行业协会制发的需本企业贯彻执行的一般性文件材料和对本企业出具的一般性证明文件，本企业与其他单位和个人形成的一般性合同、协议文件材料；

（九）直属单位、所属和控股企业一般性问题的请示、报告、来函与本企业的批复、复函等文件材料；

（十）本企业参与国家和社会活动的一般性文件材料，本企业职工参加省以上党、团、工会、人大、政协等代表大会形成的一般性文件材料；本企业接待重要来宾的工作计划、方案等一般性文件材料。

第十条 企业经营管理、生产技术管理、行政管理、党群工作等管理类档案保管期限见附件。

第十一条 本规定的管理类档案保管期限为最低期限，各企业在具体划分时可选择高于本规定的期限。

第十二条 企业产品生产和服务业务、科研开发、基本建设、设备仪器、会计、干部与职工人事等文件材料的归档范围和档案保管期限，按国家有关规定、标准，结合企业实际执行。

第十三条　企业应归档纸质文件材料中，有重要修改意见和批示的修改稿及有发文稿纸或文件处理单的，应与文件正本、定稿一并归档。

企业对于无相应纸质或确实无法输出成纸质的电子文件应纳入归档范围并划分保管期限。

企业对归档的电子文件的元数据要进行相应归档。

第十四条　多个企业联合召开的会议、联合研制的产品、联合建设或研究的项目、联合行文所形成的文件材料，原件由主办企业归档，其他企业将相应的复制件或其他形式的副本归档。

第十五条　企业应依据本规定和国家及专业相关规定，结合本企业生产组织方式、产品和服务特点，编制本企业的各类文件材料归档范围和档案保管期限表。企业应按资产归属关系，指导所属企业根据有关规定规范各类文件材料归档范围和档案保管期限表的编制并审批所属企业的文件材料归档范围和档案保管期限表。

第十六条　中央管理的企业（包括国务院国有资产监督管理委员会监管中央企业、金融企业、中央所属文化企业等）总部的文件材料归档范围和管理类档案保管期限表，报国家档案局同意后执行。

地方国有企业总部编制的文件材料归档范围和管理类档案保管期限表，报同级档案行政管理部门同意后执行。

第十七条　企业资本结构或主营业务发生较大变化时，应及时修订和完善文件材料归档范围和档案保管期限表。

第十八条　企业在编制文件材料归档范围和档案保管期限表时，应全面分析和鉴别本企业形成文件材料的现实作用和历史价值，统筹考虑纸质文件材料与其他载体文件材料的管理要求，准确界定文件材料的归档范围和划分档案保管期限。

第十九条　本规定适用于在中华人民共和国境内注册设立的企业，在境外经营的企业，由企业总部参照本规定提出实施要求；科技事业单位可参照执行。

第二十条　本规定由国家档案局负责解释。

第二十一条　本规定自 2013 年 2 月 1 日起施行。

附件：《企业文件归档基本范围与保管期限参考表》

表1　经营管理类

序　号	基　本　范　围	保管期限
1	经营决策	
1.1	企业发展规划、经营战略决策、企业改革等文件	永久
1.2	转换经营机制、各项配套制度改革实施方案、请示与批复、总结、报告等	永久
1.3	董事会、监事会、股东会构成及变更方面的文件	永久
1.4	厂务公开文件	30年
1.5	厂长（经理）责任制、任期目标等	30年
1.6	股东大会文件	
1.6.1	重要的	永久
1.6.2	一般的	10年
1.7	董事会、股东会会议记录、纪要、工作报告、声明、决定、决议、通知、名单、议程、报告、讨论通过的文件、公告、总结等	永久

（续）

序　号	基　本　范　围	保 管 期 限
1.8	监事会会议记录、纪要、工作报告、声明决定、决议等	永久
1.9	股票、股市方面的材料	30年
1.10	红利分配材料	永久
2	生产经营计划	
2.1	生产经营计划、总结、报告及计划调整等材料	30年
2.2	计划任务书或作业计划	30年
2.3	生产技术、经济指标完成情况分析	30年
3	统计工作	
3.1	统计工作制度、规定、办法、通知	30年
3.2	生产、技术、经济统计报表	永久
3.3	企业综合性统计报表及分析材料	30年
3.4	工业普查报表	永久
4	财务管理	
4.1	财务管理制度，规定、办法、通知	30年
4.2	财务管理计划、总结	10年
4.3	固定资产的新增、报废、调拨材料	30年
4.4	生产财务和成本核算	永久
4.5	税务方面的材料	永久
4.6	资产管理、价格管理、会计管理的材料	永久
5	资产管理	
5.1	房产、土地方面的文件	
5.1.1	房地产的权属证明材料	永久
5.1.2	房地产的租赁、使用方面的合同、协议等文件	30年
5.2	对外投资项目	
5.2.1	投资规划、决策等方面的材料	永久
5.2.2	投资企业的董事会、股东会材料	永久
5.2.3	投资企业的财务报告、红利分配材料	永久
5.2.4	股权证、转让协议等股权管理方面的材料	永久
5.3	国有资产管理、登记、统计、核查清算、交接等文件	永久
5.4	企业的产权变动	
5.4.1	产权变动的请示、批复方面的材料	永久
5.4.2	清产核资、资产评估工作的文件	永久
5.4.3	产权变动的协议、合同等	永久
5.4.4	资产处置方案、归属方面的材料	永久
5.4.5	因产权变动所致职工身份变化的材料	永久
5.5	多种经营管理	
5.5.1	经营机构的工作计划、汇报、总结	30年

（续）

序号	基本范围	保管期限
5.5.2	内部承包章程、合同、协议	30年
5.5.3	经济核算材料	永久
5.6	境外项目管理	
5.6.1	境外项目的前期设计、规划、协议、合同等文件	永久
5.6.2	项目检查、竣工验收、重要的专项报告、审批意见等	永久
5.6.3	工作总结、计划、业务方面的一般来往函件	30年
6	物资管理	
6.1	物资分配计划、记录	10年
6.2	物资采购、保管	
6.2.1	重要物资和生产资料的采购审批手续、保管及招投标合同、协议、来往函件、总结	永久
6.2.2	办公设备及用品、机动车等的采购计划、审批手续、招投标、购置，机动车调拨、保险、事故等一般性文件	30年
6.3	仓库管理规章制度、台账、统计报表	30年
6.4	职工承租、购置单位住房的合同、协议和有关手续	永久
6.5	职工住房分配、出售的规定、方案、细则、职工住房情况统计、调查表、职工住房申请	30年
7	产品销售	
7.1	营销组织管理、网络建设材料	30年
7.2	产品销售计划、广告宣传、总结、会议记录与纪要等	30年
7.3	销售合同、协议、函件	30年
7.4	订货会、市场分析和用户调查材料	30年
7.5	售后服务材料	10年
7.6	统计报表	永久
8	合同管理	
8.1	商务合同正本及其补充件	
8.1.1	重要的	永久
8.1.2	一般的	30年
8.2	客户资信调查材料	
8.2.1	重要的	30年
8.2.2	一般的	10年
9	信用管理	
9.1	企业认证、达标等活动的呈报、审批材料、合格证、资格证书等	永久
9.2	企业形象宣传、展览会文件	30年
9.3	企业获得的资质、信誉方面的证书及其他奖励	永久
9.4	企业客户资信调查材料	30年
10	知识产权管理	
10.1	企业标识、商标标识方面的材料	永久
10.2	专利、商标和其他知识产权方面的申报、证明及管理方面的材料	永久

表 2　生产管理类

序　号	基 本 范 围	保管期限
1	生产调度	
1.1	生产调度工作计划、总结、报告	30 年
1.2	生产作业计划的编制、执行及调度工作情况	10 年
1.3	生产调度会议记录	30 年
1.4	生产调度的职责、制度、规程	永久
1.5	生产活动综合分析	10 年
2	质量管理	
2.1	质量管理计划、措施、总结	10 年
2.2	质量管理制度、办法、规定、条例	30 年
2.3	产品质量检测、化验、试验材料	30 年
2.4	质量异议处理、事故分析及处理材料，质量认证、检查、评比材料	30 年
2.5	全面质量管理工作形成的文件、质量体系运行及管理文件、产品创优的获奖证书	30 年
3	能源管理	
3.1	能源管理的规定、计划、总结、请示、批复	30 年
3.2	能源消耗定额管理材料	30 年
3.3	节能工作方案、措施、总结	30 年
3.4	统计报表	30 年
4	安全生产	
4.1	安全技术管理规定、通报、总结、会议纪要等	30 年
4.2	事故报告、调查分析及处理材料	30 年
4.3	安全教育活动的材料	10 年
4.4	安全生产、消防方面的材料	10 年
4.5	统计报表	30 年
5	科技管理	
5.1	科技发展规划、计划、总结、科技工作规定等	30 年
5.2	技术革新和合理化建议文件	10 年
5.3	新产品开发、科技成果管理、技术引进	30 年
5.4	学术论文、考察报告、专题总结	30 年
5.5	统计报表	30 年
6	环境保护	

（续）

序　号	基 本 范 围	保管期限
6.1	环境保护规划、计划、总结	30年
6.2	环境保护制度、管理办法	30年
6.3	环保调查、监测、分析材料	永久
6.4	环境影响评价书、环境污染防治措施、总结、报告	30年
6.5	统计报表	
6.5.1	年度以上的统计报表	永久
6.5.2	半年、季度、月的统计报表	10年
7	计量工作	
7.1	计量工作规划、计划、总结	10年
7.2	计量工作管理规定	30年
7.3	计量设备、仪器、器具资料及定期检查记录	10年
7.4	计量管理工作方面的材料	10年
7.5	统计报表	
7.5.1	年度以上的统计报表	永久
7.5.2	半年、季度、月的统计报表	10年
8	标准化工作	
8.1	标准化管理的规划、制度、办法、规定	30年
8.2	标准化管理计划、总结	30年
8.3	生产技术规范、企业技术标准、企业工作标准、企业管理标准	永久
9	档案和信息工作	
9.1	档案工作计划、总结	10年
9.2	档案工作的规划、规定等	30年
9.3	档案移交清单、销毁清册	永久
9.4	档案利用、开发成果材料	30年
9.5	信息工作计划、总结	10年
9.6	信息管理工作的通知、规定等	30年
9.7	有关科技信息	30年
9.8	图书、资料工作材料	10年
9.9	统计报表	永久

表 3　行政管理类

序　号	基　本　范　围	保管期限
1	行政事务	
1.1	上级机关颁发的本企业应执行的有关文件	30 年
1.2	上级领导视察本企业的题词、指示、讲话材料	
1.2.1	重要的	永久
1.2.2	一般的	10 年
1.3	行政工作计划、总结等	永久
1.4	经理办公会、行政办公会会议记录、纪要、决定等	永久
1.5	企业制发的行政决定、通报和签订的行政协议、合同	永久
1.6	工商行政管理方面的材料	30 年
1.7	企业的设立、关、停、并、转及更名、雇用与废止印模等方面的文件	永久
1.8	企业文秘、机要、保密、信访、综合治理等方面的文件	
1.8.1	重要的	30 年
1.8.2	一般的	10 年
1.9	企业编史修志方面的文件	
1.9.1	大事记、机构沿革等	永久
1.9.2	工作简报、情况反映、工作信息等	30 年
2	安全保卫工作	
2.1	上级机关颁发的本企业应贯彻执行的有关文件	10 年
2.2	企业安全保卫、民兵工作的计划、总结、报告、报表等	30 年
2.3	对本企业及职工在安全保卫工作方面的奖惩材料及统计报表	30 年
2.4	武装保卫、民兵、预备役人员名单及有关机构设置、干部任免文件	30 年
2.5	自然灾害防范、交通管理方面的文件	
2.5.1	重要的	30 年
2.5.2	一般的	10 年
2.6	重大事故调查和处理文件	永久
3	法律事务	
3.1	法律事务管理与协调工作	
3.1.1	法院判决书、调解书等诉讼和仲裁等文件	永久
3.1.2	一般法律事务工作文件	30 年
3.2	案件、纠纷及公证事务中结论性材料	永久
3.3	案件、纠纷及公证事务调查过程中形成的文件	30 年
4	审计稽查工作	
4.1	上级机关颁发的本企业应贯彻执行的有关审计工作的文件	30 年
4.2	审计意见、审计报告及批复等	永久
4.3	审计工作会议记录、纪要、计划、报告、总结、调查材料、办法、一般的请示与批复等	30 年
4.4	专项审计通知、报告、批复、评价书（结论）、调查与证明等材料	
4.4.1	重要的	永久

(续)

序　号	基　本　范　围	保管期限
4.4.2	一般的	30 年
4.5	下级单位报送的审计工作文件	10 年
5	劳动人事与人力资源管理	
5.1	上级机关颁发的本企业应贯彻执行的有关文件	30 年
5.2	企业制定的劳动人事方面的规章制度、报告、决定等	永久
5.3	内部机构设置、名称更改、组织简则、印信启用和作废、人员编制方面的有关文件	永久
5.4	干部职工的任免与招聘、升降职、奖惩、考核、职称评聘等方面的文件	永久
5.5	人事调动介绍信及存根、工资转移证等	30 年
5.6	老干部、职工离退休、停薪留职、抚恤、剩余人员与复转退军人安置等有关材料	永久
5.7	职工名册、劳动人事工作计划、总结、报表及调资方案等	永久
5.8	劳动保护、职业安全卫生、计划生育、保险的方针、政策、规定、统计报表等	永久
5.9	职工奖励、处分形成的文件，劳动合同管理、劳动工资和社会保险文件，医疗、工伤保险、住房公积金	永久
5.10	劳资纠纷、仲裁方面的文件	永久
6	教育培训工作	
6.1	上级机关颁发的本企业应贯彻执行的有关文件	10 年
6.2	企业教育培训工作的计划、总结	30 年
6.3	企业制定的教育培训工作规章制度、请示与批复、决定等	30 年
6.4	企业教育培训工作统计报表等	30 年
6.5	企业干部职工进修培训名单、合同等	30 年
7	外事工作	
7.1	发表的公告，签订的协议、协定、备忘录，重要的会谈记录、纪要等	永久
7.2	出访考察、参加国际会议、接待来访等外事活动、出访审批文件	30 年
7.3	出口审批手续，执行日程安排，考察报告等一般性文件	30 年

表 4　党群管理类

序　号	基　本　范　围	保管期限
1	党务工作	
1.1	党员代表大会、党委（党支部）会议及其他有关会议	
1.1.1	会议通知、报告、换届选举结果、决议、通报、纪要等	永久
1.1.2	发言、简报、小组会议纪要	10 年
1.2	党务综合性工作	
1.2.1	工作计划、总结、重要专项活动工作报告，重要的调研材料、党务工作大事记	永久
1.2.2	情况反映、工作简报及一般材料	10 年
1.3	上级机关关于党务工作的文件	

（续）

序　号	基　本　范　围	保　管　期　限
1.3.1	针对本企业重大问题的指示、批示文件	永久
1.3.2	对企业一般性、普发性的文件	10年
1.4	对下属单位关于党务工作请示的批复	30年
1.5	各项规章制度、管理办法与条例等	30年
2	组织工作	
2.1	党员干部考察、考核、任免、政审决定等	永久
2.2	入党、转正、退党、转入、转出等决定及党员名册	永久
2.3	党委（总支、支部）组织工作的规章制度	30年
2.4	党群机构设置、调整、人员编制等方面的决定及通知	30年
2.5	党费收支与党组织关系介绍信及存根	30年
2.6	党员学习教育等活动形成的文件	
2.6.1	重要的	永久
2.6.2	一般的	10年
2.7	党员统计年报、计划总结、组织发展计划	30年
3	宣传统战工作	
3.1	企业宣传统战工作报告、会议纪要、调研、计划、总结材料、各民主党派人员名单登记、活动记录	
3.1.1	重要的	30年
3.1.2	一般的	10年
3.2	单位编辑的出版物样本与定稿	
3.2.1	重要的	永久
3.2.2	一般的	30年
3.3	反映本企业活动的报刊、广播稿	30年
3.4	企业文明建设方面的文件（包括社会公益事业、慈善事业的参与、投入的记录；赈灾、扶贫、献血、拥军优属、精神文明建设方面的文件）	
3.4.1	重要的	30年
3.4.2	一般的	10年
4	纪检与监察工作	
4.1	纪检与监察工作的规定、决定、通报、通知、会议记录、纪要、计划、总结、请示报告及上级批复	永久
4.2	违纪案件调查处理材料	
4.2.1	重大案件的立案报告、调查依据、审查结论、处理意见等材料	永久

（续）

序　号	基　本　范　围	保　管　期　限
4.2.2	一般案件的调查处理材料	30 年
4.3	纪检与监察工作统计报表	30 年
5	工会工作	
5.1	工会工作规划、总结、规章制度、决定、通知、会议记录	30 年
5.2	职工代表大会及有关会议文件	
5.2.1	会议通知、报告、换届选举结果、决议、通报、纪要等	永久
5.2.2	发言、简报、小组会议记录等	10 年
5.3	工会会员名册	永久
5.4	民主管理、劳动竞赛、表彰先进、劳保福利、职工维权方面的文件	30 年
5.5	女工工作、文体活动、计划生育等方面的文件	
5.5.1	重要的	30 年
5.5.2	一般的	10 年
5.6	工会会费与财务管理材料	30 年
5.7	工作统计报表	
5.7.1	重要的	30 年
5.7.2	一般的	10 年
6	共青团工作	
6.1	共青团工作规划、总结	30 年
6.2	团代会、团委（常委、扩大）会会议文件	
6.2.1	会议通知、报告、换届选举结果、决议、通报、纪要等	永久
6.2.2	发言、简报、小组会议记录等	10 年
6.3	团员及团组织管理方面的决定、通知、批复	30 年
6.4	团费收据与团组织关系介绍信及存根	30 年
6.5	共青团工作统计报表	
6.5.1	重要的	30 年
6.5.2	一般的	10 年
7	民间团体工作	
7.1	专业学会、协会、群众团体活动方面的文件	
7.1.1	重要的	30 年
7.1.2	一般的	10 年

表 5 产品生产类

序号	基本范围	保管期限
1	计划决策阶段	
1.1	调查研究	
1.1.1	市场调查、技术调查、考察、预测报告、调研综合报告	10 年
1.1.2	技术、经济可行性研究报告、市场需求分析报告、收益预测分析报告	30 年
1.2	决策	
1.2.1	发展建议书、技术建议书、协议书、委托书、合同	永久
1.2.2	专题分析报告、专题会议纪要	30 年
1.2.3	研制计划、方案、方案认证报告	30 年
2	设计阶段	
2.1	产品研究、设计计划	30 年
2.2	技术、经济初步评价	30 年
2.3	研究试验大纲、试验报告	30 年
2.4	产品设计标准	永久
2.5	技术设计说明书、产品设计图样、专题技术请示报告、设计评审报告	30 年
3	试制阶段	
3.1	试制	
3.1.1	试制计划、方案、规程、报告	永久
3.1.2	工艺研究报告、工艺总体方案论证	永久
3.1.3	试制工艺流程、工艺标准	30 年
3.1.4	试制工艺文件和工艺装备文件	30 年
3.1.5	工艺评审报告	永久
3.1.6	试制运行记录、化验记录、试制过程纪要	30 年
3.1.7	原材料与半成品、成品检验方法批准书	30 年
3.1.8	理化分析报告、化学配方、化学反应式、计算公式	30 年
3.1.9	技术标准协议、试制质量分析报告	30 年
3.1.10	专题会议记录、纪要、合理化建议	30 年
3.1.11	重大故障分析和排除措施报告	30 年
3.1.12	试制总结报告	永久
3.2	试验	
3.2.1	试验计划、方案、规程	永久

（续）

序　　号	基　本　范　围	保管期限
3.2.2	试验所需仪器与设备清单	30年
3.2.3	试验分项目记录	30年
3.2.4	试验原始数据与材料	永久
3.2.5	试验分析报告	30年
3.2.6	试验总结报告	永久
3.3	鉴定	
3.3.1	鉴定申请报告及批复、试制、试验鉴定大纲、技术鉴定材料（申请批复、评价材料、会议纪要）	永久
3.3.2	成套设计文件、标准化审查报告、可靠性试验情况报告	30年
3.3.3	产品质量和技术经济分析报告	10年
3.3.4	设计定型报告、证书、鉴定验收书	永久
3.3.5	试用或试运行报告	30年
4	生产阶段	
4.1	小批生产	
4.1.1	小批生产方案、计划	30年
4.1.2	小批生产工序工程能力分析报告	30年
4.1.3	关键件、重要件、关键工序的质量控制及检测报告	30年
4.1.4	原料鉴定卡片、配用设计表	30年
4.1.5	历次更改与补充的设计及工艺文件和更改通知单	30年
4.1.6	小批生产总结报告、小批生产鉴定书	永久
4.1.7	产品设计评审报告、产品研制完成报告	30年
4.1.8	产品许可证、合格证、使用说明书、装箱单、产品介绍、样本	30年
4.2	批量生产	
4.2.1	申请正式投产报告、批复、通知	永久
4.2.2	生产技术规程、操作规程、安全生产规程、产品检验规范	永久
4.2.3	技术标准（国际标准、国家标准、行业标准、企业标准）	永久
4.2.4	企业标准编制说明、审批书及修改、修订的通知	永久
4.2.5	生产定型（结构、配方）设计文件	永久
4.2.6	工艺文件、工艺作业指导书、工艺说明书	30年
4.2.7	工艺装备文件、图样（刃具、夹具、量具、模具图）、说明书	30年
4.2.8	产品改进与更新建议书、合理化建议、QC成果	30年

（续）

序　号	基　本　范　围	保管期限
4.2.9	产品质量技术攻关会议记录、纪要和成果	30年
4.2.10	重大质量事故分析、质量异议处理结果	30年
4.2.11	各种操作记录、产品检验报告单	30年
4.2.12	产品特性重要度分级	30年
4.2.13	技术条件	30年
4.2.14	明细表、汇总表、产品目录	30年
4.2.15	专利登记表、专利证书等材料	永久
4.2.16	商标注册材料	永久
5	评优阶段	
5.1	创优规划、措施、工艺操作规程	30年
5.2	国内外对比材料	10年
5.3	上级检（抽）查结果和理化分析报告	30年
5.4	主要用户评价	10年
5.5	创优申请、审批表	30年
5.6	优质产品评定书、获奖奖章、奖状、证书	永久
6	认证阶段	
6.1	认证申请书、信函	30年
6.2	跟踪服务材料	30年
6.3	认证检测报告、检查报告	30年
6.4	原材料修改换页说明	30年
6.5	产品检验报告	永久
6.6	各种认证证书	永久

表6　科研开发类

序　号	基　本　范　围	保管期限
1	研究准备阶段	
1.1	申报项目的报告、批复、通知	30年
1.2	科研规划、调研报告、可行性研究报告、技术咨询与课题认证材料	30年
1.3	课题说明书、科研课题、经费申请报告及批件	30年
1.4	任务书、协议书，会议记录及重要来往文函、合同	永久
1.5	科研课题研究计划、上级批示及有关课题的国内外动态、课题计划调整或课题撤销文件	30年

(续)

序号	基本范围	保管期限
1.6	实验、试验方案、设计方案、调查考察方案、技术规程	永久
2	研究试验与开发阶段	
2.1	试验任务书、试验大纲	永久
2.2	实验、试验测试记录、图表、照片、计划执行情况、调整和撤销的报告	永久
2.3	试制综合分析报告及总结	永久
2.4	计算文件	永久
2.5	计算机软件（附带软件运行环境说明）	永久
2.6	检验文件	永久
2.7	设计文件、图样、技术说明、配方	永久
2.8	工艺文件	永久
3	总结鉴定验收阶段	
3.1	课题完成最终（或中断）总结	永久
3.2	课题阶段工作总结	30年
3.3	鉴定大纲	永久
3.4	技术经济分析报告	30年
3.5	标准化审查报告	永久
3.6	鉴定证书、科学技术成果鉴定证书	永久
3.7	鉴定会议记录（参加人员名单）、鉴定验收结论、函审原件	永久
4	成果申报阶段	
4.1	科技成果申报表、登记表及附件	永久
4.2	科技成果奖励申报及评审材料	永久
4.3	获奖证书及批件	永久
4.4	专利申请、受理证书等材料	永久
4.5	著作权申请、受理证书等材料	永久
5	推广应用阶段	
5.1	推广应用方案、专利申请书、批准证书（原件、影印件）、技术转让合同、协议书	永久
5.2	论文、成果推广应用中形成的技术文件及工作总结、过户定型的鉴定材料	30年
5.3	国内外同行业评价及用户反馈意见、成果宣传报送文件、专业会议文件	10年
5.4	成果标本、样品目录	30年
5.5	出席各级学术会议和发表在各种刊物上的论文、专题报告，国外考察报告和对外技术交流材料等	30年
5.6	针对成果的推广应用所进行的软件开发形成的文件	30年

表7 项目建设类

序号	基本范围	保管期限
1	综合	
1.1	建设项目管理制度、标准、方案、办法、规定等	30年
1.2	建设项目发展规划、计划、报告、会议记录、纪要	永久
1.3	征、租用土地（单独项目的除外）申请、报告、批复、合同、协议、说明材料	永久
1.4	厂区平面图、地下管线图	永久
1.5	统计报表	30年
2	项目准备阶段	
2.1	立项文件：项目建议书、项目建设书审批意见及前期工作通知书、可行性研究报告及附件、可行性研究报告审批意见、与立项有关的会议纪要、领导讲话、专家建议文件、调查资料及项目评估研究材料	永久
2.2	建设用地、征地、拆迁文件：选址申请及选址规划意见通知书、用地申请报告及县级以上人民政府城乡建设用地批准书、红线图、拆迁安置意见、协议、方案等，建设用地规划许可证及其附件、划拨建设用地文件、国有土地使用证、土地出让合同、土地有偿使用合同	永久
2.3	勘察、测绘、设计及审批文件	
2.3.1	工程地质勘察报告，水文地质勘察报告，自然条件、地震调查，申报的规划设计条件和规划设计条件通知书	永久
2.3.2	初步设计图纸和说明、技术设计图纸和说明、审定设计方案通知书及审查意见	30年
2.3.3	有关行政主管部门（人防、环保、节能、消防、交通、园林、市政、文物、通讯、保密、河湖、教育、白蚁防治、卫生等）批准文件或取得的有关协议，政府有关部门对施工图设计文件的审批意见	永久
2.3.4	施工图及其说明、设计计算书	30年
2.4	招投标文件与合同书	
2.4.1	勘察设计、施工及工程监理招投标及中标文件	30年
2.4.2	勘察设计、施工及工程监理招投标第一未中标文件	10年
2.4.3	勘察设计、施工承包及监理委托合同	30年
2.5	开工审批文件	
2.5.1	建设项目列入年度计划的申报文件、批复文件或年度计划项目表，规划审批申报表及报送的文件和图纸，建设项目规划许可证及其附件，建设项目开工审查表，建设项目施工许可证	永久
2.5.2	投资许可证、审计证明、缴纳绿化建设费等证明，工程质量监督	30年
2.6	建设项目管理机构（项目经理部）、监理机构（项目监理部）、施工管理机构（施工项目经理部）及负责人名单	30年
3	项目建设阶段	
3.1	项目管理文件	
3.1.1	规程、规范、标准、规划、方案、规定	30年
3.1.2	投资、进度、质量、安全、合同控制文件	30年

(续)

序　号	基　本　范　围	保管期限
3.1.3	投标书、资质材料、履约类函件、委托授权书和投标澄清文件、修正书	永久
3.1.4	合同谈判纪要、合同审批文件、合同书、合同变更文件	永久
3.1.5	环境保护、劳动安全、卫生、消防、人防	永久
3.1.6	水、暖、电、气、通信、排水等供应协议,以及原料、材料、燃料供应协议	30年
3.2	建筑、设备、管线、电气、仪表安装施工	
3.2.1	开工报告、工程技术要求、技术交底、图纸会审纪要	30年
3.2.2	建筑与结构工程地基处理记录、图纸变更记录、工程质量事故处理记录、工程质量检验记录	永久
3.2.3	设计变更通知、工程更改洽商单、材料代用核定审批手续、技术核定单、业务联系单及备忘录	永久
3.2.4	施工定位测量、符合记录、地质勘探	永久
3.2.5	施工技术准备,施工现场准备,设计变更,洽商记录,原材料、成品、半成品、构配件、设备出厂质量合格证及试验报告,施工试验记录,施工记录	30年
3.2.6	焊接试验记录、施工检验、探伤记录	10年
3.2.7	隐蔽工程检查(验收)记录、工程质量检查评定记录、功能性试验记录	30年
3.2.8	质量事故及处理记录、竣工测量资料	永久
3.2.9	交工验收记录证明、工程质量评定、竣工报告	永久
3.3	竣工图	永久
3.4	监理文件	
3.4.1	监理规划、监理实施细则、监理部总控制计划、监理会议纪要	30年
3.4.2	进度控制:工程开工/复工审批表、暂停令	30年
3.4.3	质量控制、质量事故报告及处理意见	30年
3.4.4	造价控制:设计变更、洽商费用报审与签认、工程竣工决算审核意见书	30年
3.4.5	分包资质:分包单位、供货单位及试验等单位资质材料	30年
3.4.6	监理通知:有关进度、质量及造价控制的监理通知	30年
3.4.7	工程延期报告及审批、合同争议、违约报告及处理意见	永久
3.4.8	费用索赔报告及审批、合同变更材料	30年
3.4.9	监理工作总结:专题总结、月报总结、工程竣工总结、质量评价意见报告	30年
4	项目竣工验收	
4.1	工程竣工总结、工程概况表	永久
4.2	竣工验收记录:建筑安装工程竣工验收记录、证明书、报告、备案表,市政基础设施工程质量评定表及报验单、竣工验收证明书、报告、备案表	永久
4.3	财务决算及交付使用财产总表和财产明细表	永久
4.4	声像、缩微、电子档案	永久
5	项目运行维护与更新改造	30年

表8 设备仪器类

序号	基本范围	保管期限
1	综合	
1.1	设备管理条例、办法、方案、规定、通告等	30年
1.2	设备管理规划、计划、总结，设备运行管理文件，备品备件管理文件	10年
1.3	设备技术管理文件	30年
1.4	设备台账	永久
2	单台（套）设备仪器	
2.1	调研、考察材料；购买设备的申请、批复文件	30年
2.2	购置合同、协议	30年
2.3	洽谈记录、纪要、备忘录、来往函件及商检材料	30年
2.4	设备仪器开箱验收记录	30年
2.5	设备仪器合格证、装箱单、出厂保修单、说明书、环保材料等随机图样及文字材料	30年
2.6	设备仪器安装调试、试车记录、总结、竣工图样、检测验收等材料	30年
2.7	运行记录及重大事故分析处理报告	30年
2.8	设备仪器保养和大修计划、记录	30年
2.9	设备仪器检查记录、设备仪器履历表	30年
2.10	设备改造记录和总结材料	30年
2.11	技术、质量异议的处理结果材料	永久
2.12	设备仪器报废鉴定材料、申请、批复和处理结果	30年

表9 会计业务类

序号	基本范围	保管期限
1	会计凭证类：原始凭证、记账凭证、汇总凭证	15年
2	会计账簿类：总账、明细账、日记账、固定资产卡片、辅助账簿、银行账	15年
3	财务报告类	
3.1	月、季度财务报告	3年
3.2	年度财务报告（决算）	永久
4	其他类	
4.1	会计移交清册	15年
4.2	会计档案保管清册、会计档案销毁清册	永久
4.3	银行余额调节表、银行对账单	5年

表10 职工管理类

序号	基本范围	保管期限
1	在岗职工	
1.1	履历材料	永久
1.2	自传材料	永久
1.3	鉴定、考核、考察材料	永久

(续)

序　号	基本范围	保管期限
1.4	评定岗位技能和学历材料	永久
1.5	政审材料	永久
1.6	参加党派材料	永久
1.7	奖励材料	永久
1.8	处分材料	永久
1.9	任免呈报表和工资、待遇审批材料	永久
1.10	其他可供组织参考有保存价值的材料	永久
1.11	技术职称或工种级别的确认材料	永久
2	退休职工	永久
3	离岗职工	永久
4	死亡职工	永久

案例思考

案例1　防治非典型肺炎工作文件材料的归档范围

在2003年抗击"非典"的斗争中，形成了大量珍贵的档案资料，各级政府对防治非典型肺炎工作文件材料的归档范围都有所规定，主要内容包括：①中央、省、市领导在指导防治"非典"工作中形成的指示、批示及视察、督查的相关材料；②本单位在防治工作中做出的重大决策、制定的预案和监测方案及召开的专门会议的相关材料；③本单位建立非典型肺炎防治工作机构、协调机制的有关情况；④疫情统计情况及针对疫情采取的防治措施的相关材料；⑤医院接收、诊治非典型肺炎病人及疑似病人的情况；⑥本单位开展防治、控制工作的情况报告、经验总结、动态信息、典型事迹及失职、渎职行为的处置材料；⑦组织医药用品和相关物资保障、生产和生活保障等方面的情况；⑧接受社会捐赠及捐赠资金、物质分配、使用的情况；⑨宣传党中央和国务院的相关决策和部署、法律法规、防治知识、先进人物和先进集体事迹的情况；⑩有关开展"防非"科普教育宣传的文字、图片等材料，载体类型包括纸质、照片、声像及电子文件、实物等；⑪其他与防治非典型肺炎工作有关的情况。

思考：现已知文件材料的归档范围，你能否确定它们的保管期限分别是多长时间？

案例2　档案的误销

某机关秘书王××，在临时负责本局办公室工作期间，为了给新购进的复印纸腾出存放地点，在既未请示局领导，又未亲自查看的情况下，擅自批准工作人员将1957年至1969年期间形成的档案从柜中搬出，装入麻袋堆放在机要室，后因办公室调整又转放到油印室。此后，在长达半年多的时间里，王××既没有安排档案管理人员去整理、保管这部分档案，又没过问这批档案的下落，使得这批档案最终被误认为废纸予以销毁。事发后，王××作了深刻检查，并被行政警告处分。

思考：从这起档案误销事件中，我们应当吸取怎样的教训？档案销毁的基本程序是什么？

第三章

档案整理技能训练

学习任务和目标

（1）通过以"件"为单位和以"卷"为单位整理档案，了解归档制度的变化，掌握档案整理的流程、工作内容，提高学生档案整理技能和适应档案管理新要求的能力。

（2）通过拟写立卷说明，提高学生语言表达能力、档案管理文字资料撰写能力。

（3）用"整理的最终成果"的形式，帮助学生掌握档案整理的全局性概念——全宗。

档案整理包括内容整理和实体整理。内容整理是指对文件或档案内容的真伪进行鉴别考证等。实体整理是将零散的和需要进一步条理化的文件或档案进行分类、组合、排列、编目等，有以"件"为单位整理和以"卷"为单位整理之分。以"件"为单位整理档案是本章技能训练的重点。

第一节　做好整理准备工作

一、了解档案整理的原则

1. 充分利用原有基础

（1）充分地重视和利用先前的整理基础，以确定档案整理的任务和要求，不要轻易打乱重整。

（2）在整理过程中，应该充分研究和利用原来整理的成果，不要轻易破坏以往整理和保存的历史状况。

2. 保持文件之间的历史联系

文件之间的历史联系，主要体现在文件的来源、时间、内容和形式等几个方面。

（1）**文件在来源方面的联系**　文件是以一定的机关及其内部组织机构或一定的个人为单位有机地形成的。形成文件的这些单位，使文件构成了来源方面不可分割的历史联系。

（2）**文件在时间方面的联系**　形成档案的机关和个人所进行的具体活动，都有一定的过程和阶段性，因而使文件之间具有自然的时间联系。

(3) **文件在内容方面的联系**　　文件是机关或个人在履行一定职责的各种活动中，为了解决一定问题而产生的。它的形成者的特定活动，使文件之间在内容上具有密切联系。

(4) **文件在形式方面的联系**　　文件的内容必然通过一定的形式表现出来。所谓文件形式，包括它的内部形式和外部形式两方面：种类、名称和载体、记录方式等。这也构成了文件之间的一定联系。对于保持文件之间的联系，应该辩证地看待和处理。

3. 便于保管和利用

保持文件之间的历史联系，不是整理档案的主要目的，所以不能为联系而联系，便于保管和查找档案，才是档案整理工作的基本出发点和最终要求。

二、掌握档案整理的单位

1. 档案整理的单位

档案由单份文件构成，把单份文件组合成案卷称为立卷（或组卷）。2000年12月国家档案局颁布了《归档文件整理规则》，文书立卷改革在全国得到迅速推广。其中最根本的一点就是档案整理单位的不同。传统上以"卷"为单位，改革后以"件"为单位。于是，产生了文书档案整理的两种方法，即按"卷"整理与按"件"整理。

（1）**案卷**　　案卷是由来源、时间、内容和外形上互有联系的若干文件组合而成并放入卷夹、卷皮的档案保管单位。一个案卷包括案卷封面、卷内文件目录（归档文件目录）、卷内文件（案卷正文实体内容）、卷内备考表等组成部分。

（2）**件**　　一般以每份文件（自然件）为一件。关于"件"的定义，需注意以下几种情况：文件的正本与定稿为一件，定稿过厚，不易装订的，可各为一件；重要文件（法律法规等）的正本与历次修改稿可为一件或各为一件；正文与附件为一件；正文与重要文件、处理单、发文稿头纸、签批条等为一件；原件与复制件为一件；转发文与被转发文为一件；报表、名册、图册等按其原来的装订方式，一册（本）为一件；来文与复文为一件。

2. 以"件"为单位与以"卷"为单位的档案整理的区别

（1）取消案卷，界定"件"的概念，从检索的实际需要及减轻工作量出发，实现文件级管理，免除了繁琐、复杂的组卷过程。装订以"件"为单位进行，对装订材料不作统一规定，只要符合档案保护要求即可。

（2）分类方法固定为年度、保管期限、机构（问题），并允许各单位视具体情况组合及简化分类层次。

（3）取消案卷、卷内文件两级目录，只编以"件"为单位的归档文件目录。以件（份）为单位装订，不用拟写案卷题名，跨盒编流水件号，不编页号，只记页数。

（4）归档章的位置不限，同时对归档章的项目加以调整，只保留检索必备项目。

（5）文件排列方法灵活，便于查阅，利于保密。

（6）归档文件直接装盒保管，档案盒的项目设置有了较大的变化。无须撰写案卷题名和填写案卷封面，只需填写盒脊。

三、掌握档案整理的最终成果——全宗

1. 掌握"全宗"概念

"全宗"的字面意义，就是全部卷宗。全宗是档案的基本分类和管理单位，指一个国家机构、社会组织或个人形成的具有联系的档案整体。通常情况下，一个独立从事活动的单位，如一个机关、一个企业、一个学校形成的全部档案应该组成一个全宗。全宗从其形成角度看，有组织和个人两大类。

（1）组织全宗　在通常情况下，一个独立从事活动的单位，如国家机关的部、局、厅，一个工厂、学校，所形成的档案应该组成一个全宗；机关内部的组织机构，如某处、科、室，所形成的档案则作为相应的全宗的组成部分。形成全宗的机关单位称作"全宗构成者"，又称为"立档单位"。立档单位的主要标志是他们在工作上、组织上和财务上是否具有一定的独立性。一般具备下列条件的机构就是立档单位：可以独立行使职权，并能以自己的名义单独对外行文；设有会计单位或经济核算单位，自己可以制订预算或财务计划；设有管理人事的机构或人员，并有一定的人事任免权。

（2）个人全宗　又称人物全宗，一个人一生无论身份、政治立场如何变化，只构成一个全宗。对档案馆而言，只有那些对社会有突出贡献或重要影响的个人，其档案才可能成为一个实际的个人全宗，即只有名人的档案才可能成为个人全宗。一个人物全宗的全部档案，大致可以分几类：传记材料、创作材料、公务活动材料、个人书信、经济材料、亲属材料、评价材料、音像材料等。

2. 了解全宗的补充形式

全宗主要分为常规全宗和特殊形式的全宗两种类型：常规全宗即一般情况下的独立全宗，有的国家也称其为标准全宗；在难以区分或不必要区分独立全宗的情况下，则采取联合全宗、全宗汇集和档案汇集等办法，作为全宗的特殊形式，也称为全宗的补充形式。

（1）联合全宗　联合全宗就是两个或几个关系密切的立档单位形成的，难以区分而统一整理的档案整体。它通常产生于两种情况：继承关系密切的机关，文件彼此混杂；职能互有密切联系的机关，合署办公，即"一套机构两块牌子"。

小实例：联合全宗

广西壮族自治区档案局　广西壮族自治区档案馆
（联合全宗）
全宗号：X051

一、机构概况

广西壮族自治区档案局于1959年4月成立，局内部机构设置办公室、业务指导处、技术档案科和区直属机关档案科。1959年12月5日，自治区党委批准成立广西壮族自治区档案馆，并于1960年8月20日正式开馆。馆内部机构设置办公室、党群档案科、政府档案科、历史档案科、编审研究科、档案复制科、资料科。自治区档案局、馆合署办公，一套人员，两块牌子。1969年12月，该局、馆撤销，馆藏档案由自治区革委办事组第二秘书小组内设的档案业务组接管。1973年8月，自治区档案局恢复，局内部机构设置办公室、业务指导处、档案管理科、档案复制科。1976年10月，该局再次撤销，在自治区党委办公厅内设档案处。1980年7月，恢复自治区档案馆，同年10月，再次恢复自治区档案局，局、馆合署办公，

一套人员，两块牌子，下设办公室、业务指导处、档案管理处、档案编研处。1984年2月，自治区档案局改为自治区党委办公厅二级局（副厅级），撤销档案编研处，自治区档案馆下设现行档案科、历史档案科、编研科、资料科、档案保护技术科。1985年9月，自治区档案局、馆划归自治区人民政府领导。

二、档案情况及内容介绍

馆藏该全宗档案共531卷，档案起止时间为1959～1985年。

档案主要内容如下：

（一）综合类

有国家档案局、自治区党委办公厅、该局有关档案工作的指示、通知；全区档案事业发展概况，全区档案工作统计年报表；该局、馆有关党、团工作和机构设置、人事任免、工资福利问题的请示、报告、计划、总结、批复、通知，党团员、干部职工名册、统计年报表；有关档案事业经费和新建档案馆的请示、报告、批复、通知；全区档案工作会议、全区地市档案局长会议、全区档案馆工作会议、全区档案先进工作者会议和在广西召开的中南区档案工作协作会议的文件材料；该局、馆领导办公会的会议记录。

（二）业务指导类

有国家档案局、该局关于档案馆、机关档案室工作和加强城市基建、科研、技术档案工作的通知、意见、报告；关于文书、科技、会计档案工作的办法、通知；该局关于区直机关档案工作的计划、报告；该局关于组织检查全区档案工作的方针、计划、通知、总结；该局关于档案工作年终评比竞赛的办法、通知；业务指导处年度计划、总结；自治区档案学会文件；区直机关档案室工作经验交流会议，该局与有关单位召开的档案馆工作、技术档案工作、城建档案工作等各种现场会会议的文件。

（三）档案管理类

有自治区党委办公厅、政府办公厅、该局、馆关于档案接收、整理、保管、鉴定和利用工作的意见、计划、通知、简报、统计表；关于收集、征集革命历史档案、旧政权档案资料和少数民族历史档案资料的通知、意见、报告、总结；该局、馆关于划分全宗、确定档案分类标准和保管期限的意见、办法；关于档案史料编纂和开放利用的规定、通知；关于档案保护和防治蠹虫的文件。

（2）**全宗汇集**　全宗汇集是按照一定的特征组成的、档案数量很少的若干全宗的集合体。这类全宗包括从相同类型的基层单位选择接收的，具有代表性的若干小全宗或一些残缺不全的全宗。

小实例：全宗汇集

0123号全宗汇集　泰县县政府各直属机关

一、全宗汇集概况

本全宗汇集，含干训所、警察局、交通局、邮电局、敌产清理处、税捐稽征处、银行、合作社、教育局、救济院、河海测绘养成所共十一个立档单位。共有档案336卷。

二、档案内容

泰县地方行政干部训练所全宗有民国18年至37年（1929～1948年）档案45卷，内有训练所所训、集训规则、训练大纲；教员、学员名册、学员简历册、结业成绩册、学友录、通信录；受训人员报告表、审查表、保荐书；训练工作报告、本所经费、用品支出表；讲义（兵役法、地方自治办法、警察法令、总裁言行、总理遗教、刑法总则、清查户口整编保甲施行细则、民权初步、国民党党史、土地行政、公文程式）等。泰县警察局全宗有宣统2年至民国38年（1910～1949年）的档案84卷。……

（3）**档案汇集** 在整理历史上遗留下来的国家机关、社会组织档案的过程中，有时遇到一些残缺不全的文件，或难以判明其所属立档单位，或无法建立全宗，则可按其基本内容、时间、地区、作者和名称等大致可考的特征组合在一起，以一定的方法进行整理，标以综合名称并编一个全宗号，即成为一个档案汇集，作为一个全宗单位进行管理，如"清代末期××地区房产地契档案汇集"。

3．了解全宗编号的方法

全宗编号的方法主要有：大流水编号法、体系分类编号法、分类流水编号法。一般情况下，采用大流水编号法的档案馆居多，总体效果也较好。

（1）**大流水编号法** 又称顺序流水编号法，即一个档案馆对其所有全宗按进馆顺序用自然整数由小到大顺序编号，第一个进馆的全宗就编为1号，第二个进馆的全宗就编为2号……。这种编号方法的优点一是简便实用，且符合唯一性和系统性要求，二是全宗号能同时反映全宗进馆的先后顺序和全宗数量。

（2）**体系分类编号法** 这种方法按某种逻辑框架，将档案馆所收藏的全部全宗构造成一个逻辑类别体系。每一逻辑类别层次中的具体类别都有一个固定的代号（类号），只有最小的类别代号后面的号码才是该类中具体全宗的固定顺序号。这样，每个全宗号实际上都成了一个由几位数构成的号码，且每一位数都有其特定的逻辑含义。

（3）**分类流水编号法** 这种方法是上述两种编号方法结合使用的产物，比较适合于规模较大、全宗类型头绪较多的档案馆。具体编法是先将馆藏全宗划分为两个或几个大类，并以固定的代字或代码作标志，然后在各大类中按进馆顺序流水编号。

四、检查文件收集情况

1．检查文件是否齐全完整

"齐全"是指将应归档的文件材料都收集进来。"完整"是指收到的文件材料内容完整、正确，不能缺张短页。例如：发文是否同时具有文件正本和定稿，各种反映单位基本情况的年报、名册、会议记录，有关本单位机构设置、人事任免、调动和福利等方面的材料是否收集齐全。

2．检查文件归档的范围

不属于本机关、本部门归档范围的文件应剔出；同时，还要看文件是否属于本年度的，不属于本年度的应转出并归入相应的年度。区分文件材料的年度时应注意以下几点：一般文件应放在文件材料形成的那一年组卷，文件的形成时间以文件的签发、批准通过的时间为准；文件的形成时间所在年度与文件内容针对的年度不一致时，应在文件内容针对的年度立卷，如工作计划、总结、年度计划报表、表彰先进的文件等；跨年度的请示和批复，来文与复文不能分开立卷。本机关的请示可以放入收到批复的年度归档，本机关的批复可按复文时间立卷归档，请示与批复时间跨度太大无法同时立卷的可在备考表中相互注明；跨年度的计划放在内容针对的第一年立卷；跨年度的总结放在其内容针对的最后一年立卷；跨年度的会议材料放在会议开幕年立卷；跨年度的案件材料放在结案年度立卷。

3．检查卷内文件是否有一定的联系

有联系的文件要归到一块，没有联系的要剔出另组卷。例如：关系同一件事情的请示、批复、名册和会议纪要，一项专题工作、一次会议、一项工程的所有文件等。

五、准备好立卷必需的用具和软件

1. 档案装具

按照国家档案局的规定，为了保证以后向档案馆移交的档案规范统一，各立档单位必须使用区档案馆统一监制的档案装具，包括各种档案的卷盒、目录、装订线和归档章等。

2. 装订工具

按照规定，所有归档文件的装订，不得使用金属钉和不耐久的尼龙线、塑料线，必须使用经过消毒处理的档案专用棉线。立卷前要购置一些取钉器、白纸、无粮糨糊，以及档案装订机或手持电钻（适用于传统方法）和一台档案装订专用缝纫机（适用于新方法）。

3. 录入软件

随着办公自动化和档案管理现代化的推进，"文档一体化"逐步被提上议事日程。按规定，以后在向档案馆移交纸质档案的同时必须移交与纸质、照片和声像档案相对应的机检目录和电子档案。各立档单位在归档时必须购买和使用统一的档案管理软件进行录入管理。

第二节 按"件"整理档案

归档文件是指立档单位在其职能活动中形成的、办理完毕、应作为文书档案保存的各种纸质文件材料。将归档文件以件为单位进行装订、分类、排列、编号、编目、装盒，使之有序化的过程，即为归档文件整理。

一、装订

归档文件材料修整完毕，需要使用符合档案保护要求的装订材料重新加以装订，以从实体上最终确定"件"的形态；同时，可以起到固定文件页次，防止文件张页丢失，便于归档后保管和利用的作用。

1. 文件排序

装订前应对需装订为一件的文件材料进行排序，使之符合规定要求。归档文件应按件装订。一般以每份文件为一件，文件正本与定稿为一件，正文与附件为一件，原件与复制件为一件，转发文与被转发文为一件，报表、名册、图册等一册（本）为一件，来文与复文可为一件。装订时，正本在前，定稿在后；正文在前，附件在后；原件在前，复制件在后；转发文在前，被转发文在后；来文与复文作为一件时，复文在前，来文在后。具体如图3-1、图3-2所示。

图 3-1　文件排序示意图（一）

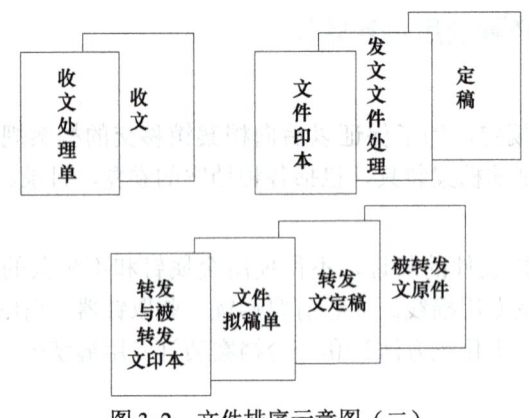

图 3-2　文件排序示意图（二）

2. 装订方式

传统的以"卷"为单位组卷的案卷，一般采用"三孔一线"法装订（如图 3-3 所示）；而以"件（份）"为单位组卷（现代方法）的案卷，则采用缝纫机装订。文件可采用左上角装订，也可采用左侧装订。采用左上角装订的文件应当左齐上齐，采用左边装订的文件应当左齐下齐。具体做法如图 3-4、图 3-5 所示。

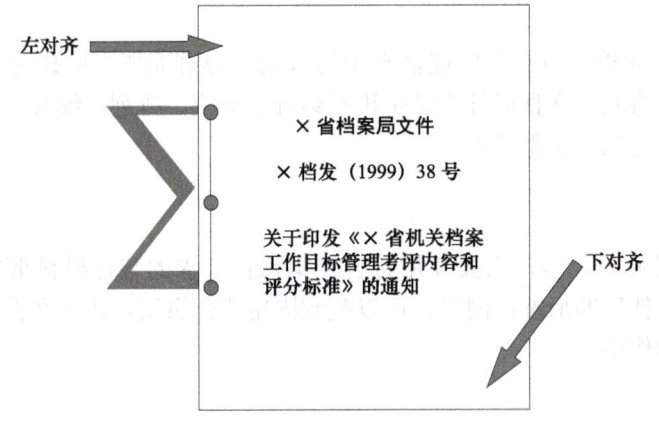

图 3-3　"三孔一线"装订法

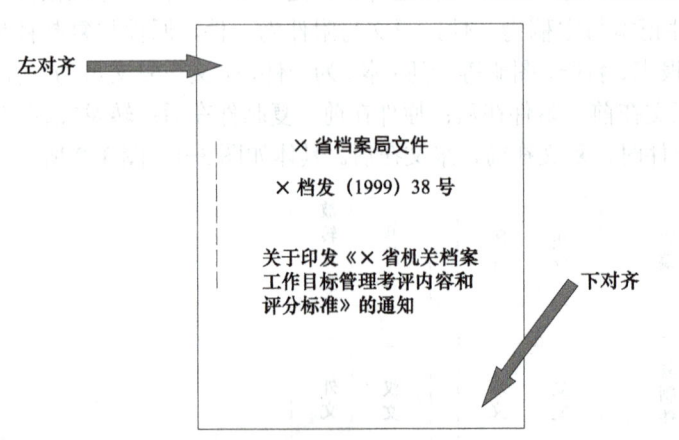

图 3-4　缝纫机左侧装订法

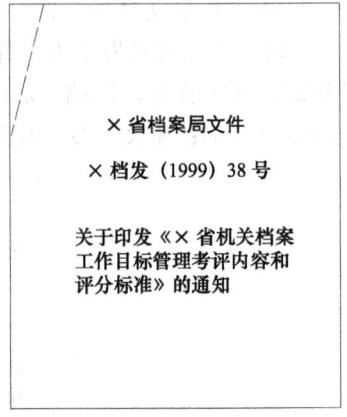

图 3-5　缝纫机左上角装订法

目前的装订方式除传统的线装之外，还包括：粘接式，如使用糨糊、热封胶等；穿孔式，如使用不锈钢钉书钉、铁夹背等。

二、分类

分类是将归档文件按其内容和形式特征划分类别和层次，构成有机体系的过程。全宗内档案分类方法很多，在《归档文件整理规则》中选择了年度、机构（问题）、保管期限作为通用的分类方法，是因为这三种分类方法在各级单位档案部门使用率最高，并反映了档案管理的基本规律和要求。按照这三种方法对归档文件进行分类，在各级各类档案室都可以实现档案的有序管理和有效检索。同一全宗应保持分类方案的稳定。

1. 年度分类法

年度分类法，就是根据形成和处理的年度对归档文件进行分类。年度分类法是运用最广泛的分类方法。归档文件按年度特征分类，可以反映出一个机关单位每年工作的特点和逐年发展变化的情况，并且同现行机关以年度为单位将文件整理归档的制度相吻合，类目设置准确、清楚、明确。

运用年度分类法时，正确地判定文件的日期并归入相应的年度，是决定分类质量的关键。这里有几种情况应当注意：

（1）**文件有多个时间特征**　一份文件往往有多个时间特征，包括成文日期、签发日期、批准日期、会议通过日期、公布日期、发文和收文日期等。一份文件有多个时间特征时，一般以文件的签发日期为准。例如：2005年形成的《2006～2010年的机关"十一五"发展规划》，应当归入2005年度；2005年形成的《2004年机关工作总结》，应当归入2005年度；2005年制定、2006年生效的法规性文件，应当归入2005年度。

（2）**跨年度形成的文件**　机关单位的某些具体职能活动，如召开会议、处理案件等，可能会跨年度形成文件。对这类文件的处理往往统一在办结年度归档。例如：跨2005年、2006年两个年度召开的会议形成的文件材料，统一归在会议闭幕年度归档；跨2004年、2005年两个年度办理的案件文件材料，统一归入案件办结年度归档，即2005年度；下级单位2004年的请示，上级机关2005年1月收到并办结，应连同下级请示和本级批复一同归入2005年度。

（3）**几份文件作为一件时，"件"的日期确定**　文件的正本与定稿、来文与复文、转发文与被转发文为一件时，这时"件"的日期应以装订在前的那份文件日期为准。例如：正本与定稿，应以正本日期为准；转发文与被转发文，应以转发文日期为准；来文与复文，应以复文日期为准。

（4）**文件没有标注日期时应当考证**　这需要分析文件的内容、制成材料、格式、字体以及各种标识等对照手段来考证和推断文件的形成日期，归入应归的年度。

（5）**有专门年度的文件分类**　在实际工作中除了一般的通用年度外，有的专业部门还使用专门年度来进行工作，如学校的"学年"、兵役部门的"兵役年度"、"粮食年度"等。它是根据工作的特殊需要，另外规定一种起止日期的年度。例如，学校是以每年的9月1日至次年的8月31日为一个"学年"。

如果一个立档单位主要的业务工作按专门的年度进行，其他工作仍按一般年度来进行，文件在按年度分类时，应该将专门年度进行的工作所形成的文件按照专门年度分类，其他文件按照一般年度分类，然后再将两种年度的文件，按照相应的年度合并为一类。以学校为例：

2000 年度与 2000～2001 学年合并

2001 年度与 2001～2002 学年合并

2．机构（问题）分类法

机构（问题）分类法也是现行机关常见的文件分类法。各单位应根据自己的实际情况选择其一。也就是说，在一个立档单位选择机构分类法，就不能再选择问题分类法，两种分类方法只能选择其一，而且不要轻易更改，要保持相对稳定。

（1）**机构分类法**　机构分类法是根据文书处理阶段和处理文件的承办单位对归档文件进行分类的方法。采用机构分类法，能客观地反映立档单位的历史面貌；同时由于每个机构都承担某方面的职能和任务，按机构分类在一定程度上集中反映了某一方面工作内容的文件，便于按照一定的专题查找和利用档案。按机构分类应当注意以下几个问题：

1）一个机构设一个类。一个立档单位内有多少个内设机构就设多少类；原则上以哪个机构名义发文的文件就归入哪个机构；几个机构联合办文的，应归入主要承办机构；以机关名义或办公室发的文件，应归入有关机构类中，即根据文件内容和机构的职能来确定。

2）立档单位内设立的临时机构，应当设置一个类别，和其他内设机构一样来看待。所形成的文件应当归入临时机构类保存。临时机构与某一内部机构合署办公的，并以该内部机构为常设机构，形成的文件应归入该内部机构类中；如果临时机构涉及两个以上的内部机构，则应根据其主要职能以及文件材料多少，由这些机构协商解决。

（2）**问题分类法**　问题分类法是按照文件材料内容所说明的问题对归档文件进行分类的方法。采用问题分类法，可以避免或减少同类问题的文件出现分散现象，便于查找和利用。

在实际工作中，使用问题分类法的立档单位，大多参照本单位内部组织机构的职能性质来设置类别。例如，党委、工会、共青团等机构形成文件划为"党群类"，业务部门形成的文件划为"业务类"，行政后勤部门形成的文件划为"行政类"等。

3．保管期限分类法

保管期限分类法是根据文件材料划定的不同保管期限对归档文件进行分类的方法。采用保管期限分类法，能够将不同保管价值的归档文件从实体上区分开来，使档案部门能够有针对性地采取整理和保护措施，同时为库房排架管理、档案移交进馆和到期档案鉴定等工作提供便利。保管期限分类分为永久、长期、短期 3 类。

4．复式分类法

在机关档案室实际工作中，当归档文件数量较多时，分类工作需要分层次进行，单纯采用一种分类方法的情况较少见，多数采用几种分类方法组合使用，称为复式分类法。《规则》提供了年度、保管期限、机构（问题）3 种归档文件分类方法，可以组合成多种复式分类法。

至于年度、保管期限、机构（问题）3 种分类方法组合时的先后顺序，《规则》未加限制。各单位可根据工作实际需要进行组合。但年度、保管期限两种分类方法是必选项，而机构（问题）分类法为选择项。基层单位或小机关，形成文件材料少的单位可不选择机构（问题）法作为分类方法。

(1) 年度—机构—保管期限分类法　这类分类方法先将归档文件按年度分类，在每个年度下分机构，再在组织机构下按保管期限分类。例如：

2004 年：办公室　　　　永久　　长期　　短期
　　　　业务一处　　　　永久　　长期　　短期
　　　　业务二处　　　　永久　　长期　　短期
2005 年：办公室　　　　永久　　长期　　短期
　　　　业务一处　　　　永久　　长期　　短期
　　　　业务二处　　　　永久　　长期　　短期

(2) 保管期限—年度—机构分类法　先将归档文件按保管期限分类，每个保管期限下按年度分类，再在年度下按机构分类。例如：

永久：2004 年　　　办公室　　业务一处　　业务二处
　　　2005 年　　　办公室　　业务一处　　业务二处
　　　2006 年　　　……
长期：2004 年　　　办公室　　业务一处　　业务二处
　　　2005 年　　　办公室　　业务一处　　业务二处
　　　2006 年　　　……
短期：2004 年　　　办公室　　业务一处　　业务二处
　　　2005 年　　　办公室　　业务一处　　业务二处
　　　2006 年　　　……

(3) 保管期限—年度—问题分类法

永久：2004 年　　　党群类　　业务类　　行政类
　　　2005 年　　　党群类　　业务类　　行政类
　　　2006 年　　　……
长期：2004 年　　　党群类　　业务类　　行政类
　　　2005 年　　　党群类　　业务类　　行政类
　　　2006 年　　　……
短期：2004 年　　　党群类　　业务类　　行政类
　　　2005 年　　　党群类　　业务类　　行政类
　　　2006 年　　　……

(4) 年度—保管期限分类法

2004 年：永久　　长期　　短期
2005 年：永久　　长期　　短期
2006 年：……

(5) 保管期限—年度分类法

永久：2004 年　　2005 年　　2006 年　　……
长期：2004 年　　2005 年　　2006 年　　……
短期：2004 年　　2005 年　　2006 年　　……

分类方法是进行分类的依据，因此要保持相对稳定，以使分类体系具有连贯性，便于查找利用。

三、排列

归档文件的排列是指在分类体系的最低一级类目内，按照一定的原则和方法排列归档文件的先后次序的过程。例如，"保管期限—年度—机构"分类法的做法是：在同一年度里，先按保管期限将文件分成3类，然后在同一个期限内再按"机构"分类，接着将同一机构的文件按时间或重要程度或将时间和重要程度结合起来排列。"机构"为最低一级类目，即文件应在机构下进行排列。

1．排列原则

"事由原则"，即同一事由有密切联系的文件材料应当排列在一起。事由可以指一个事件、一个事物、一个人物、一项工作活动、一项具体业务、一种工作性质、一个具体问题。

对事由的界定可以有较大的灵活性。例如：一次请示或报告，批复收到后，可以视为一个事由；一项工程、一次活动或一次会议，可以视为一个事由；一项工作如果办理时间长需跨年度，为了及时归档，也可以按不同阶段分为几个事由；一次会议，也可分为筹备、开幕、不同议程、闭幕等几个事由。事由的具体划分要根据办理时间长短、形成文件材料的数量以及文书处理程序的不同等，本着便于整理和利用的原则自行掌握。

2．排列方法

（1）同一事由内的归档文件排列　按时间或重要程度排列。
（2）不同事由间的归档文件排列　按时间或重要程度或将时间和重要程度结合起来排列。

四、编号

归档文件应依分类方案和排列顺序逐件编号，在文件首页上端的空白位置加盖归档章并填写相关内容。归档章设置全宗号、年度、保管期限、件号等必备项，并可以设置机构（问题）等选择项。

1．件号的编制

件号即文件的排列顺序号，它是反映归档文件在全宗中的位置和固定归档文件的排列先后顺序的重要标识。件号包括室编件号和馆编件号两种，室编件号由立档单位填写，馆编件号由档案馆填写。

（1）室编件号的编制　室编件号即归档文件在分类方案的最低一级类目内排列顺序号。室编件号在分类方案最低一级类目内，按文件排列顺序从"1"开始标注。例如，采用"年度—机构—保管期限"分类法进行分类，室编件号应在同一年度内、同一机构的一个保管期限内从"1"开始逐件流水编号。

$$2005\text{年：办公室}\begin{cases}\text{永久} & 1、2、3、4\cdots\cdots\\ \text{长期} & 1、2、3、4\cdots\cdots\\ \text{短期} & 1、2、3、4\cdots\cdots\end{cases}$$

（2）馆编件号的编制　馆编件号的设置主要是出于馆室衔接的需要。

各级档案室的长期、永久档案移交进档案馆时，由于各种原因需要进行鉴定、整理等局部调整，如部分需要抽出、补充等，可能使目录中的件号出现断号、跳号等现象，从而给管理带来困难，故需要重新编制或调整件号。调整后的件号即为馆编件号。

2. 档号项目设置及填写要求

档号是以字符形式赋予档案实体的用以固定和反映档案排列顺序的一组代码。档号项目分为必备项和选择项。

（1）**必备项**

全宗号：档案馆给立档单位的代号，如 J026、J124。

年度：归档文件形成年度，用 4 位数表示，如 2004、2005。

保管期限：分为永久、长期、短期 3 种，也可用 Y、C、D 表示。

件号：室编件号由档案室编写，馆编件号由档案馆编写。

（2）**选择项**

在一个立档单位，"机构"或"问题"二者选择其一，即选择"机构"就必须放弃"问题"，选择"问题"就必须放弃"机构"，这一点务必注意。

3. 加盖档号章

档号项目确定后，要以归档章（如图 3-6 所示）的形式逐件标识在每一件归档文件上，以明确归档文件在全宗中的位置。同时可以借助归档章上项目的提示，保证归档文件在借阅后能够正确归档。

全宗号	年度	室编件号	
机构或问题	保管期限	馆编件号	页数

图 3-6　归档章

五、编目

归档文件编目，为档案的保管、鉴定、检索、统计和编研等工作的开展提供基础条件。归档文件应根据分类方案和室编件号顺序编制归档文件目录，即按照分类、排列、编号的结果，逐类逐件地编制目录，以系统、全面地揭示归档文件的全貌。来文与复文作为一件时，只对复文进行编目。归档文件目录填写方法一般是逐件登记，填写要认真、细致、准确。

归档文件目录用纸幅面尺寸采用国际标准 A4 型，归档文件目录设置件号（室编件号、馆编件号）、责任者、文号、题名、日期、页数、备注等项目。格式见表 3-1。

表 3-1　归档文件目录

保管期限：永久　　　　　　　　　　　　　　　　　　　　　　　机构：办公室

件号		责任者	文　号	文件标题或摘由	文件日期	页　数	备注
室编	馆编						
1		××省档案局	×档发〔1999〕37号	关于印发《××省机关档案工作目标管理考评办法》的通知	19990506	16	
2		……	……	……	……	……	

1. 件号

件号包括室编件号和馆编件号两种，室编件号由立档单位填写，馆编件号由档案馆填写。

2. 责任者

责任者是指制发文件的组织或个人，即文件的发文机关或署名者。责任者可以是一个机关或机关内部的一个机构，也可以是几个机关或若干人。它是文件的组成部分之一和重要的外形特征，对于确定文件来源有着重要的作用，也是检索利用的重要途径。

填写责任者项时一般应使用全称或通用简称，如"中国共产党江苏省委员会"，可简称为"中共江苏省委"，但不能简称为"省委"，更不能用"本局""本厅""本公司"等含糊不明、难以判断的简称。

联合发文时，应将所有责任者照实抄录，责任者过多时，著录列居首位的责任者。主办单位是责任者的必须著录，立档单位是责任者的必须著录，上级机关是责任者的必须著录，其余的视需要著录。被省略的责任者用"[等]"表示。责任人者之间用"；"隔开。例如：江苏省档案局；江苏省水利厅；江苏省财政厅 [等]。

3. 文号

文号即发文字号，是由发文机关按发文次序编制的顺序号。一般由机关代字、年度和顺序号 3 部分组成。年度用 4 位阿拉伯数字表示，著录于"〔〕"内，顺序号用阿拉伯数字表示。其余的照原文字著录。

例如：苏档发〔2004〕30 号
　　　　财会字〔1999〕691 号

4. 题名

题名即文件标题。题名一般由文件责任者（发文机关或单位）、事由（问题）、名称（文种）3 个基本部分组成，用于揭示文件的内容和成分，为查找和利用提供线索。题名包括正题名、副题名、说明题名文字和并列题名。

（1）**正题名**　正题名是档案的主要题名，一般指单份文件文首的题目，照原文著录。

例如：江苏省档案局转发国家档案局《关于档案安全问题的通知》

有的题名中有化学符号、类型标记、阿拉伯数字、外文字母、汉语拼音等均应照原文著录，不能省略。

例如：关于 MC6800 和 2800 微处机应用情况的报告

1）单份文件没有题名，应依据文件拟写题名，并加"[ ]"。

这类文件不多，但在实际工作中也常见，如会议记录、电报、公私信函、电话记录等，应当重新拟写题名。

例如：[×××关于生活补助费的函]、[×××局党组关于干部任免事项的会议记录] 等。

2）单份文件题名不能揭示或不能全面揭示其内容时，原题名照录，并根据内容另拟题名附后，加"[ ]"。

① 文件题名只写责任者或名称，不标明事由，如《国家档案局令》，应拟写为

　　国家档案局令 [国家档案局为颁布《中华人民共和国档案法实施办法》令]

② 文件题名中省略了责任者和事由，只标明名称，如《通知》《公告》，应原题名照录，并根据内容另拟题名附后，加"[ ]"。

例如：通知 [安徽省档案局关于召开老干部座谈会的通知]

③ 文件题名含糊不清，不能揭示其内容的，又没有副题名可以补充，如《×××县委

关于执行江苏省委〔1998〕25 号文件精神的通知》，应拟写为

×××县委关于执行江苏省委〔1998〕25 号文件精神的通知 [×××县委关于执行江苏省进一步加强农业生产的通知]

④ 正文与附件一般为一件，用正文题名为本件题名。附件题名必要时在附件项中著录。

⑤ 转发文与被转发文为一件时，用转发文题名为本件题名。转发文题名不能揭示被转发文主要内容时，原题名照录，同时著录被转发文题名或另拟题名附后，并加"[ ]"。

（2）副题名与说明文字　副题名是解释或从属于正题名的另一题名。

① 正题名能够揭示档案内容时，副题名不必著录；必要时副题名照原文著录。

例如："大包干"的成效、做法和问题——农村问题调查报告，只需著录为

"大包干"的成效、做法和问题

② 正题名不能揭示档案主要内容时，副题名著录在正题名之后，并在副题名前加"："。

例如：农民致富之路——江苏省农业大包干四年实践的回顾，著录为

"农民致富之路：江苏省农业大包干四年实践的回顾"

③ 说明题名文字是指在正题名前后对档案内容、范围、用途等进行说明的文字。一般不需著录，必要时照原文著录在正题名之后。著录时应在说明题名文字前加"："。

例如：×××同志在全省档案工作会议上的讲话：根据录音整理未经本人审阅

强化目标管理，推动机关档案工作发展：×××同志在市机关档案工作会议上的讲话

中华人民共和国档案法：1987 年第六届全国人民代表大会常务委员会第二十二次会议通过

（3）并列题名　并列题名是以第二种语言文字书写的与正题名对照并列的题名，与正题名一并著录在题名中，并列题名前加"="。

例如：文书档案文件级目录数据库结构与著录细则 =Database Structure and Descriptive Rules of Documentary Archival Catalogue

归档文件整理规则 =The Arrangement Rule of Filing Documents

5．日期

日期即文件的形成时间，是文件的重要特征之一，反映文件产生的时代背景，是查找档案的常用途径。文件的形成时间即发文时间（文件的落款）。具体填写应用 8 位阿拉伯数字标注年、月、日。第 1～4 位表示年，第 5～6 位表示月，第 7～8 位表示日。

例如：1999 年 1 月 22 日，可著录为 19990122。

时间不详的考证后用 0 表示。

例如：19990000 表示年度为 1999 年，月、日不详；

00000728 表示年度不详，月、日为 7 月 28 日；

00000000 表示年、月、日都不详。

6．页数

页数应填写每件文件的总页数，用于统计和核对。计算页数时以文件中有图文（指与文件内容相关的文字、图画等）的页面为一页，空白页不计。大张的文件、图表折叠后，仍按未折叠前有图文的页面计算页数。

7. 备注

备注项用于填写档案文件需要说明的情况,包括密级、缺损、修改、补充、移出、调整销毁等。备注项的使用应当严加控制,避免杂乱无章。备注栏填写不下时,可在备注栏中加注"*",将具体内容移到备考表中进行说明。

8. 归档文件目录的装订

归档文件目录应装订成册并编制封面。归档文件目录封面可以视需要设置全宗名称、年度、保管期限、机构(问题)分类等项目。其中全宗名称即立档单位的名称,填写时应使用全称或规范化简称。

按年度—保管期限—机构分类的单位,一般每年按不同保管期限装订3册;也可以按永久、定期(30年)、定期(10年)的排列顺序装订成一册(如图3-7所示)。具体装订形式由各机关根据具体情况而定。

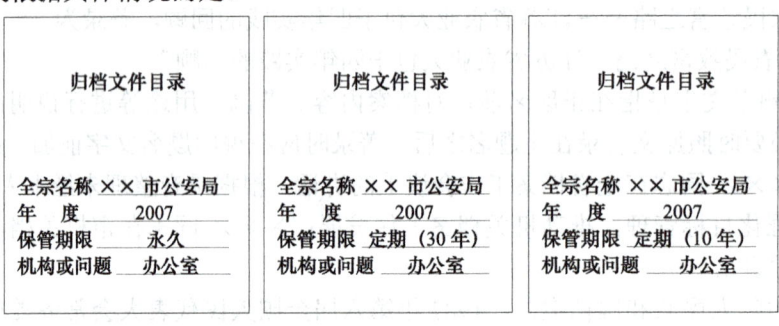

图3-7 归档文件目录封面

六、装盒

装盒是将归档文件按件号顺序装入档案盒,并包括填写盒内文件目录、盒内备考表(如图3-8所示)、填写盒封面与盒脊项目(如图3-9所示)等内容。

1. 装盒要求

(1)不同形成年度的归档文件不应放入同一档案盒。
(2)不同保管期限的归档文件不应放入同一档案盒。
(3)分机构或问题的情况下,不同机构或问题形成的归档文件不应放入同一档案盒。

2. 档案装盒应当注意的问题

(1)应视文件的厚度选择厚度适宜的档案盒,尽量做到文件装盒后与档案盒形成一个整体,站立放置时不至于使文件弯曲受损。也就是说,应根据一盒内文件的厚度来选择档案盒的厚度,不同厚度的文件应选择不同标准的档案盒,而不是用统一的档案盒来选择档案文件。

(2)不同年度或不同保管期限或不同项目的归档文件材料一般不应放入同一档案盒。

3. 填写要求

(1)档案盒封面应标明全宗名称。
(2)档案盒应根据摆放方式的不同,在盒脊或底边设置全宗号、年度、保管期限、起止件号、盒号等必备项,并可设置机构(问题)等选择项。其中,起止件号填写盒内第一件文件和最后一件文件的件号，中间用"—"连接；盒号即档案盒的排列顺序号，在档案移交进馆时按进馆要求编制。

4. 档案盒内备考表

（1）**说明**　填写盒内文件材料的缺损、修改、补充、移出、销毁等情况以及与盒内某份文件反映同一内容但载体形式不同，并另行保存的档案保管单位的档号（互见号）。

（2）**整理人**　档案整理人员签名。

（3）**检查人**　归档文件质量审核人（各部门、项目负责人或档案管理人员）签名。

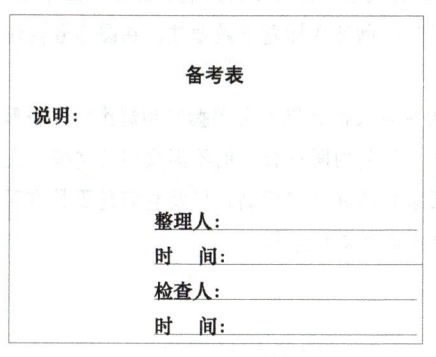

图3-8　档案盒内备考表

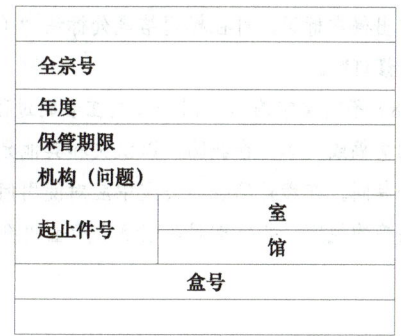

图3-9　档案盒盒脊

小知识：公文的稿本

公文的稿本指公文的文稿和文本的总称。在公文形成过程中，有多种文稿、文本产生，它们在内容、外观形式，特别是在效用方面有很大不同。

（1）草稿　供讨论、征求意见、修改审核、审批用的原始的非正式文稿，内容未正式确定，不具备正式公文的效用。草稿外观特点是没有生效标志（签发、用印等），文面上常见"讨论稿""征求意见稿""送审稿""草案""初稿""二稿""三稿"等稿本标记，标记大都位于标题下方或右侧加括号。

（2）定稿　内容已确定，已履行法定生效程序的最后完成稿，具备正式公文的效用，是制作公文正本的标准依据。定稿一经确立，如不经法定责任者（如签发人、讨论通过该公文的会议等）的认可，任何人不得再对其予以修改，否则视为无效。定稿外形特征是有法定的生效标志（签发等）；有的还标明"定稿""最后完成稿"等稿本标记。

（3）正本　根据定稿制作的供主要受文者（主送机关）使用的具有法定效用的正式文本，其内容必须是对定稿的完整再现。正本外形特征是格式正规，并有印章或签署等表明真实性、权威性、有效性的标志，在一些特殊公文上还标有"正本"字样的标记。

（4）试行本　规范性公文正本的一种特殊形式，即试验推行本，在规定的试验推行期间具有正式公文的法定效用。试行本主要适用于发文机关认为公文内容待一段时间的实践检验后可能将予修订的情况下使用的文本。试行本外形特征主要是在公文标题中加注稿本标记，一般是在文种后用括号注明"试行"字样。

（5）暂行本　规范性公文正本的一种特殊形式，即暂时推行本，在规定的暂行期间具有正式公文的法定效用。暂行本常用于发文机关认为因时间紧迫致使公文中的有关内容可能存在不够详细周密等缺欠，短时间之后可能将予修订的情况下。暂行本外形特征是在公文标题的文种之前加注"暂行"字样。

（6）副本　再现公文正本内容及全部或部分外形特征的公文复制本或正本的复份。副本供存查、知照用。作为正本复份（与正本同时印刷）的副本与正本在外形上基本上没有区别，这种副本只在送达对象和使用目的上与正本有所不同，正本送达主送机关，供对方直接办理，副本送达抄送机关了解内容或由本机关留存备查、归档等，在效用方面均具备正式公文的法定效用。作为复制件的公文副本（如抄本、复印本等）因不能再现公文的全部特征（如印章或签署者的亲笔签名等），公文的真实性无切实保障，因此不具备正式公文的法定效用，只能供参考、备查。此类副本常需加注"副本"字样的标记。

（7）修订本　规范性公文正本的另外一种特殊形式，是已发布生效的公文，经实践检验重新予以修正补充后再发布的文本。自修订本生效之日起，原文本即行废止。修订本外形特征除与其正本相同之外，需要作出稿本标记，可在标题结尾处标注"（修订本）"，也可在标题下做题注，在圆括号内注明"某年某月修订"。

（8）不同文字稿本　同一公文在形成过程中需要用两种或两种以上文字撰写和制作时，会形成不同文字的文稿或文本。在我国，以汉文和其他兄弟民族文字撰制的同一公文的不同文字的文稿、文本的效力完全等同。在涉外场合，公文中应对使用何种不同国家和民族文字撰制，以及它们是否具有同等效力作出明确的规定，并应指明在理解上产生纠纷时以何种文字的文本为准。

第三节　按"卷"整理档案

传统方法组卷的特点是：以"卷"为单位组卷，即按"卷"装订，每卷单独编流水页号（通号），需要填写案卷题名，以揭示卷内文件内容。这种方法比较适合一些二级事业单位、企业、村社、社区的文书档案，以及财务、婚姻、土地、房产、林权等专门档案。

一、分卷（类）

与新方法组卷的分卷方法相同。

二、排列

与新方法组卷的排列方法相同。

三、编号

（1）案卷号　在同一年度里，先按保管期限分别排列，每个保管期限内再按类别顺序排列，即，在一个年度里，永久、长期、短期各编一个流水卷号。

（2）页号　按照卷内文件排列顺序，每卷编一个流水号。有文字的页面均应编页号，页号的位置：正面编在右上角，背面编在左上角。

四、填写卷内文件目录和备考表

传统方法与新方法的"归档文件目录"基本相同，不同点是，这里每份文件的编号叫"顺序号"，要填页号，而不填写页数。卷内文件目录见表3-2。

表 3-2　卷内文件目录

顺序号	文　号	责任者	题　目	日　期	页　号	备　注
1	×档发〔1999〕37号	××省档案局	关于印发《××省机关档案工作目标管理考评办法》的通知	19990506	1	
2			……	……	……	……

备考表（如图 3-10 所示）的格式和填写方法与新方法是相同的。备考表放在案卷的最后一页，用来说明本卷保管使用及卷内文件变动情况，如文件褪色、破损情况，采取的补救措施，案卷的使用，卷内文件重新调整等情况。请示与批复不在一卷内，必须在备考表中相互注明出处，如无此一类情况则不填。立卷人、检查人、立卷时间按要求在立卷完成后，及时认真填写。

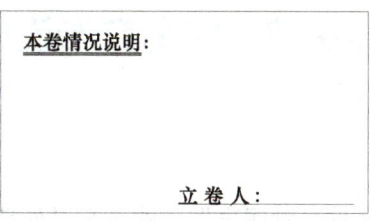

图 3-10　卷内备考表

五、装订

传统方法以"卷"为单位装订，采用"三孔一线"方法，按顺序将卷内目录、整卷文件和备考表固定于标准卷皮上。需要注意的是：整卷装订要求文件的大小要一致（A4 或 16 开），不一致的要先进行折叠、补贴；装订前要去掉所有文件上的金属物（回形针、大头针等）。

六、填写案卷题名（案卷标题）

案卷题名是对卷内文件的总结和概括，一般有以下两种标拟方法：
（1）介词结构标拟　××、××、××关于××、××、××的××、××。
例如：××区财政、文体局关于追加经费预算、申请购置设备的请示、批复
（2）直接标拟　对于整卷只涉及同一年度、同一单位或同一件事件，问题单一的，一般采用直接标拟的方法，而不采用上述介词结构的方法。
例如：××市××区 2004 年档案事业统计年报表

七、编制案卷目录

把经过系统排列后确定了先后顺序的案卷逐一编号，登记造册，就形成了案卷目录。案卷目录是档案检索的一个最基本的工具。现行单位文书档案的案卷目录要求按期限划分，即以永久、长期、短期三个期限各建立一个目录。案卷目录见表 3-3。

表 3-3　案卷目录

案卷号		题名	年度	页数	期限	备注
档案室编	档案馆编					

机关名称：＿＿＿＿＿＿＿＿＿＿＿＿＿＿　　　全宗号：＿＿＿＿＿＿＿＿

移交人：　　　　　　接交人：　　　　　　交接日期：

第四节　编写立卷说明

一、了解什么是"立卷说明"

"立卷说明"又称"案卷文件目录序言"，就是文书处理部门在立卷工作告一段落后，为了便于向档案室移交，方便日后的保管和利用，对机关当年的职能活动、立卷情况和文件材料的大体内容作出的叙述式的文字简介，其形成的文字材料就是立卷说明。它不同于"案卷文件目录"（又称"全引目录"，新的《归档文件整理规则》实施后，机关档案室就只生成"归档文件目录"）。"案卷文件目录"是由某一全宗或全宗内某一部分案卷目录和卷内文件目录汇编而成，能以案卷和单份文件为检索单位，揭示和介绍档案室所存档案的内容和成分的一种检索工具。"立卷说明"侧重于对立档单位当年的工作概括和立卷情况的说明，"案卷文件目录"则侧重于对立档单位当年形成的文件内容和成分情况的说明。

二、掌握"立卷说明"的具体内容

根据"立卷说明"本身的要求，编写"立卷说明"大体内容包括立档单位工作活动情况和立卷、归档基本情况。具体内容应包括以下几个方面：

（1）**工作概括**　要立足于本机关，反映本单位主要职能活动；要写明一年来立档单位的主要活动情况，做了哪些具体工作及其生成的数据。

（2）**立档单位的组织机构及内部分工**　机构如有变化要求写明（如机构何时成立、更改名称、改变隶属关系等）；内部分工要求写明具体的分工内容。

（3）**人事任免变动**　要写明一年来立档单位主要领导干部职务的任免、调离、招聘或解聘、奖惩的具体内容和具体人次。

（4）**立卷、归档的基本情况**

案卷数量：注明本年度形成案卷的数量（包括永久、长期、短期卷的数量）。

归档范围：案卷所包含的文件材料的内容、形式。

立卷方法：说明根据什么特征组卷（如时间特征、问题特征等）。

立卷组织和立卷时间：注明哪些案卷由哪个具体部门立卷，有利于责任明确。注明立卷日期。

另外，档案的存放情况也应注明。

三、掌握"立卷说明"的编写原则

"立卷说明"的编写原则是：坚持历史唯物主义观点，真实地反映本单位的本来面貌，按照本单位各种活动的开展情况和立卷情况客观地加以记述。

（1）**坚持历史唯物主义观点，真实地反映本单位的本来面貌**　编写"立卷说明"的目的就是为了日后方便查找每年本单位的主要活动情况，提高利用效率。所以，档案工作者要自觉地坚持历史唯物主义观点，实事求是，抱着对党、对历史负责的严肃态度，忠于职守，让本机关的面貌真实地展现在人们的面前。

（2）**按照本单位各种活动的开展情况和立卷情况客观地加以记述**　编写"立卷说明"着重客观地记述事实，一般不加评述，它不同于学术论文，无须分析和阐述，只要实事求是地提供事实的脉络。

四、了解编写"立卷说明"注意点

（1）材料的收集。这是编写的前期准备工作，也是关键性的工作。编写前要有针对性地广泛收集所需要的材料，它要求档案工作者平时要注意积累材料，充分地占有材料。材料具体包括立档单位当年的人员编制，机构设置和变动，人事任免，主要任务和职能，重大业务活动和中心工作等方面的文件。

（2）对收集来的材料要进行严格挑选和文件考证工作。只有充分地占有材料，才有选择余地，要做到严格挑选、去粗取精、去伪存真，坚持一切从实际出发，实事求是。只有这样，才能如实地反映事物的本来面貌，确保立卷说明的可靠性和真实性。

（3）摘抄的内容要简明扼要，详略得当，文字表达要准确无误，数字表达要确切，尽量不用"大概""大约"之类的字词。

（4）编写要做到脉络清楚，要给人以条理清晰之感。

（5）先编初稿，经立档单位负责人审核后再定稿打印。

法规阅读与案例思考

法规阅读

法规 1

归档文件整理规则
（国家档案局 2000 年 12 月 6 日批准，2001 年 1 月 1 日实施）

1. 范围

本规则规定了归档文件整理的原则和方法。

本规则适用于各级机关、团体和其他社会组织。

2．定义

本规则采用下列定义。

2.1　归档文件

立档单位在其职能活动中形成的、办理完毕、应作为文书档案保存的各种纸质文件材料。

2.2　归档文件整理

将归档文件以件为单位进行装订、分类、排列、编号、编目、装盒，使之有序化的过程。

2.3　件

归档文件的整理单位。一般以每份文件为一件，文件正本与定稿为一件，正文与附件为一件，原件与复制件为一件，转发文与被转发文为一件，报表、名册、图册等一册（本）为一件，来文与复文可为一件。

3．整理原则

遵循文件的形成规律，保持文件之间的有机联系，区分不同价值，便于保管和利用。

4．质量要求

4.1　归档文件应齐全完整。已破损的文件应予修整，字迹模糊或易褪变的文件应予复制。

4.2　整理归档文件所使用的书写材料、纸张、装订材料等应符合档案保护要求。

5．整理方法

5.1　装订

归档文件应按件装订。装订时，正本在前，定稿在后；正文在前，附件在后；原件在前，复制件在后；转发文在前，被转发文在后；来文与复文作为一件时，复文在前，来文在后。

5.2　分类

归档文件可以采用年度—机构（问题）—保管期限或保管期限—年度—机构（问题）等方法进行分类。同一全宗应保持分类方案的稳定。

5.2.1　按年度分类

将文件按其形成年度分类。

5.2.2　按保管期限分类

将文件按划定的保管期限分类。

5.2.3　按机构（问题）分类

将文件按其形成或承办机构（问题）分类（本项可以视情况予以取舍）。

5.3　排列

归档文件应在分类方案的最低一级类目内，按事由结合时间、重要程度等排列。会议文件、统计报表等成套性文件可集中排列。

5.4　编号

归档文件应依分类方案和排列顺序逐件编号，在文件首页上端的空白位置加盖归档章并填写相关内容。归档章设全宗号、年度、保管期限、件号等必备项，并可设置机构（问题）

等选择项。

5.4.1　全宗号：档案馆给立档单位编制的代号。

5.4.2　年度：文件形成年度，以四位阿拉伯数字标注公元纪年，如1978。

5.4.3　保管期限：归档文件保管期限的简称或代码。

5.4.4　件号：文件的排列顺序号。

件号包括室编件号和馆编件号，分别在归档文件整理和档案移交进馆时编制。室编件号的编制方法为：在分类方案的最低一级类目内，按文件排列顺序从"1"开始标注。馆编件号按进馆要求标注。

5.4.5　机构（问题）：作为分类方案类目的机构（问题）名称或规范化简称。

5.5　编目

归档文件应依据分类方案和室编件号顺序编制归档文件目录。

5.5.1　归档文件应逐件编目。来文与复文作为一件时，只对复文进行编目。归档文件目录设件号、责任者、文号、题名、日期、页数、备注等项目。

5.5.1.1　件号：填写室编件号。

5.5.1.2　责任者：制发文件的组织或个人，即文件的发文机关或署名者。

5.5.1.3　文号：文件的发文字号。

5.5.1.4　题名：文件标题。没有标题或标题不规范的，可自拟标题，外加"[ ]"。

5.5.1.5　日期：文件的形成时间，以8位阿拉伯数字标注年月日，如19990909。

5.5.1.6　页数：每一件归档文件的页数。文件中有图文的页面为一页。

5.5.1.7　备注：注释文件需说明的情况。

5.5.2　归档文件目录用纸幅面尺寸采用国际标准A4型（长×宽为297mm×210mm）。

5.5.3　归档文件目录应装订成册并编制封面。归档文件目录封面可以视需要设置全宗名称、年度、保管期限、机构（问题）等项目。其中全宗名称即立档单位的名称，填写时应使用全称或规范化简称。

5.6　装盒

将归档文件按室编件号顺序装入档案盒，并填写档案盒封面、盒脊及备考表项目。

5.6.1　档案盒

5.6.1.1　档案盒封面应标明全宗名称。档案盒的外形尺寸为310mm×220mm（长×宽），盒脊厚度可以根据需要设置为20mm、30mm、40mm等。

5.6.1.2　档案盒应根据摆放方式的不同，在盒脊或底边设置全宗号、年度、保管期限、起止件号、盒号等必备项，并可设置机构（问题）等选择项。其中，起止件号填写盒内第一件文件和最后一件文的件号，中间用"—"连接；盒号即档案盒的排列顺序号，在档案移交进馆时按进馆要求编制。

5.6.1.3　档案盒应采用无酸纸制作。

5.6.2　备考表

备考表置于盒内文件之后，项目包括盒内文件情况说明、整理人、检查人和日期。

5.6.2.1　盒内文件情况说明，填写盒内文件缺损、修改、补充、移出、销毁等情况。

5.6.2.2　整理人：负责整理归档文件的人员姓名。

5.6.2.3　检查人：负责检查归档文件整理质量的人员姓名。
5.6.2.4　日期：归档文件整理完毕的日期。

法规 2

文书档案案卷格式 GB/T 9705—1988

（国家技术监督局 1988 年 9 月 5 日批准，1989 年 3 月 1 日实施）

1．适用范围

本标准适用于我国各级档案馆（室）和文书处理部门。

2．案卷卷皮格式

文书档案案卷卷皮分两种，一种是硬卷皮，一种是软卷皮。

2.1　硬卷皮格式

2.1.1　硬卷皮外形尺寸

封面尺寸规格采用 300mm×220mm 或 280mm×210mm（长 × 宽）。

封底尺寸同封面尺寸。

封底三边（上、下、翻口处）要另有 70mm 宽的折叠纸舌。

卷脊可根据需要分别设 10mm、15mm、20mm 三种厚度。

用于成卷装订的卷皮，上、下侧装订处要各有 20mm 宽的装订纸舌。

本标准推荐使用 250 克牛皮纸制作案卷硬卷皮。

2.1.2　案卷封面项目

封面项目包括：全宗名称、类目名称、案卷题名、时间、保管期限、件、页数、归档号、档号。各项目具体位置、尺寸见图（略）。

2.1.3　封面项目的填写方法

2.1.3.1　全宗名称：

全宗名称相同于立档单位的名称。填写全宗名称必须用全称或通用简称。如"中国共产党中央委员会"简称为"中共中央"；"中华人民共和国外交部"简称为"外交部"；"河北省人民政府人事局"简称为"河北省人事局"。不得简称为"本部""本委""本省人事局"。

2.1.3.2　类目名称：

类目名称指全宗内分类方案的第一级类目名称。在一个全宗内应按统一的方案分类，并应保持分类体系的稳定性。

2.1.3.3　案卷题名：

案卷题名即案卷标题，一般由立卷人自拟。案卷题名应当准确概括本卷文件的主要制发机关、内容、文种。文字应力求简练、明确。

2.1.3.4　时间：卷内文件所属的起止年月。

2.1.3.5　保管期限：立卷时划定的案卷保管期限，一般由立卷人填写。

2.1.3.6　件、页数：装订的案卷要填写总页数，不装订的案卷要填写本卷的总件数。

2.1.3.7　归档号：填写文书处理号，由立卷人填写。

2.1.3.8　档号的编制：

封面档号由全宗号、目录号、案卷号组成。

全宗号：档案馆指定给立档单位的编号。

目录号：全宗内案卷所属目录的编号，在同一个全宗内不允许出现重复的案卷目录号。
案卷号：目录内案卷的顺序编号，在同一个案卷目录内不允许出现重复的案卷号。

2.1.4 卷脊项目包括：全宗号、目录号、年度、案卷号，其排列格式尺寸见图（略）。

2.2 软卷皮格式

使用软卷皮装订的案卷，必须装入卷盒内保存。

2.2.1 软卷皮外形尺寸：

软卷皮设封皮和封底，其封皮和封底可根据需要采用长宽为 297mm×210mm（供 A4 型纸用）或 260mm×185mm（供 16 开型纸用）的规格。

2.2.2 软卷皮封面项目：

软卷皮封面项目及填写方法均同硬卷皮格式。封面项目尺寸、位置见图（略）。

2.2.3 软卷皮封二项目：

软卷皮封二印制项目包括：顺序号、文号、责任者、题名、日期、页号、备注。各项目具体位置、尺寸见图（略）。

软卷皮封二项目的填写方法同 3.4 卷内文件目录填写方法。

2.2.4 软卷皮封三印制项目包括：本卷情况说明、立卷人、检查人、立卷时间，其尺寸位置见图（略）。

软卷皮封三项目的填写方法同 4.3 卷内备考表填写方法。

2.3 卷盒格式

2.3.1 卷盒外形尺寸采用 300mm×220mm（长×宽），其高度可根据需要分别设置 30mm、40mm 或 50mm 的规格。在盒盖翻口处中部要设置绳带，使盒盖能紧扣住卷盒。

2.3.2 卷盒封面和卷脊格式

卷盒封面为空白面。

卷脊项目包括全宗名称、目录号、年度、起止卷号。

2.4 填写要求

填写案卷封面及卷脊时一律要求用毛笔或钢笔，字迹要求工整。

3．卷内文件目录格式

3.1 目录用纸幅面尺寸采用国内通用 16 开型（即长×宽为 260mm×185mm）或国际标准 A4 型（即长×宽为 297mm×210mm）。

3.2 页边与文字区尺寸

卷内目录用纸上白边（天头）宽 20±0.5mm

卷内目录用纸下白边（地脚）宽 15±0.5mm

卷内目录用纸左白边（订口）宽 25±0.5mm

卷内目录用纸右白边（翻口）宽 15±0.5mm

3.3 卷内文件目录项目包括：顺序号、文号、责任者、题名、日期、页号、备注。各项目具体位置、尺寸。

3.4 卷内文件目录填写方法

3.4.1 顺序号：以卷内文件排列先后顺次填写的序号，亦即件号。

3.4.2 文号：文件制发机关的发文字号。

3.4.3 责任者：对档案内容进行创造或负有责任的团体和个人，亦即文件的署名者。

3.4.4 题名：即文件的标题，一般应照实抄录。没有标题或标题不能说明文件内容的文件，可自拟标题，外加"[ ]"。

3.4.5 日期：文件的形成时间。填写时可省略"年""月""日"字样，在表示年、月数字的右下角加"·"。

3.4.6 页号：卷内文件所在之页的编号。

3.4.7 单份装订的案卷应逐件加盖档号章。档号章的位置在每件文件首页的右上角，其格式与尺寸是：

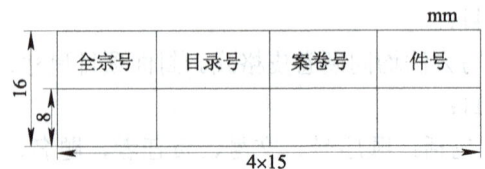

3.4.8 备注：留待对卷内文件变化时作说明之用。

4. 卷内备考表格式

4.1 卷内备考表外形尺寸及页边与文字区尺寸均同卷内目录。

4.2 卷内备考表项目包括：本卷情况说明、立卷人、检查人、立卷时间。各项目具体位置、尺寸。

4.3 卷内备考表填写方法

4.3.1 本卷情况说明：填写卷内文件缺损、修改、补充、移出、销毁等情况。案卷立好以后发生或发现的问题由有关的档案管理人员填写并签名、标注时间。

4.3.2 立卷人：由责任立卷者签名。

4.3.3 检查人：由案卷质量审核者签名。

4.3.4 立卷时间：填写完成的立卷日期。

5. 案卷各部分的排列格式

5.1 使用硬卷皮组卷，无论装订与否，其案卷各部分的排列格式均是：
案卷封面——卷内文件目录——文件——备考表——封底。

5.2 使用软卷皮组卷，其案卷各部分按下列格式排列：软卷封面（含卷内文件目录）——文件——封底（含备考表），以案卷号排列次序装入卷盒保存。

6. 文书档案案卷格式监制

6.1 文书档案案卷的硬卷皮、软卷皮、卷盒、卷内文件目录、备考表的监制权属于各级档案局。

6.2 在卷皮封底的下部应印上"由××档案局监制"的字样。

法规3

工业企业档案实体分类编号方法

1. 总则

1.1 为了贯彻执行国家档案局颁发的《工业企业档案分类试行规则》，提高档案管理的科学化、规范化和标准化水平，更好地为企业经营生产、管理工作服务，特制定本方法。

1.2 档案分类原则，是以公司全部档案为对象，根据管理职能，结合档案内容和形成特点，保持档案之间的有机联系，便于科学管理和开发利用。

2．档案类别的设置

2.1 档案的类别共设置十个大类，即：党群工作类、行政管理类、经营管理类、生产技术管理类、产品类、科学技术研究类、基本建设类、设备仪器类、会计档案类、干部职工档案类。

2.2 根据职能活动和档案形成的特点，每个大类下设置若干个二级类目（属类），不设置三级类目。

2.3 录音、录像、照片、计算机软盘（磁盘）和其他非纸质载体形式的档案，其形成和反映的内容、作用与纸质载体档案有着不可分割的联系，不单独设置类目，视其内容特征同纸质载体档案对应分类编号。

2.4 各部门根据分类办法组织整理案卷，以利于分类标识和管理。

3．分类标识方法

3.1 企业档案实体分类的标识符号采用英文字母顺序标识一级类目（大类）；采用阿拉伯数字"双位制"标识二级类目（属类）。

3.2 档案实体排架和编号要反映十个基本大类，从实际出发，做到科学合理，经济实用，保证利用档案的系统性、有效性。

3.2.1 党群工作类（A）、行政管理类（B）、经营管理类（C）、生产技术管理类（D）的案卷排架，按"大类—年度—属类"进行排列，不区分保管期限特征（但同一属类内按照永久、长期、短期顺序排列），案卷顺序号按大类流水编号，流水号编制到"999"时，重新从"1"另行编号，并用案卷目录号加以区别。

档案编号（档号）由全宗号、目录号、分类号、案卷顺序号构成（全宗号是档案馆给企业的编号，故企业暂不标识）。

档案编号（档号）标识举例示意：

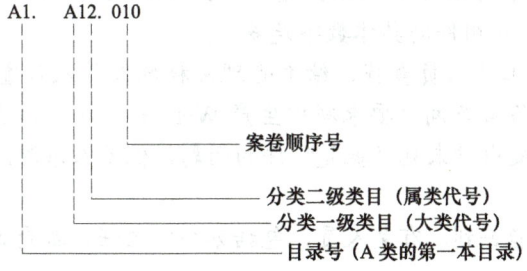

3.2.2 产品类（E）、科研类（F）、基本建设类（G）、设备仪器类（H）的案卷排架：

a）根据公司产品特点，产品档案原则上按"大类—属类—项目"进行排列，案卷顺序号按属类流水编号（适用于手机产品），同样将顺序号编制到"999"时重新从"1"另行编号。对于项目少的产品，可以将多种属类混合流水编号，用分类号加以区别，流水编号办法同前。

b）设备仪器类，按设备类、仪器类分别排架，各按技术性文件和管理性文件分别流水编号，不同属类用分类号区别，流水号编制办法同前类。

c）产品、基建、设备仪器类档案的编号由目录号、分类号、项目（型号）代号、案卷顺序号构成。

举例示意：

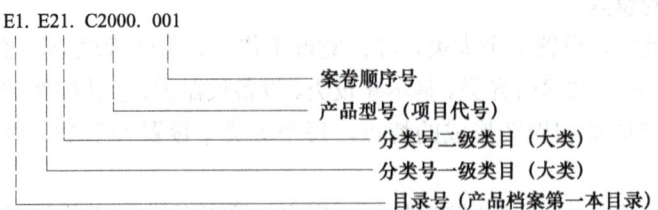

3.2.3 科学技术研究类按大类分科研课题排列，案卷顺序号按大类流水编号，流水编号办法同前四大类编制办法。

档号（档案编号）由目录号、分类号、课题代号、案卷顺序号构成。

3.2.4 会计档案的排架编号，按"大类—属类—年度"进行排列，案卷顺序号按属类流水编号，流水号编制到"999"时，重新从"1"另行编号，用目录号加以区别。

档号（档案编号）由目录号、分类号、案卷顺序号构成。

3.2.5 干部职工档案类，按《干部档案工作条例》的有关规定，分干部、工人顺序编号。

3.2.6 特殊载体档案，按载体类别分别编号。即按照片、录音带、录像片、软盘、光盘、实物分别编号，用特殊载体（TZ）·类别 [照片（Z）、录音带（Y）、录像带（X）、软盘（R）光盘（G）、实物（SW）]·顺序号标识。

示例：TZ·R·001；TZ·Z·001……

案例思考

案例1 丢失的批复

大华公司总经理指示行政部季主任去查一下去年给锻接车间的"批复"件中关于规定他们今年减少生产WH—6组件的具体数字是多少。

季主任吩咐文档室工作人员查找，结果管理文档的工作人员查了去年所有文件也未找到该"批复"，仅查到锻接车间"要求减少生产WH—6组件"的请示。经工作人员回忆，当时移交文书时，就曾提出过未见"批复"件的问题，但无人跟踪此事，时间一长，也就不了了之了。

该文件最后一直未能查到，有关人员，包括办公室主任，都受到了应有的处分。

思考：上述文件的失踪，问题出在哪一环节？

案例2 不知所措的李秘书

秘书李浩平时非常注意资料和文件的收集保存，凡是工作活动中接触到的各种资料和文件都会收集起来，存放在抽屉里。日积月累，文件、广告、宣传材料、参考书等已经填满了他的好几个抽屉。一天，行政经理要李浩查阅一份市场调查报告，李浩望着几个抽屉的资料和文件真有些不知所措了，他翻来翻去，急得满头大汗，却怎么也找不到行政经理要的那份报告。

思考：看到这种情景，行政经理会对李浩说什么？

案例3　档案归档整理流程图

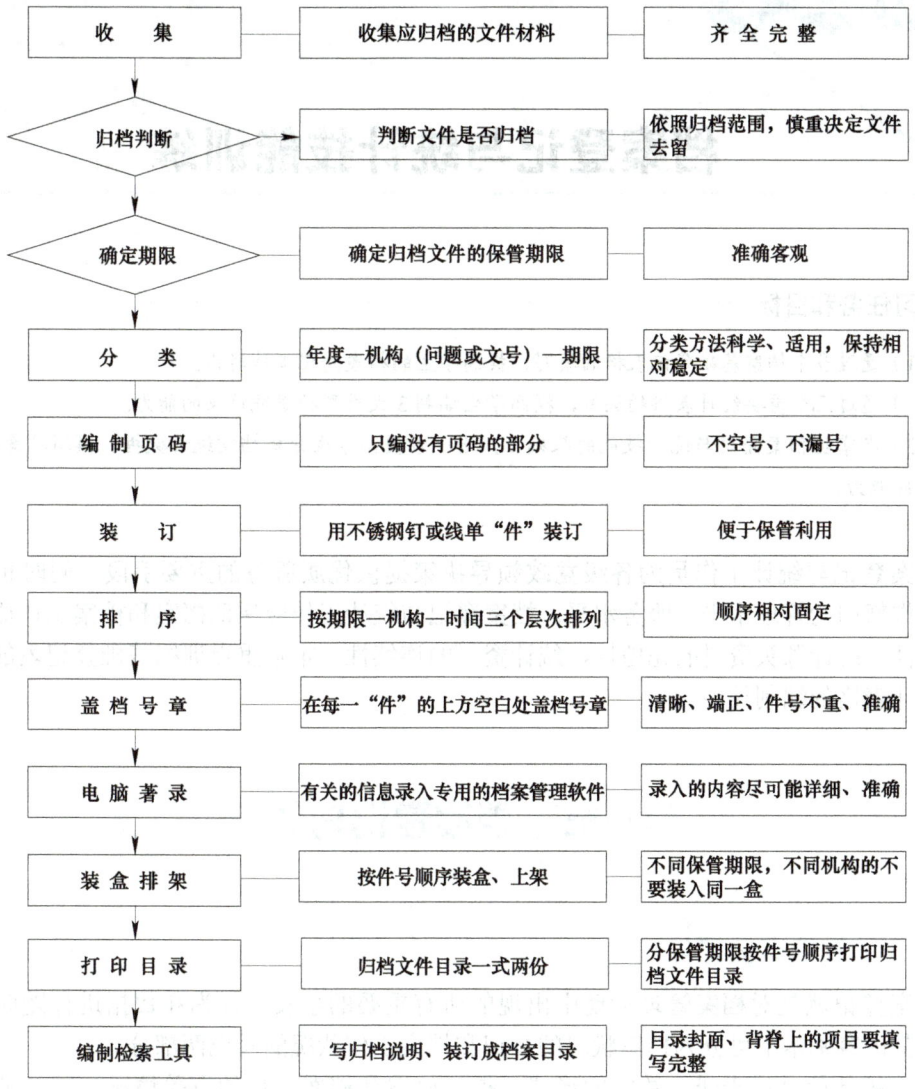

思考：阅读上面某公司"档案归档整理流程图"，谈谈自己对档案整理过程有什么新的认识？

第四章 档案登记与统计技能训练

> **学习任务和目标**
>
> （1）通过多个档案基础登记表格的填写，提高学生的档案登记工作能力。
> （2）通过几个重要统计表格的编制，提高学生编制3大类型档案统计表的能力。
> （3）在掌握档案登记与统计技能的基础上，进一步提高学生分析档案统计数据、撰写档案数据分析报告的能力。

档案登记与统计工作是为各级党政领导决策提供优质服务的重要手段，同时也反映了档案工作部门的管理水平、服务水平。档案登记与统计工作应保证档案和档案工作原始数据的真实性，统计源头资料的完整性，统计资料的连续性。本章重点训练基础登记表的填写和重要统计表格的编制技能。

第一节　档案登记与统计

一、了解档案登记与统计

档案登记就是对档案管理活动中出现的所有重要的事实、行为和数据进行随时随地的记录。其内容基本上可分为档案状况的登记和档案工作状况的登记两部分。

档案统计就是以表册、数字的形式，揭示档案和档案工作的有关情况。其任务是对档案和档案工作的发展情况进行统计调查、统计分析，提供统计资料，实行统计监督。档案统计也分为两个部分，即对档案实体及其管理状况的统计和对档案事业的组织与管理状况的统计。档案实体的统计，主要是对档案馆的档案总量、不同种类、不同历史时期、不同保管期限、不同制成材料、不同整理状况的分别统计，以及对收藏资料的数量情况进行统计等。档案事业的统计，主要是对各个环节工作状况、档案经费及机构建设方面的数量状况、档案工作人员基本情况的统计等。

档案的登记工作与统计工作关系极为密切，登记工作是统计工作的基础，统计工作是登记工作的进一步发展。

二、掌握档案统计的要求

1. 准确性

档案统计工作是一项严肃认真的科学工作，保证统计数字的准确性是统计工作的生命，是对统计工作的根本要求。统计数字不准确，就会使档案和档案工作在分析判断情况、研究政策、安排计划、指导工作时失去可靠的依据，造成工作失误，还会带来工作的盲目被动，误导档案工作，给档案工作的发展造成损失。对每一表格、每一栏目、每一数字，一定要实事求是，绝不能马虎草率，更不能为了夸大成绩、缩小失误而弄虚作假。

2. 及时性

档案统计工作是为了解决档案工作中的一些问题，掌握和了解有关情况而进行的。统计工作的拖沓，必然会贻误有关工作的开展和进行。

3. 科学性

档案统计应该按照科学的方法进行。统计报表的制订应有统一的格式、口径和标准，各类统计的范围、内容、项目和要求也应该做到规范科学。只有档案统计讲究科学性，才能有利于统计资料的整理和分析，才能有助于提高档案事业的管理水平。

4. 法制性

《中华人民共和国统计法》是档案统计必须遵循的要求。此外，档案的法律法规、行政规章和各种标准中，有关档案统计的规定，也应予以执行。把统计工作特别是档案统计工作纳入法制建设的轨道是十分必要的，必须做到有法必依、执法必严、违法必究。

小实例：档案统计数据

2007年宁波市档案工作统计数据

2007年，宁波市全市共有综合档案馆12个，专门档案馆1个。馆舍总面积41 360平方米，馆藏档案总量1 174 986卷、40 667件，资料103 484册，录音、录像、影片档案1 657盘，照片137 502张；电子档案磁带37盘、磁盘74张、光盘959张；已开放档案244 994卷，目录131.42万条。2007年，全市共接待档案利用者27 569人次，利用档案81 121卷（件）次；接待资料利用者974人次，计4 904册次；利用现行文件59 752人次，计60 141件次；复制档案资料98 627页；举办档案展览29次，其中基本陈列11个，接待参观档案展览49 562人次。编研档案资料32种，计240万字，其中公开出版13种、140万字；接收档案53 482卷，特种载体档案17 477盘（张），征集及接受捐赠、寄存档案资料58卷、26 959件。2007年，全市共举办各类档案专业培训53期（次），受训人员达3 295人次；有29人通过档案专业初级职务任职考试，25人通过档案专业中级技术职务评审，6人获得档案高级技术职务任职资格。

第二节　做好档案登记工作

一、登记档案状况

档案状况一般可分为档案的数量、存在与保管状态及其变化情况3个方面。对档案数量、存在与保管状态及其变化情况进行登记的形式主要有以下几种。

1. 全宗名册

档案馆和规模较大且保管了多个全宗的档案室，全宗名册是对其所管全宗进行逐个登记的一种形式。

小实例：

浙江省奉化市档案馆全宗名册

全宗号	全宗名称	初次入馆日期	起止时间	案卷数量	备注
1	中共奉化市委	1989年6月	1949—2001	2 872	
2	中共奉化市委组织部	1966年	1949—1990	1 494	
3	中共奉化市纪委	1966年	1952—1990	1 530	
…	…	…	…	…	…
10	奉化市妇女联合会	1964年	1950—1990	260	
11	奉化市总工会	1966年	1952—1990	220	
…	…	…	…	…	
98	奉化市方桥镇人民政府	1987年4月	1958—2000	799	
99	奉化市萧王庙镇人民政府	1988年3月	1951—1994	866	
100	奉化市南浦乡人民政府	1988年1月	1961—1992	399	
101	奉化市溪口镇人民政府	1987年4月	1962—1994	694	
210	奉化市技术培训中心	2005年9月	1983—1994	28	
211	奉化市标准计量管理局	2005年9月	1976—1994	50	
旧1	奉化县民国时期人物档案	1983年11月	1921—1949	610	
旧2	奉化县民国时期联合全宗	1983年11月	1921—1949	455	
革1	奉化市革命历史档案	1991年4月		56	

2. 全宗单

全宗单（见表4-1）详细登记每一全宗情况的登记形式，主要应用于档案馆和保存了较多全宗的档案室。其形式为单页式，每一张全宗单登记一个全宗的详细情况，其登记内容比全宗名册要详细得多。

表4-1 全宗单

全宗号		全宗名称			全宗初次进馆时间			
序号	全宗起止时间	档案数量						
		文书档案（卷）			其他门类档案			
		永久	长期	短期	照片（张）	录音（带）	录像（带）	其他

3. 全宗登记表

全宗登记表（见表4-2）是一种比全宗单内容更为详细的表格。

表 4-2　全宗登记表

全宗名称的起止日期		全宗名称			
全宗初次入馆日期	全宗卡片报送情况（档案管理机关名称和日期）	检索工具及其编制说明		旧全宗号	备注
未整理编目档案					
登记日期	收　进		移　出		现有数量
	文据（名称、日期、号数）	数量 卷 / 米	文据（名称、日期、号数）	数量 卷 / 米	卷 / 米
已整理编目档案					
登记日期	收　进			移　出	现有数量
	目录号	目录名称（组织机构或类别名称）	所属年度	数量 卷 / 米	目录号 / 文据（名称、日期、号数） / 数量 卷 / 米 / 卷 / 米

4. 全宗卡片

全宗卡片（见表 4-3、表 4-4）是档案行政机关要求档案馆报送的一种形式，其目的是为了随时掌握各档案馆中所存档案全宗的基本情况，且与"档案成分和数量变化情况报道表"结合使用。

表 4-3　××档案馆　字第　号全宗卡片（正面）

全宗名称及全宗起止年月：
立档单位性质及主要职能：
备注：
全宗初次入馆日期：　年　月　日　　填卡日期：　年　月　日

表 4-4　××档案馆　字第　号全宗卡片（背面）

统计日期	档案数量		未整理编目的 / 米
	已整理编目档案		
	案卷数量	案卷排列长度 / 米	

5. 档案成分和数量变化情况报道表

档案成分和数量变化情况报道表（见表 4-5）是档案馆按要求向档案行政机关报送的一

种登记形式，旨在随时报告其所管档案（以全宗为单位）的变化情况。档案行政机关根据报道内容，随时在全宗卡片上进行补充性登记。

表4-5　档案成分和数量变化情况报道表

全宗号	全宗名称	新收进		移出		××××年12月31日全宗内档案总数			备注
		组织机构名称	年度	组织机构名称	年度	已整理编目		未整理编目	
						卷	米		

填报日期：　　　　　　　　　　　　　　　　　　　　　填报人签字（盖章）：

6. 案卷目录登记簿

案卷目录登记簿（见表4-6）是对所有案卷目录进行登记的一种登记形式，主要应用于档案馆和案卷目录数量较多的档案室。其登记方法是以案卷目录的本册为单位进行登记，每一本（册）案卷目录登记为一个条目。

表4-6　案卷目录登记簿

顺序号	全宗号	目录号	目录名称	年度	案卷数量	目录页数	目录份数	移出说明	备注

7. 总登记簿

总登记簿（见表4-7）是全面系统地记录、反映档案的收进、移出情况及档案数量变化情况的一种登记形式，主要应用于档案室。

表4-7　总登记簿

案卷目录号	案卷目录名称	所属年度	案卷收入			案卷移出（或销毁）			目录中现有数量		备注
			收入日期	目录中之数量	实收数量	移出日期	移往何处	移出原因和文据	移出数量	卷	米	

二、登记档案工作状况

档案工作状况登记主要涉及档案工作过程中发生的一些重要情况和基本的工作行为、事实和数据。其中档案利用工作是登记的重点。

1. 工作日志

工作日志是许多重要的社会行业中普遍采用的一种基本的工作登记形式。其作用与目的在于逐日记录每一天的工作内容及其进程问题，积累详尽的工作原始记录，为日后的查考和总结提供素材。日志内容一般应包括日期（年、月、日、星期）、时间（上午、下午或具体时刻）、工作内容、工作量与进度、工作中的问题及处置情况、每周或每月的统计小结等。

2. 人员进出库房登记

人员进出库房登记（见表4-8）是库房管理的一种具体手段，一般采用登记本形式。登记本一般应放置在库房入口处。工作人员及其他人员每次进出库房均应在登记本上登记。登记项目一般应包括日期、进出库房人员姓名、进入库房时间（时刻）、进库事由、出库时间（时刻）等。

表4-8　人员进出库房登记表

日　期	进入时间	离开时间	部　门	签　字	备　注

3. 档案出入库登记

档案出入库登记（见表4-9）一般也采用登记本形式。其具体的登记项目一般应包括档案出库的日期、时间（时刻）、档号、数量、原因（即用途）、归入日期及时间（时刻）、经办人等。

表4-9　档案出入库登记表

出库时间	档　号	数　量	出库原因	归入时间	经办人

小实例：

档案收进移出登记表

日期	部门	类别	起止卷号	起止件号			档案所属年度	档案数量（卷、件）					移交人	接收人
				永久	长期	短期		合计		其中				
								卷	件	永久	长期	短期		

4. 档案清点、检查登记

档案清点、检查登记是对档案进行定期或不定期的清点、检查过程中，以及清点、检查完毕之后所进行的登记。其登记内容应涉及清点、检查的日期、原因，清点检查过程所发现的情况及问题、结果（结论），从事清点检查工作人员的姓名等。

它是一种全面、系统地记录档案提供利用情况的综合性登记形式。它既是档案机构记录、掌握提供利用情况的一种登记形式，同时又是档案机构向利用者具体提供档案时履行交接手续的一种交接凭据。

5. 利用者登记卡

利用者登记卡是档案馆和规模较大的档案室对利用者进行记录、掌握其基本情况的一种登记形式。

小实例：

××市××区档案馆查阅档案登记表

查 档 单 位				介绍信编号		
查阅人姓名				身份证号码		
查阅档案目的（在相应栏目内打√表示）	编史修志	工作查考	学术研究	经济建设	宣传教育	房地产登记权属
	婚姻登记					
查阅何年何单位何内容档案（需要解决什么问题）						年 月 日
以上各栏由查阅人填写						
调阅案卷	全宗号	目录号		案卷号		卷数
	摘录页数		复印页数		合计	
利用情况与效果						年 月 日

小实例：

××市××区档案馆档案利用效果登记簿（表）

日　　期		单　　位		姓　　名		案卷或文件题名	
利用目的							
利用效果							

6. 档案借出登记簿

档案借出登记簿（见表4-10）是专用于对档案被借出档案机构之外的情况进行登记的一种登记形式，档案馆和档案室均可使用。

表4-10　档案借出登记簿

借阅日期	单位	利用目的	借出档案							归 还	
			档案门类	年度	保管期限	案卷号/件号	数量	期限	借阅人签字	接待人	日期	经手人

7. 档案复制、摘抄登记

档案复制、摘抄登记（见表 4-11）是专用于对在利用中被复制、摘抄情况进行登记的一种登记形式。同时具有提出复制、摘抄申请，履行批准手续，确认复制、摘抄事实的凭据性质。利用效果登记实质上是档案机构对每一次利用的成效结果所进行的跟踪调查。这种具有跟踪调查性质的登记，对于档案机构调整、改进自己的工作具有重要意义。

表 4-11 档案复制、摘抄登记表

编号	利用者			拟复制、摘抄档案		份数	用途	审批		日期	复制摘抄人签名
	姓名	职务	工作单位	文件标题	档号			意见	审批人		

除上述种种登记外，档案工作的一些其他方面仍有进行登记的必要。例如，对检索工具进行登记，对编研工作成果进行登记，标引工作中对新增词、关键词、自由词的使用情况进行登记等。

第三节 编制档案统计报表

一、了解档案统计体系与类型

1. 档案统计的体系

目前我国档案工作的统计体系，基本上分 4 个层次：

（1）全国档案工作基本情况统计。纳入国家国民经济和社会发展计划的统计指标，由国家档案局组织进行，由国家统计局指导与监督。

（2）专业系统档案工作基本情况统计，由专业主管机关组织进行。

（3）地方（包括省、市、地、县各级）档案工作基本情况统计。由地方档案行政管理机关组织进行。

（4）档案馆、档案室（包括各种专门档案室）档案工作情况统计。由各档案馆、档案室自己组织进行。

2. 档案统计的类型

（1）**档案构成统计** 它是对档案馆全部档案材料的现有数量和状况的一种统计。要求将档案馆内的全部档案根据其来源性质分组，分成建国后档案、革命历史档案、民国档案、清代以前档案等部分，并以此说明现有档案的数量和状况。

（2）**档案利用统计** 它是对各种类型档案被各机关、各项工作利用的情况和程度的一种统计。

（3）**档案工作人员情况统计** 它对于研究档案馆工作人员的需要量、各种干部的比例、各档案馆干部的对比分析和平衡、培训工作的安排等，具有重要的作用。

（4）**档案馆建设状况统计** 它是档案行政管理机关的任务之一，负责档案馆网的规划与筹建。这种统计对研究我国档案事业的发展是一种很有意义的资料。

（5）**档案室建立情况统计**　　档案室是机关工作的重要组成部分，是现行机关档案集中保管的机构。档案行政管理机构及时了解档案室建设的情况是非常必要的。

二、掌握档案统计指标及选择原则

1. 档案统计指标

档案统计中的综合指标是多种多样的，但一切综合指标的表现形式不外乎绝对数、相对数和平均数 3 种。

（1）**绝对数**　　档案统计中的绝对数是档案工作具体现象的反映，是用来说明档案工作的某种现象在一定的时间、地点、条件下的规模或水平的一个总量指标。在档案统计中，绝对数这一概念被广泛地应用着。例如，建立档案馆的总数、档案库房面积、案卷数、档案整理工作总量等均是绝对数。人们还经常用绝对数来反映一定时期内全国或某一地区、部门在档案工作各方面已达到的规模和水平，以说明档案工作各方面的真实面貌。同时，绝对数又是计算统计中所应用的相对数和平均数的基础。

档案统计中的绝对数，都是档案工作领域中一定现象的具体的数量表现，都有一定的计量单位。在档案统计中必须明确计量单位，采用全国统一实行的标准化计量单位。例如，档案馆藏量可以用"米"来计算，档案库房面积可以用"平方米"来计算，档案利用者数量可以用"人次"来计算等。

（2）**相对数**　　档案统计中的相对数是两个互有联系的档案工作现象数值的比值或比率，即从两个互有联系的档案统计指标的对比中得出的一种指标。例如，从部分对整体、实际对计划、一个时期对另一个时期、一个地区对另一个地区指标的对比中，都可以得出相对数。相对数一般以倍数、百分数、千分数等形式来表示，其中以百分数最为普遍。

在档案统计中，用相对数反映档案工作中某些现象的联系，能深入地分析绝对数所不能充分说明的问题。例如：据统计，1983 年全国 29 个省、直辖市、自治区的县级档案馆共有 2 192 个，这个数字只反映当时县级档案馆的实有数，并不表明它的发展速度。如果将这个数字与 1959 年县级档案馆 736 个加以对比，则可以看出，在 25 年间（除去 10 年动乱期间的情况）我国县级档案馆数量增加将近 2 倍，可见其发展速度是很快的。这里的 2 倍就是个相对数。

当然，相对数应与绝对数结合运用。只有以绝对数为基础，相对数才能更准确地说明一定的问题。否则，离开绝对数只看相对数，有时会产生错觉。

相对数是两个有联系指标的对比，这两个指标所包含的内容、范围和计算方法，必须与计算某一相对数的目的和用途相适应。在计算相对数时，必须检查所用的指标是否具有可比性。例如：档案馆为计划所需库房的多少，往往要研究一定时期内档案收进与销毁情况。在这种情况下，计算销毁案卷的百分比，一般就不能以销毁案卷数与整个档案馆的案卷总数相比，而应将销毁案卷数与已鉴定的全宗的案卷总数相比，才能确切地看出在已鉴定的全宗中销毁案卷的比例数。

（3）**平均数**　　档案统计中的平均数是按某一标志来说明总体典型水平的一种综合指标，或者说是一群性质相同数值的集中趋势（程度），反映同质总体内各单位某一数量指标的一般水平和典型水平的统计指标。其特点是：平均数在计算过程中，将一些个别的、偶然的因素抽象掉了，它是用一个数值对某种现象的典型水平作出概括说明。

平均数有算术平均数、几何平均数和调和平均数等。算术平均数简便易求，应用最为广泛。算术平均数有简单平均数和加权平均数之分，其计算公式分别是：

$$简单算术平均数 = \frac{标志总量}{总体单位数}$$

$$加权算术平均数 = \frac{各单位标志总和}{总体单位数}$$

加上权数计算出的算术平均数能更加准确地反映一般、典型水平。

> **小实例：**
>
> 某档案馆著录标引的数量状况是这样的：2名馆员每人每日制卡80张，4名助理馆员每人每日制卡65张，4名管理员每人每日制卡40张。求平均每人制卡数。
>
> $$简单算术平均数 = \frac{80+65+40}{3} \approx 62（张）$$
>
> 加权算术平均数是把各组的变量值分别乘以各组的次数并求出总和。然后除以总次数。由于各组的次数会影响平均数值，称为权数。
>
> $$加权算术平均数 = \frac{80 \times 2 + 65 \times 4 + 40 \times 4}{2+4+4} = 58（张）$$

2．统计指标的选择原则

（1）**客观性** 选定的统计指标，应是档案工作中客观存在的一定的数量表现。如果在档案工作中找不到它的数量表现，这样的统计指标显然没有任何意义。

（2）**统一性** 对档案工作的一些主要的数量表现，应该有全国统一的档案统计指标、统一的计量单位，为汇总、比较统计资料创造条件。随着改革开放的深入发展，选定的统计指标注意统一性，有助于和外国的档案工作进行对比研究和交流协作。

（3）**稳定性** 档案统计指标一旦选定，就应该保持其相对稳定性，在相当长时间内不要轻易变动，这样有助于档案统计资料的积累，对提高档案统计的研究水平大有裨益。

（4）**可比性** 总量指标的具体表现形式——绝对数在统计指标中占有重要地位。但仅凭绝对数是难以反映档案和档案工作复杂的状况的，这就需要把有联系的指标进行比较，通过相对数反映实际情况。因此在选定统计指标时，要注意相互间的可比性。

三、编制统计报表

统计调查所得来的原始资料，经过整理，得到说明社会现象及其发展过程的数据，把这些数据按一定的顺序排列在表格中，就形成"统计表"。广义的统计表包括调查表、登记表、过渡表及表达最后结果的统计表。狭义的统计表是指表达统计结果的统计表。下面简述狭义统计表的结构和编制。

1．统计表的构成

（1）**总标题** 概括统计表中全部资料的内容，是统计表的名称。

(2) <u>横行标题</u>　表示各组的名称，说明统计表要说明的对象，是横行的名称。

(3) <u>纵栏标题</u>　表示汇总项目，即统计指标的名称。

(4) <u>数字资料</u>　各组、各汇总项目的数值。

2．统计表的内容

(1) <u>主词</u>　主词是说明总体的，它可以是各个总体单位的名称、总体各个分组的名称。形式上表现为横行标题。

(2) <u>宾词</u>　宾词是说明总体的指标名称和数值的。形式上表现为纵栏标题和指标数值。

小实例：

华东五省县级档案馆建设——总标题

地区	建馆总数	其中按年份成立的			成立年份不详者
		1958年	1959年	1960年	
山东	70	20	39	10	1
江苏	56	4	45	1	6
安徽	64	51	9		4
浙江	43	2	29	7	5
福建	57	43	11	2	1
合计	290	120	133	20	17

横行标题｜主词｜宾词｜纵栏标题｜数字资料

3．统计表的类型

按主词的结构，统计表可分为：

(1) <u>简单表</u>　主词未经任何分组的统计表。

(2) <u>分组表</u>　主词只按一个标志进行分组的统计表。

(3) <u>复合表</u>　主词按两个或两个以上标志进行分组的统计表。

4．统计表的制作规则

(1) 统计表一般为横长方形，上下两端封闭且为粗线，左右两端开口。

(2) 统计表栏目多时要编号，一般主词部分按甲、乙、丙等次序编号，宾词部分按(1)、(2)等次序编号。

(3) 统计表总标题应简明扼要，符合表的内容。

(4) 主词与宾词位置可互换。各栏排列次序应以时间先后、数量大小、空间位置等自然顺序编排。

(5) 计量单位一般写在表的右上方或总栏标题下方。

(6) 表内资料需要说明解释的部分，如注解、资料来源等，写在表的下方。

(7) 填写数字资料不留空格，即在空格处划上斜线。统计表经审核后，制表人和填报单位应签名并盖章，以示负责。

5．编制简单表

简单表所反映的对象未经任何分组，只是单位的排列，具有一览表的性质。

小实例：

××省档案馆藏量增长表

年份	档案馆藏量/万卷
1950 年	10
1960 年	18
1975 年	23
1980 年	32
1984 年	45

6. 编制分组表

分组表是指主词按照某一标志进行分组的档案统计表。它可用来揭示档案工作现象总体及其各组情况。

小实例：

档案数量统计表

年份	2014 年		
文书	永久	长期	短期
会计	账簿	凭证	报表
科技	永久	长期	短期
声像	照片（张）	录（音）像	光盘
专门			

7. 编制复合表

复合表是指主词按两个或两个以上的标志进行复合分组的档案统计表。它可以用来对档案工作现象进行比较复杂的分析、研究。

小实例：

综合档案室基本情况统计表

项目\年度	档案人员			库房设置/m²				设备				室藏档案			档案利用情况					编研资料		档案数据备份/条
	总人数	其中		合计	其中			档案柜/组	温湿度仪/个	灭火器/个	计算机/台	卷	件	盘	张	电子档案/份	查阅情况		检索工具/种			
		专职	兼职		库房	办公室	阅览室										人次	卷次	件次	种	万字	

四、分析档案统计资料

这是档案统计工作的最后一个步骤,是对经过整理的大量调查资料进行分析研究。档案工作中的各种业务活动是在不断变化的,而记录和反映这些变化的数字最能说明问题。通过对统计数字的分析,可以进一步掌握不同时期内档案工作业务活动所达到的水平以及发展变化的程度,发现和总结出带有典型性的经验教训,以便进一步提高档案工作的管理水平。在统计分析中,可以采用的具体方法多种多样,如对比分析、相关分析、因果分析、静态分析、动态分析、专题分析、综合分析、系统分析等。

小实例:利用统计分析[1]

2002年档案利用统计分析

一、档案资料利用情况

2002年,我馆共接待利用者554人次,接受来人来电咨询1 932人次。查阅各类档案、资料1 125卷,内容涉及46个全宗。其中利用建国前档案12人次,查阅档案24卷;利用资料17人次,查阅资料61卷。截至12月上旬,共为利用者复制摘抄档案1 705页,出具证明272份。

二、利用情况分析

(一)根据利用目的统计

全年编史修志利用档案44人次,查阅档案100卷,共132件;工作查考利用档案71人次,查阅档案224卷,共203件;经济建设利用档案209人次,查阅档案284卷,共347件;学术研究利用档案56人次,查阅档案267卷,共433件;宣传目的利用档案56人次,查阅档案50卷,共45件;其他目的利用档案118人次,利用档案250卷,共135件。

(二)档案利用特点

(1)馆藏档案利用率、查全率、查准率在不断提高。全年接待利用人数和查阅档案卷数虽比去年略有减少,但由于馆内内部管理不断强化,建立健全岗位责任制,不断完善检索工具,改善服务方法和开拓利用途径,复制档案页数、出具证明份数都比去年大幅增加。

(2)档案利用于工作查考和编史修志的作用仍保持好势头。今年以来,我馆保管利用科人员利用馆藏档案,又新撰写了《云和发展农村经济二十年》等专题目录。检索工作的增加,提高了档案查全率、查准率。从而使档案用于工作查考和编史修志的人数达171人次,占总利用人数的30.86%,占总卷数的52.5%。例如,根据制订全国生态公益林规划要求,全县各乡镇林业站利用馆藏林业"三定"档案,我馆共接待59人次,查阅档案87卷,摘抄复制档案230页,出具证明35份,全县划定生态公益林55万亩,为完成制订生态公益林规划发挥了重要作用。

(3)档案利用工作始终坚持为经济建设服务、为广大人民群众服务的根本方向,发挥应有作用。本馆保存着房地产、土地承包、林业"三定"档案1000多卷。随着农村经济的不断发展,兴办企业、修造电厂、公路重点工程不断增多,涉及土地、山林、经济政策处理的不断增多。一年中利用档案人数达209人,占37.7%,查阅档案284卷,占25.2%。例如,丽龙一级公路云和段二期工程是省重点工程,全长27公里,总投资大约105亿元,沿途历经云坛乡、云和镇、赤石乡等21个行政村。为搞好林地征用前期明确权属工作,指挥部工作人员在短时间里查阅林业"三定"档案30多卷,出具权属证明45份,

---

[1] 浙江省云和县档案局网站。

明确 36.72 016 公顷林业山权，及时上报国家林业局审批。县林业局山林办利用馆藏林业"三定"档案全年解决县内山林权属纠纷等案件 6 起，为我县发展林业生产和社会稳定起到了积极作用。

（4）查阅档案用于证实职务工龄的比例仍然占多数。随着县级机关机构改革和企业体制改革工作的深入，特别是社会养老保险制度的不断健全，职务工龄成为广大干部、职工首先要证实的关键问题，一年来利用档案为解决广大干部、职工职务、工龄问题的利用人数达 113 人次，查阅档案 152 卷，分别占 20.3% 和 13.5%。例如，原云建公司就有 20 多人来本馆查阅工龄档案材料，档案利用为广大老工人解决了后顾之忧，为社会稳定作出了贡献。

法规阅读与案例思考

↘ 法规阅读

全国档案事业统计年报制度

（国家档案局、国家统计局　2006 年 8 月）

一、调查目的

为了准确地掌握全国档案事业的基本情况，以便对全国档案事业实行科学管理，特建立全国档案事业统计年报制度，该制度通过定期填报档案事业统计年报来实施。

二、填报范围

由本制度制发的统计年报分为基层表和综合表两种。基层表由规定范围内的各级各类档案部门填写，综合表供计算机综合汇总用。

1. 基层表

表　号	表　名	填报单位
档基 1 表	档案行政管理部门基本情况年报	各级档案行政管理部门
档基 2 表	档案馆基本情况年报	各级各类档案馆
档基 3 表	档案室基本情况年报	省直以上机关、人民团体、民主党派档案室（处、科）、企业、事业单位档案室（处、科）
档基 4 表	档案专业教育基本情况年报	地、市级以上档案行政管理部门，开办档案专业教育的高等学校、中等学校
档基 5 表	档案科技基本情况年报	省级以上档案行政管理部门
档基 6 表	国家综合档案馆基本建设情况年报	当年有基本建设工程的各级国家综合档案馆

注：填报基层表的企业限于企业集团和大型企业；文化事业单位限于省、部属单位；科技事业单位限于地市级以上（含地市级）。

2. 综合表

表　号	表　名
档综 1 表	档案事业机构、人员情况综合年报
档综 1 表附表 1	档案行政管理部门机构、人员情况综合年报
档综 1 表附表 2	档案馆机构、人员情况综合年报
档综 1 表附表 3	档案室机构、人员情况综合年报
档综 2 表	档案馆保存档案情况综合年报
档综 3 表	档案室保存档案情况综合年报
档综 4 表	档案馆利用档案情况及馆内设备情况综合年报
档综 5 表	档案室利用档案情况及档案室设备情况综合年报
档综 6 表	档案专业教育情况综合年报
档综 7 表	档案科技情况综合年报
档综 8 表	档案事业费、国家综合档案馆基本建设情况综合年报

三、报送程序和时间

1．中央、国家机关，人民团体，民主党派负责本机关及所属企业事业单位档案机构统计年报的汇总工作，然后将综合年报的数据于次年 3 月 15 日前报送国家档案局。

2．中央级国家档案馆将本馆的综合年报数据于次年 3 月 15 日前报送国家档案局。

3．地方各级档案行政管理部门负责本行政区域内列入统计范围的各级各类档案机构统计年报的汇总工作，并将汇总出的综合年报数据逐级上报到省、自治区、直辖市档案局，由省、自治区、直辖市档案局汇总出本省、自治区、直辖市的综合年报数据，于次年 3 月 31 日前报送国家档案局，同时抄送本省、自治区、直辖市统计局。

四、填报说明

1．填报基层表时，填报单位只须填写本单位对应表格，凡与本单位无关的表格，不要填报。

2．基层表须准确填写单位类别代码（略）。

3．档基 1 表的第 24 行、档基 2 表的第 29 行、档基 5 表的第 37、38 行、档基 6 表的第 6、7、8、14、15 行的数字如涉及小数，应保留两位小数。基层表中其他涉及小数的数字均取整数，小数点以后四舍五入。

4．如有特殊情况，应在备注栏中说明。

附件：《指标解释》

本年报的统计指标分为两个部分进行解释，第一部分是不同基层表通用指标解释，第二部分是各基层表专用指标解释。

一、通用指标解释

（一）机构、人员类（略）

（二）保管档案、资料类

1. "以件为保管单位档案"，指按照《归档文件整理规则》的要求，以件为基本保管单位的纸质档案。

2. "排架长度"，指档案叠放排列的厚度总和。

3. "照片档案"，指专门集中保管的照片档案，与其他档案一起立卷保管的照片档案不计在内。

4. "电子档案"，指以数码形式记录于磁带、磁盘、光盘等载体，依赖计算机等数字设备阅读、处理，并可在通信网络上传输的已归档电子文件。

5. "缩微胶片"，指所保管的、截至填报年度的累计全部缩微胶片，包括接收来的缩微胶片档案和馆藏（室存）档案的缩微复制件。

6. "革命历史档案"，指 1919 年 "五四运动" 至 1949 年中华人民共和国成立前整个新民主主义革命时期内，中国共产党（包括其前身共产主义小组）和它所领导的人民政权、军队、青年团以及其他革命群众团体所形成的档案。

7. "馆藏（室存）资料"，指已编目的用作资料的古籍、图书、期刊、报纸等，以及其他形式的技术资料、编研资料。资料一律按实有册数进行统计，经过装订的报纸以月合订本为一册进行统计，期刊以年合订本为一册进行统计。

8. "案卷目录"，指以全宗为单位编制的案卷名册，同一个全宗有一式数套案卷目录的，只填报一套的数量。

9. "全引目录"，指以全宗为单位编制的案卷及卷内文件目录，同一个全宗有一式数套全引目录的，只填报一套的数量。

10. "归档文件目录"，指以全宗为单位编制的所有归档文件名册。同一个全宗有一式数套归档文件目录的，只填报一套的数量。

11. "机读目录"，即计算机可读目录，指输入计算机并通过计算机进行编制和检索的档案目录。

（三）利用档案、资料类

1. "利用人次"，按当年每日绝对查档人数累计填报。一个利用者查档时间在一天以内的，按 1 人次计算；一个利用者连续若干天查档，来 1 天就算 1 人次；一个利用者将档案借走若干天，按 1 人次计算。

2. "利用卷（件）次"，按当年每日提供档案的数量累计填报。一个利用者上、下午利用同一件档案，按 1 卷（件）次计算；一个利用者连续若干天利用同一件档案，用 1 天就算 1 卷（件）次；一件档案外借若干天，按 1 卷（件）次计算。

3. "利用档案的目的"中"编史修志"，指用于厂史、校史、断代史、专门史（如经济史、自然科学发展史等）的编研和各种地方志、专业志的编修；"工作查考"，指用于行政事务等日常工作，如制订计划、落实政策、案件处理、人事工作等；"学术研究"，指用于历史研究或其他学术研究，如医学、经济学、社会学、气象学、地震学等研究；"经济建设"，指直接用于工农业生产或基建工程等方面；"宣传教育"，指用于编研出版、举办展览以及通过报刊、广播、电视等开展的宣传教育工作。

4. "复制档案、资料"，指复印或抄录档案、资料，按所复制档案、资料的原件页数进行统计。

5. "本年编研档案资料"，指本单位利用档案自编或与其他有关部门合编的文件汇集、参考资料等。一个书名为一种。其中，"公开出版"指当年由各级出版社正式出版的书籍（包括公开发行和内部发行），"内部参考"指当年编纂完毕未公开出版、留作内部使用的参考资料。

（四）设备类

"微机"，指填报单位档案部门所有可正常使用的微机。

二、专用指标解释（略）

案例思考

阅读《××市××单位档案管理台账》封面、目录和内页，全方位思考档案登记与统计工作的内容和要求。

××市××单位档案管理台账

××市××单位综合档案室

年　月

（以上为封面）

目　录

一、室藏各类档案数量统计表……………………………………………………（1）
二、档案机构人员情况统计表……………………………………………………（2）
三、综合档案室设备设施情况统计表……………………………………………（3）
四、综合档案室开发利用情况统计表……………………………………………（4）

一、×××市××单位档案管理台账（各类档案的数量）

年度	室存全部档案			本年接收档案			文书档案								基建档案							
	总数累计（卷）（件）（张）（盒）	累计（米）	折合长度（米）	总数（卷）（件）（张）（盒）	折合长度（米）		历年			本年			其中			历年			本年		其中		
							总数（卷）（件）	小计（米）	长度（米）	总数（卷）（件）	小计（米）	长度（米）	永久	长期	短期	总数（卷）	小计（米）	长度（米）	总数（卷）	折合长度（米）	永久	长期	短期

二、××市××单位档案管理台账（档案机构人员情况表）

年度	档案机构（室）	档案人员合计（人）	档案管理专职人员												其中 档案管理兼职人员								
			年龄			文化程度					档案专业培训	技术职称			文化程度				档案专业培训	技术职称			
			35岁以下	50岁以下	50岁以上	研究生	本科	大专	中专	高中		高级	中级	初级	研究生	本科	大专	中专		高级	中级	初级	

三、×××市×××单位档案管理台账（设备设施情况表）

年度	档案管理使用面积				档案设备									
	总面积（平方米）	其中			密集架（列）	标准箱柜（套）	去湿机（台）	复印机（台）	空调机（台）	计算机（台）	装订机	碎纸机	温湿度计	扫描仪（台）	过塑机	照相机	其他设备
		档案库房	阅览室	办公室													

四、××市××单位档案管理台账（开发利用）

年度	本年度利用档案（资料）			编研资料续编			本年度新增编研资料
	利用人次	利用卷次	利用件次	大事记	组织沿革	基础数字	

档案检索技能训练

学习任务和目标

（1）通过档案检索工具类别和档案排检方法的介绍，为训练学生档案检索技能作准备。

（2）通过档案著录、档案标引和档案计算机检索的操作，培养学生编制档案检索工具的技能，提高学生档案检索能力，提高学生对新时期档案管理信息化的适应能力。

档案检索包括档案信息存储和查检两个具体过程。这两个过程是密切联系、不可分割的，存储是查检的前提，查检是存储的目的。档案信息存储是指将档案中具有检索意义的特征标识出来，加以编排，形成检索工具和档案信息数据库的过程；档案信息查检是指利用检索工具查找所需档案的过程。

第一节　认识档案检索工具

一、了解检索工具及其作用

档案检索工具是揭示和介绍档案馆保存档案内容和成分，记录、报道、查找档案资料的手段，是开发档案信息资源的工具。它的基本功能是存储和查找。存储是指将档案的有关特征著录下来，按照一定的顺序加以排列或进行客观的描述，以二次文献或三次文献的形式将档案信息集中起来。查找是指为利用者提供档案的线索，供利用者了解和查询档案。检索工具的作用表现为以下几点。

1. 桥梁作用

档案的数量庞大，并随着时间的推移而增加，内容繁杂，涉及社会实践活动的各个方面，对于利用者来说犹如档案之海，如果不借助于科学的方法和手段，便无法从中获取所需档案。档案检索工具在档案和利用者的特定需要之间架设了一道"桥梁"，沟通二者的供需关系，利用者借助检索工具便可以较为迅速准确地获取所需档案。

2. 交流作用

档案检索工具中存储了大量的档案信息，它不仅可以提供查询，同时可成为档案馆（室）

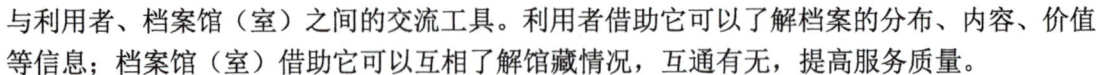

与利用者、档案馆（室）之间的交流工具。利用者借助它可以了解档案的分布、内容、价值等信息；档案馆（室）借助它可以互相了解馆藏情况，互通有无，提高服务质量。

3. 管理作用

档案检索工具记录了档案的主要内容和形式特征，集中、浓缩地揭示了馆藏情况，档案工作人员可以通过检索工具概要了解馆藏档案的内容、形式、数量等情况，为档案管理业务活动提供一定的依据。尤其是馆藏性检索工具反映档案实体顺序，在库房管理、档案数量统计等管理活动中直接发挥作用。各种检索工具还是档案工作人员查找档案、提供咨询、开展档案编研工作的必要手段。

二、掌握检索工具的分类

档案检索工具的种类较多，根据不同的标准可进行不同的分类。目前比较常见的分类方法有以下几种。

1. 按编制方式分

检索工具可分为目录、索引、指南。目录是将所著录的条目按照一定的次序编排而成的检索工具。索引是将档案的某一部分特征及其出处著录出来，并按照一定次序编排的检索工具。目录和索引之间没有严格的界限，一般来说，目录著录的条目内容比较全面，而索引著录的条目内容比较简单，一般只著录排检项及其出处两个项目。指南是以文章的形式综合叙述档案情况的一种检索工具。

（1）目录

1）案卷目录，是以案卷为单位，依据档案整理顺序编排的检索工具。案卷目录一般采用书本式，其目录表包括：顺序号（案卷号）、案卷标题、年度、卷内文件页数、保管期限、备注等。表中的备注是用来记载案卷中某些需要特殊说明的问题，如移出、销毁、卷内文件的增减、霉烂、字迹模糊等。

2）案卷文件目录，又称"卷内文件目录汇集"或"全引目录"。它将一全宗内的案卷目录和卷内文件目录汇编成册，兼有案卷目录和卷内文件目录功能。

3）归档文件目录，为适应档案管理现代化的需要，《归档文件整理规则》（DA/T 22—2000）规定，归档文件应依据分类方案和室编件号顺序编制归档文件目录。归档文件目录设置件号、责任者、文号、题名、日期、页数、备注等项目。

4）全宗目录，是一种介绍档案馆所有全宗状况的检索工具，它的内容包括全宗的名称、全宗号、全宗内案卷数量及起止年代。其编制目的是向利用者概要地揭示本馆所藏档案的范围，以及用于档案的统计和保管工作。全宗目录适合于档案数量较大、全宗较多的大中型档案馆。

5）分类目录，是根据体系分类法的原理，以分类号为排检项，依据档案分类表的体系组织起来的一种检索工具。分类目录的主要特点是系统地揭示档案的主题内容，具有较强的族性检索功能。各档案馆的手工检索分类目录大多采用卡片式。

6）主题目录，是根据主题法的原理，将档案的主题按字序排列的一种目录。主题目录的主要特点是能够集中地揭示有关同一事物的档案的内容，具有较好的特性检索功能。

7）专题目录，是集中、系统地揭示档案馆内有关某一专门事物、某一专门内容档案的检索工具。

（2）索引

1）文号索引，是揭示档案的文号和档号之间对应关系的一种检索工具，它提供了一条按文号检索档案的途径。文号索引一般采用表格形式，所以通常称之为文、档案对照表。也有的档案室以文号为检索项设置较为全面的项目，形成文号目录。

2）人名索引，是揭示档案中所涉及的人物并指明出处的一种检索工具。在档案利用中检索人物占有相当的比重，由于在标题中很少反映人名，所以只有编制专门的人名索引才能解决这个问题。人名索引包括人名和档号两部分，即把人名引向所在档案的档号，利用者通过索引的指引，可以查到某一人物的材料。

人名索引可以分为综合性和专题性两种。综合性人名索引是将馆藏档案中所涉及的全部人名编成索引，专题性人名索引是根据所列专题范围，如任免、奖励、处分等，对涉及该专题的人名编制索引。

3）地名索引，是揭示档案中所涉及的地名并指明出处的一种检索工具。以编史修志为目的的利用者往往需要反映某一地区各方面情况的档案材料，地名索引可较好地满足这一类利用需求，从地区角度提供较为全面的档案线索。

（3）指南

1）档案馆指南，是一种全面、系统介绍馆藏档案情况的工具书，又称档案馆介绍。它是档案馆面向社会的一种宣传、报道性工具，借助这种工具，利用者可以较为全面地了解馆藏档案情况及利用档案过程中所需的各种信息。

档案馆指南从揭示馆藏的详简程度上可分为简明指南和详细指南，从揭示档案馆的范围上可分为单一档案馆指南和同一类型、同一地区档案馆指南。一般应包括6部分内容：①说明或序言；②目录；③档案馆概况；④馆藏档案情况介绍；⑤馆藏资料情况介绍；⑥附录。

2）全宗指南，是揭示档案馆内某一全宗档案情况的工具书，又称全宗介绍。全宗指南的内容主要包括以下3个部分：

① 立档单位和全宗的历史概况。在档案利用活动中，对立档单位历史的了解直接关系到对档案内容的理解。因为档案是历史的记录，不了解档案产生单位的性质、职能及机构设置情况，就难以全面认识该单位档案的价值。这一困难尤其发生在后代人利用前代人形成的档案，同代人利用其他机关形成的档案等情况中。对立档单位情况的介绍主要包括单位名称、隶属关系、性质、任务、内部组织机构、主要领导人等方面的情况和沿革。

② 全宗内档案概况。这部分主要包括档案的来源、数量、进馆日期、整理、保管、鉴定情况、完整程度、所编制的检索工具等。

③ 档案的内容与成分。一般依原整理体系加以介绍，如果是按组织机构分类的，可按照机构逐一介绍；如果是按问题分类的，可按原划分的类目逐一介绍。这样介绍起来比较方便，而且由于与整理情况相对应，也比较清晰。介绍档案内容时原则上是以案卷为单位，亦可视实际情况灵活掌握，对于若干个问题相近或相同的案卷可合并介绍；对于有特色和价值较高的文件可单独介绍。

3）专题指南，是介绍、报道档案馆中反映某一特定题目档案的工具书，又称专题介绍。专题指南的基本结构可由以下3部分组成：①序言；②档案内容介绍；③附录。

2. 按载体形式分

检索工具可分为以纸张为载体的、以胶片和磁带为载体的两大类,其中以纸张为载体的又可以分为卡片式、书本式,以胶片和磁带为载体的包括缩微目录和机读目录。

(1) 书本式检索工具,是将著录的条目按一定的顺序排列后印在纸页上、装订成册的检索工具。这种检索工具的优点是体积小,便于管理;可印刷出版,便于传递和交流;编排内容紧凑,便于翻阅;成本较低。缺点是灵活性差,一旦装订成册,条目的增减及调整都无法进行。

(2) 卡片式检索工具,是将档案著录的条目写在卡片上,每一条目形成一张卡片,然后将卡片按一定顺序排列而形成的检索工具。这种检索工具最大的优点就是具有较大的灵活性,便于条目的增减和条目顺序的调整,查找功能较强。但由于卡片数量较多,体积较大,容易散失,顺序容易混乱,因此,这种检索工具不利于保管、交流和阅读。

(3) 缩微目录,是以胶片为载体的以缩微摄影方式制作的检索工具。检索时,可使用阅读器放大阅读。主要优点是存储密集,节约空间;体积小,便于携带交流;便于拷贝复制;耐久性好,便于长期保存和利用。这种检索工具需有一定的设备才能制作和使用。

(4) 机读目录,是以磁性材料为载体供计算机识别的检索工具。使用时可以在荧光屏上显示,也可以打印出文字,其主要优点是存储密度高,检索速度快,可进行多途径检索。这种检索工具在制作时费时费力,工作量较大,费用也较高。

3. 按检索范围分

(1) 全宗范围检索工具,是以一个全宗(或其部分)为对象的检索工具,有案卷目录、卷内文件目录汇集、全宗文件卡片(目录)、文号目录、全宗指南等。此外,登记全宗内档案成分与数量的"全宗单",保存有关全宗历史材料的"全宗卷",也可列入这一类。

(2) 若干全宗范围检索工具,是以档案馆(室)的全部(或主要部分)档案为对象的检索工具,有分类卡片目录、分类目录、主题卡片目录、主题目录(或索引)、档案指南等。此外,登记档案馆内档案数量和成分的全宗名册、全宗卡片以及档案存放位索引,也可列入这一类。

(3) 以若干个档案馆的全部或部分档案为对象的检索工具,如联合目录等。

4. 按功能分

检索工具可分为馆藏性检索工具、查找性检索工具和介绍性(报道性)检索工具。

(1) 馆藏性检索工具,是反映所收藏档案的整理体系及其排列顺序的检索工具。其主要功能是反映档案整理的顺序和原则,档案馆工作人员可据此了解馆藏情况及查找档案。其缺点是检索途径单一,只是按照整理的顺序提供查找途径,同时检索深度较浅。

(2) 查找性检索工具,是指专门为查找而编制的检索工具。它不受档案实体排列顺序的限制,是以档案的某一内容或某一形式为检索途径而形成的检索工具。其优点是可以打破档案实体排列的顺序,打破全宗、案卷的界限进行检索,可以从不同的角度标志档案,提供多种检索途径,并可以选择任意的检索深度。

(3) 介绍性检索工具,也可称为报道性检索工具,是指专门用于介绍和报道档案内容及其有关情况的检索工具。这种检索工具一般是全面概括地介绍档案的情况,客观地评价档案的价值，向利用者提供一定的内容线索，但它不给出档案的检索标志和排检项，一般不能直接用于查找。

此外，按信息处理的手段，可以分为手工检索工具和机械检索工具；按使用对象的不同，可分为公务性检索工具和开放性检索工具；按排检方法的不同，可分为分类法的检索工具和主题法的检索工具等。

需要特别指出的是，随着计算机技术在档案工作中的应用，很多传统的手工式的目录被计算机数据库形式所取代，它们已经或即将退出历史舞台，不需要单独编制了。但了解一下传统的目录，对建立数据库还是有帮助的。

三、了解档案排检方法

1．分类法

以科学的分类为基础，结合档案的内容和特点，运用概念划分的方法，把性质相同的档案线索汇集在一起，分门别类地组成一个检索体系。优点是同一个问题或同一个专业的档案线索汇集在一起，便于查找利用。

2．按作者排检法

把同一个作者形成的文件线索集中在一起。此法一般在机关档案室用得较多。

3．按文号排检法

按照文号的先后顺序进行排列，一般有文号目录、文号对照表。在机关档案室此法也较受欢迎，而在档案馆却用得不多。但对一些历史文件或文号不全的文件档案进行文号排检则有困难。

4．按字序排检法

编制人名、地名之类的检索工具，一般采用部首偏旁法、四角号码法、笔数笔形法和音序法等。

（1）**部首偏旁法**　采用不多，因为它在排列上相当有难度，很多偏旁难以掌握。

（2）**笔数、笔形法**　其困难在于繁简字的问题。

（3）**四角号码法**　全国的人名、地名卡片采用此法较多，但此法的普及面不广。

（4）**音序法**　按汉语拼音顺序进行排列。多用于以作者、文件名称、地区为编制对象的检索工具。此法较简便，但对于年纪较大的人使用较为不便。

5．按地序排检法

按照文件形成的地区排列。此法在历史档案和一些专业档案的检索工具中采用较多，如清代的奏折、地质档案、农业档案等。

6．主题法

按主题排检一般是编有主题词的检索工具采用的。严格来说，此法与第 4 种方法是一致的，是按主题词的字序进行排检。对于外文档案，一般是按外文字母顺序进行排检。

目前在档案界，比较推崇的是分类法和主题法，但两者各有优缺点。

《中国档案分类法》（1996 年版）由编制说明和中华人民共和国档案分类表、新民主主义档案分类表、民国档案分类表、清代档案分类表组成。中华人民共和国档案分类表由主表和辅助表（综合复分表、世界各国和地区表、中国地区表、中国民族表以及科技档案复分表等）组成。《中国档案分类法》虽然设有检索方法，但手工翻阅，检索速度不快。可利用计算机容量大、速度快、检索途径多的特点，制作一部电子版的《中国档案分类法》。

《中国档案主题词表》（1995年版）主要由主表及词族索引、范畴索引、首笔画检字表和附表组成。需要指出的是：传统纸质词典式《中国档案主题词表》，虽然设有几种检索方法，但检索效率仍不高。可利用计算机容量大、速度快、检索途径多的特点，制作一部电子版的《中国档案主题词表》。

第二节 档案著录

一、认识档案著录

档案著录是指档案馆室编制检索工具时对档案的内容和形式特征进行分析、选择和记录的过程。通过它可以具体描述每份文件或每份案卷的特征，揭示其主题内容、科学价值，指明出处，区别相互之间的异同，从而便于档案人员和利用者了解档案，更好地管理和利用档案。

编制检索工具（目录或索引），一般都经过档案的著录和档案目录的组织两个步骤：

第一步，按照一定的规则，将每份文件或案卷的内容和形式特征记录下来，由若干著录项组合成一个个的条目。

第二步，将许多条目，按照一定的方法，组织成一个有机体系，形成档案检索工具。

任何档案检索工具，要具备良好的存储和检索的功能，都必须以著录的内容详细具体、标引准确、格式与标志符合统一、方法一致、文字简明为条件。著录上的差错与混乱，会降低检索工具的效能，甚至会使其丧失作用。

二、掌握档案著录规则

档案著录所遵循的方法称为档案著录规则。为了实现著录工作的规范化，先后制定了两套《档案著录规则》。新《档案著录规则》是指国家档案局1999年5月31日批准，从1999年12月1日实施的《档案著录规则（DA/T 18—1999）》。它是与国家标准局1985年5月10日发布的《档案著录规则（GB/T 3792.5—1985）》相对而言的。老规则已在全国施行十多年，但在执行过程中发现了一些不适宜处，需根据实际情况进行修订。新规则实际上是老规则国标的修订本。

作为全国档案著录工作的依据，新《档案著录规则》主要内容有著录项目、标识符号、著录条目格式、著录信息源、著录项目细则等。

（一）著录项目

在档案的著录过程中，要以一定的记录事项对一份文件或案卷的内容和形式特征进行记录，这些记录事项就是著录项目。它是构成档案条目以及档案目录的最基本数据单元。

不同的目录，著录的项目是不相同的。根据《档案著录规则》的要求，档案著录项目共分 7 项，每项分若干著录单元（小项）。

注：下列项目名称后加"＊"者为选择著录项目或单元（小项）。

1. 题名与责任说明项

题名，又称标题、题目，是表达档案中心内容、形式特征的名称。

（1）正题名

a）正题名是档案的主要题名，一般指单份文件文首的题目和案卷封面上的题目。正题名照原文著录。

b）单份文件没有题名，依据其内容拟写题名，并加"[ ]"。

c）单份文件的题名不能揭示内容时，原题名照录，根据其内容另拟题名附后，加"[ ]"。

d）单份文件的题名过于冗长时，在不丢失重要信息和损伤原意的情况下，可删去冗余部分，节略内容用"……"表示。

e）案卷题名不能揭示案卷内容或题名过于冗长时，一般应重新拟写，将原题名修改好后再著录。

（2）并列题名＊

并列题名是以第二种语言文字书写的与正题名对照并列的题名，必要时并列题名与正题名一并著录，并列题名前加"＝"。

（3）副题名及说明题名文字＊

副题名是解释或从属于正题名的另一题名。副题名照原文著录，正题名能够反映档案内容时，副题名不必著录。说明题名文字是指在题名前后对档案内容、范围、用途等的说明文字。必要时说明题名文字照原文著录。副题名及说明题名文字前加"："。

（4）文件编号＊

文件编号是文件制发过程中由制发机关、团体或个人赋予文件的顺序号。文件编号包括发文字号，科研试验报告流水号，标准规范类文件的统编号、图号等。文件编号除年度用"[ ]"外，其余照原文字符号抄录，其前加"："。联合发文或档案上有多个文件编号时，一般只著录一个文件编号，但立档单位的文件编号必须著录。若著录多个文件编号，中间用"；"隔开。档案室一般应著录文件编号。

（5）责任者

责任说明著录责任者，必要时著录职责或身份（职务、职称等）。责任者，也称作者，是指对档案内容进行创造、负有责任的团体或个人。

责任者只有一个时，照原文著录，其前加"/"。责任者有多个时，著录列居首位的责任者，立档单位本身是责任者的必须著录，其余视需要著录。被省略的责任者用"[等]"表示。第一个责任者之前加"/"，责任者之间以"；"相隔。多个责任者具有同一职责或身份又必须著录时，可将职责或身份置于最末一个责任者后的"（ ）"中，责任者之间以"，"相隔。同一责任者有多个职责或身份又必须著录时，可将多个职责或身份置于责任者后的"（ ）"中，职责或身份之间以"，"相隔。

1）机关团体责任者：

a）机关团体责任者必须著录全称或不发生误解的通用简称。

例：/中国共产党中央委员会

　　/中共中央

　　/中华人民共和国外交部

　　/外交部

　　/河北省人民政治协商会议

　　/河北省政协

以上不应简称为"中央""本部""省政协"。

b）历代政权机关团体责任者，著录时其前应冠以朝代或政权名称，并加"（）"。

2）个人责任者：

a）个人责任者一般只著录姓名，必要时在姓名后著录职务、职称或其他职责，并加"（）"。

b）文件所署个人责任者有多种职务时，只著录与形成文件相应的职务。

例：/毛泽东（中共中央主席）

　　/毛泽东（国家主席）

　　/毛泽东（中央军委主席）

c）清代及其以前的个人责任者应冠以朝代名称，并加"（）"。

d）少数民族的个人责任者称谓，各民族有差异，著录时，应依照该民族的署名习惯著录。

e）外国责任者，姓名前应著录各历史时期易于识别的国名简称，其后著录统一的中文姓氏译名，必要时著录姓氏原文和名的缩写。国别、姓氏原文和名的缩写均加"（）"。

文件所署责任者为别名、笔名时，均照原文著录，但应将其真实名称附后，并加"（）"。未署责任者的文件，应著录根据其内容、形式特征考证出的责任者，并加"[ ]"；考证无结果时，以三个"□"代之。文件责任者不完整时，应照原文著录，将考证出的完整责任者附后，并加"[ ]"。文件责任者有误，仍照原文著录，但应考证出真实责任者附后，并加"[ ]"。考证出的责任者根据不足时，在其后加"？"，一并著录于"[ ]"内。

（6）附件*

a）附件是指文件正文后的附加材料，只著录附件题名，其前冠以"+"。

b）文件正文后有多个附件时，应逐一著录各附件题名，各附件题名前均冠以"+"。如附件题名过长，也可简略，其节略内容用"…"表示，自拟附件题名加"[ ]"。

c）若附件题名具有独立检索意义时，亦可另行著录条目，但应在附注项中加以说明。

2. 稿本与文种项

（1）稿本*

稿本是指档案文件的文稿、文本和版本。稿本项依实际情况著录为草稿、定稿、手稿、草图、原图、底图、蓝图、正本、副本、原版、试行本、修订本、影印本、各种文字本等，其前加".—"。

（2）文种*

文种是指文件种类的名称。文种项依实际情况著录为命令、决议、指示、通知、报告、批复、函、会议纪要、说明书、协议书、鉴定书、任务书、判决书、国书、照会、诰、敕、奏折等，其前加"："。

3. 密级与保管期限项

（1）密级 ∗

密级是指文件保密程度的等级。密级按 GB 7156—1987 第 4 章文献保管等级代码表划分为 6 个级别，名称与代码如表 5-1 所示。

表 5-1 文件密级

名　称	数字代码	汉语拼音代码	汉字代码
公开级	0	GK	公开
国内级	1	GN	国内
内部级	2	NB	内部
秘密级	3	MM	秘密
机密级	4	JM	机密
绝密级	5	UM	绝密

密级一般按文件形成时所定密级著录，对已升、降、解密的文件，应著录新的密级，公开级、国内级可不著录。密级前加".—"。

（2）保管期限 ∗

保管期限是指根据档案价值确定的档案应该保存的时间，一般分为永久、定期（30 年或 10 年）。保管期限一般按案卷组成时所定保管期限著录，其前加"∶"，若已更改的，应著录新的保管期限。

4. 时间项

时间项视不同著录对象，分为文件形成时间、卷内文件起止时间等，其前均加".—"。

（1）文件形成时间。一般公私文书、信札按发文时间；决议、决定、命令、法令、规程、规范、标准、条例等法规性文件按通过或发布时间；条约、合同、协议按签署时间；技术评审证书、技术鉴定证书、转产证书按通过时间；获奖证书、发明证书、专利证书按颁发时间；科研试验报告、学术论文按发表时间；工程施工图、产品加工图按设计时间；竣工图按绘制时间；原始试验记录、测定检验数据按记录时间等。

（2）时间项一律用 8 位阿拉伯数字表示，第 1～4 位数表示年，第 5～6 位数表示月，第 7～8 位数表示日。

（3）历史档案中的朝代纪年、农历、地支代月、韵目代日，应照原文著录，同时将换算好的公元纪年附后，并加"（）"。

例：.—清乾隆 10 年 9 月 26 日（17451021）

（4）没有形成时间的文件，应据其内容、形式特征等考证出形成时间后著录，并加"［ ］"。

（5）文件时间不完整或部分时间字迹不清时，仍著录原时间，原时间中缺少或字迹不清部分以"□"补之，再将考证出的时间附后，并加"［ ］"。

例：.—1945 □□□□［19450815］
　　.—□□□□ 1209［19691209］

.—19□□□ 204［193□1204］

（6）文件时间记载有误或有疑义时，仍照原文著录，再将考证出时间附后，并加"［　］"。

（7）文件形成时间考证不出时，著录为".—□□□□□□□□"，也可著录文件上的收文时间、审核时间、印发时间等，但应在附注项中加以说明。

（8）若考证出的时间根据不足时，在其后加"?"，一并著录于"［　］"内。

（9）文件起止日期。以一组文件、一卷、一组案卷为对象著录一个条目时，著录其中最早和最迟形成的文件的时间，其间用"—"连接。对于文件起止时间的表示，无论是本年度或跨年度，著录时均不能省略年度。

例：.—19890107—19891015

5．载体形态项

载体形态项著录档案的载体类型标识及档案载体的物质形态特征。

（1）载体类型∗

档案的载体类型分为甲骨、金石、简牍、缣帛、纸、唱片、胶片、胶卷、磁带、磁盘、光盘等。以纸张为载体的档案一般不予著录，其他载体类型据实著录，其前加".—"。

（2）数量及单位∗

数量用阿拉伯数字，单位用档案物质形态的统计单位，如"页""卷""册""张""片""盒""米"等。著录时其前加"："。

例：.—缩微平片：2张：105mm×148mm

　　.—录像磁带：5盒：3/4英寸

　　.—磁盘：4片：3.5英寸

（3）规格∗

规格指档案载体的尺寸及型号等，著录时其前加"："。

6．附注与提要项

（1）附注∗

附注项著录档案中需要解释和补充的事项。附注项的内容依各项目的顺序著录，项目以外需解释和补充的事项列在其后。每一条附注均以"—"分隔。如每一条附注都分段著录时，可省略该标识符。

各著录项目中需要注明的事项：

a）题名附注：注明同一文件的不同题名或其他称谓。

b）责任者附注：注明考评出责任者的依据和责任者项未著录责任者的数目或名称。

c）时间附注：注明考证出时间的依据。若著录为非文件形成时间时，应注明为何种时间。

d）载体形态附注：注明载体形态的破损、残缺、变质及字迹褪色等情况。

著录项目以外需要注明的事项：

a）被著录文件有不同稿本者应予注明。

b）被著录文件另有其他载体形式者应予注明。

c）被著录文件的来源为捐赠、购买、交换、复制、寄存等情况时应予注明。

d）被著录文件经考证为赝品的应予注明。
e）与被著录文件关系密切的相关文件应予注明。
f）除上述附注内容外，需要注明的其他事项。

（2）提要*

提要项是对文件和案卷内容的简介，应反映其主要内容、重要数据（包括技术参数等）。提要在附注之后另起一段空两个汉字位置著录，一般不超过 200 字。提要内容依汉语的语法和标点符号使用法著录。

7. 排检与编号项

排检与编号项是目录排检和档案馆、室业务注记项。

（1）分类号

分类号依据《中国档案分类法》和 GB/T 15418—1994 的有关规定著录，置于条目左上角第一行。

（2）档案馆代号*

档案馆代码依据《编制全国档案馆名称代码实施细则》所赋予的代码著录，置于条目右上角第一行。档案馆代码在建立目录中心或报道交流时必须著录。

（3）档号

档号是指档案馆、室在整理和管理档案的过程中，以字符形式赋予档案的一组代码。档号著录于条目左上角第二行，与分类号齐头。档号中各号之间以"-"相隔。

（4）电子文档号

电子文档号是档案馆、室管理电子文件的一组符号代码，著录于条目第二行的中间位置。

（5）缩微号

缩微号是档案馆（室）赋予档案缩微制品的编号，著录于条目右上角第二行，与档案馆代码齐头。

（6）主题词或关键词

主题词是在标引和检索中用以表达档案主题内容的规范化的词或词组。关键词是在标引和检索中取自文件题名或正文用以表达档案主题并具有检索意义的词或词组。主题词按照 DA/T 19—1999、《中国档案主题词表》及本专业、本单位的规范化词表进行标引。主题词或关键词著录于附注与提要项之后，另起一行齐头著录。各词之间空一个汉字位置，一个词或词组不得分作两行书写。

（二）标识符号

为识别各著录项目、单元（小项）及其内容，添加如下规定的标识符。

".—"置于下列各著录项目之前：稿本与文种项、密级与保管期限项、时间项、载体形态项、附注项。

"="置于并列题名之前。

":"置于下列各著录单元之前：副题名及说明题名文字，文件编号、文种，保管期限、数量及单位、规格。

"/"置于第一个责任者之前。

";"置于多个文件编号之间、多个责任者之间。

","用于相同职责、身份省略时的责任者之间或同一责任者的不同职责、身份之间。

"+"置于每一个附件之前。

"[ ]"置于下列著录内容的两端：自拟著录内容、文件编号中的年度、责任者省略时的"等"字。

"（）"置于下列著录内容的两端：责任者所属机构名称、责任者真实姓名、责任者职责或身份、外国责任者姓名原文、中国责任者时代、历史档案中的朝代纪年、农历、地支代月、韵目代日转换后的公元纪年。

"？"用于不能确定的著录内容，一般与"[ ]"配合使用。

"—"用于下列著录内容之间：日期起止和档号、电子文档号、缩微号各层次之间。

"…"用于节略内容。

"□"用于每一个残缺文字和未考证出时间的每一数字。未考证出的责任者及难以计数的残缺文字用三个"□"。

著录用标识符使用说明如下：

（1）除"题名与责任说明项、排检与编号项"外，各项目连续著录时，其前均冠以"．—"。如遇回行，不可省略该标识符。但各项目另起段落著录时则可省略该标识符。

（2）"．—"占两格，在回行时不应拆开；"；"和"，"各占一格，前后均不再空格。

（3）如某个项目缺少第一个单元（小项）时，应将现位于首位的单元原规定的标识符改为"．—"。

（4）凡重复著录一个项目或单元时，其标识符也需重复。

（5）不著录的项目或单元，其标识符应连同该项目或单元一并省略。

（三）著录条目格式

1. 段落符号式条目格式

段落符号式条目格式（如图5-1所示）将著录项目划分为4个段落。第一段落中分类号、档号分别置于条目左上角的第一、二行，档案馆代号、缩微号分别置于条目右上角第一、二行，电子文档号置于第二行的中间位置。第二段落从第三行与档号齐头处依次著录题名与责任说明项、稿本与文种项、密级与保管期限项、时间项、载体形态项、附注项，回行时，齐头著录。第三段落另起一行空两格著录提要，回行时与一、二段落齐头。第四段落另起一行齐头著录主题词或关键词，各词之间空一格。

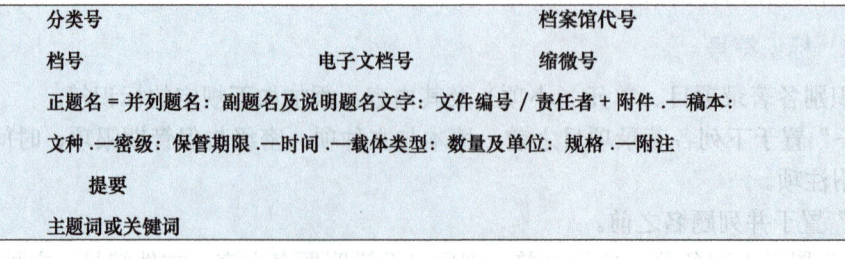

图 5-1　段落符号式条目格式

2. 表格式条目格式

实际工作需要使用表格式条目时，其著录项目应与"段落符号式条目格式"相同，其排列顺序可参照它。

3. 卡片式条目格式

卡片尺寸一般为 12.5cm×7.5cm，著录时卡片四周均应留 1cm 空隙，如卡片正面著录不完，可接背面连续著录。

无论著录对象为单份文件、单个案卷还是一组文件或一组案卷，均按"段落符号式条目格式"依次著录。

小实例：文件级条目著录

GE5.15   41010

2-53-107-8   46—94

转发国务院批转国家教委关于改革高等学校毕业分配制度通知的通知：京政发〔1989〕56号 / 北京市人民政府 + 国务院通知 + 国家教委报告 + 市计委、市高教局、市人事局实施意见. —副本：通知. —内部：永久. —19890702. —8页：260mm×184mm. —教委报告不全，市计委、市高教局、市人事局实施意见全无

　　国家教委报告分析了毕业生分配制度上存在的问题及进行改革的意见。国务院通知要求各地区部门制订改革措施。北京市有关单位提出了实施意见。

毕业生分配　高等院校　教育改革　制度　通知

小实例：案卷级条目著录

I108042   D00112

12-6-345   76—2

江口市各县干部教育情况报告 . —永久 . —19821205—1983021

　　为提高干部文化水平，1982年市属各县教育局举办业余大学5所，业余学校10所，技术学校7所，入学人数达53 000人。

干部教育　业余大学　业余学校　技术学校

（四）著录信息源

著录信息来源于被著录的档案。单份或一组文件著录时主要依据文头、文尾，单个或一组案卷著录时主要依据案卷封面、卷内文件目录、备考表等。被著录档案本身信息不足时，参考其他有关的档案资料。

第三节　档案标引

一、认识档案标引

档案标引，就是对文件或案卷内容进行主题分析，从自然语言转换成规范化的检索语言的过程，即对内容分析结果赋予检索标志的过程。其中，给予文件或案卷以分类号标志的

过程，称为分类标引；给予文件或案卷以主题词标志的过程，称为主题标引。

　　档案标引是档案著录最核心内容。只有通过标引，才能使档案的内容特征获得检索标志，才能组成各种各样的检索工具。

二、掌握档案标引步骤与方法

　　档案标引步骤主要包括主题分析和概念转换两个方面，即通过对档案内容进行分析，明确档案的主要内容，然后用检索语言将其充分、准确、简明地表达出来。主题标引和分类标引都离不开这两个步骤。在主题分析方面，主题标引和分类标引的内容大体一致，只是根据标引方针的不同对主题的确认程度不同而已，但在概念转换方面二者有所不同。在标引之后应进行审校，以保证档案标引的质量。

1．主题分析

　　（1）**主题类型和构成因素**　　主题分析是确定被标引档案主题的过程。正确的主题分析是保证档案标引质量的重要因素，主题分析的误差必然导致检索的误差，从而直接影响档案的检索效率。主题分析的主要内容是主题的类型和构成因素。

　　主题的类型依据档案内容可分为单主题和多主题。单主题是指一件（卷）档案只表达一个问题。根据主题概念语义性质的不同，单主题中又有单元主题和复合主题之分。单元主题是指用一个单元词即可表达的主题，如《关于工资问题的若干规定》，用"工资"一个单元词即可表达其主题。复合主题又称多元主题，是指用若干个单元词组配或直接采用复合词才可以表达的主题，如《人民银行调整储蓄利率的公告》一文，需要用"储蓄"和"利率"两个单元词组配才能表达其主题。多主题是指一件（卷）档案表述两个以上的问题，如《关于乡镇企业和农村联产责任制的调查报告》一文，即表达了"乡镇企业"和"农村联产责任制"两个主题，要分别给予标引。

　　按照国家标准《文献主题标引规则》的规定，主题因素可分为5种。

　　1）主体因素，是指反映文件或案卷中所述的主题中的关键性概念，作为对该文件或案卷的检索入口。例如：《北京市与××地区购销合同》一文中，"购销"为主体因素。

　　2）通用因素，是指某些通用的词汇或概念，与主体因素相结合，可以加强主体的专指性。例如：《地质勘查资质分类分级标准》一文中，"标准"为通用因素。

　　3）位置因素，是指文件或案卷所论述对象的空间和地理位置的概念，包括国家、地区、机构等方面的主题词。例如：《深圳档案局档案征集公告》一文中，"深圳档案局"为位置因素。

　　4）时间因素，是指文件或案卷所论述对象存在的时间概念，包括朝代、年度等方面的主题词。例如：《南通职业大学2008年招聘启事》一文中，"2008年"为时间因素。

　　5）文件类型因素，是指文件类型和形式方面的概念。例如《国务院关于机构设置的通知》一文中，"通知"为文件类型因素。

　　上述5种因素在一般意义上概括了文件或案卷主题的范畴和方面。但每一主题有所不同，有的主题包括了全部5种因素，有的主题仅包括其中的一种或几种因素。

　　在标引过程中将主题划分为5种主题因素的主要目的在于确定标引的内容。在档案标引中，主体因素是最重要的，必须标出，时间因素一般也需要标出。例如："××市教育局关于中小学生教育问题的指示"，"××市教育局"作为作者不予标出；"关于××市中小学生教育问题的调查报告"，"××市"作为论述对象应予以标出。通用因素和文件类型因素可酌情标引。

（2）**主题分析基本方法**　　档案主题是通过对其内容特征和形式特征的分析而得到的，内容特征是其根本依据，形式特征是其辅助依据。标引人员应了解档案资料的中心内容和涉及的主要问题，判明其属性特征，以便正确归类。进行主题分析的基本方法如下：

1）阅读与理解标题，文件标题是文件形成者对文件内容的概括，一般能够正确反映文件主题。但是也有些文件标题对文件主题内容反映得不够准确与完整，如结构不完整的标题，报告、总结、计划、会议记录等内容为综合性的文件标题等。因此，标题是主题分析的重要依据，但不是唯一依据。

2）浏览正文，可以了解文件大致内容，这对于全面揭示文件主题，特别是揭示隐含的主题概念有重要的意义。一般说来，除内容单纯明确的文件之外，仅依据标题来确定文件主题是不够的，需要浏览正文才能确定。因标题确切与否要通过正文内容来验证，对于标题不正确的则需要从正文中提取主题。

3）阅读文摘、简介、前言、领导人批语等，从中往往可以发现标题中未能表达的主题内容，但有些文件不具有这些组成部分。

4）查阅文件外部特征，包括作者、时间、密级等，有助于明确文件的形成背景和作用范围，对于确定文件主题也有一定意义。

在进行主题分析时，不仅要从档案本身出发对上述特征进行分析，同时还要注意考虑利用者可能对哪些方面的问题感兴趣，可能从哪些角度提出检索要求等。与利用者需求相吻合的主题因素，才具有较大的检索意义。

2．概念转换

在确定了文件的主题概念之后，应将其转换为检索语言标出，这个过程称为概念转换，也就是给出检索标识的过程。概念转换是档案标引结果的体现，如果在转换中发生误差，未能选择恰当的检索标识，造成误标或漏标，必然影响检索效率。

分类标引概念转换的基本做法是，根据主题分析的结果，查找档案分类表，将相应类目的分类号作为检索标识赋予被标引档案文件。主题标引概念转换的基本做法是，根据主题分析的结果查找主题词表，将相应的主题词作为检索标识赋予被标引档案文件。

对单主题文件的概念转换，只要赋予相应的一个分类号或一至若干个主题词标识即可；对多个主题文件则需要分解为单主题，分别赋予其分类号或采用主题词分组组配的标识形式。在标引过程中，有一些主题概念是简单概念，词表中有对应主题词，标引人员只须根据主题概念从词表中找出相应的主题词即可。还有一些概念是复杂概念，在词表中没有相对应的主题词，对这类主题概念首先要进行概念分解，然后再选择相应的主题词。主题概念的分解，依据概念间的关系可以分为两种类型：一种是限定关系，如"档案馆建筑规范"可分解为"档案馆""建筑规范"两个概念；另一种是交叉关系，如"工业企业管理"可分解为"工业管理""企业管理"两个概念。

3．审校

审校是标引的最后一道工序，是确保标引质量的重要环节。审校的内容有下述几个方面：档案主题是否提炼得准确全面；主题概念是否准确恰当；是否遗漏了隐含的主题；所标主题是否具有检索意义；是否存在过度标引和标引不足的问题；分类标引是否符合分类标引规则；主题标引是否符合主题标引规则和组配规则；标引的类号、主题词是否充分、完整、准确，书写是否准确无误；对同一主题词的标引是否前后一致等。

审校程序分为自校、互校和总校：

（1）自校　自校是标引审校的第一环节。标引人员对自己的标引结果进行校对，发现主题分析不准、归类不当、前后不一致、符号错误，应及时予以纠正。

（2）互校　互校是标引审校的第二环节。标引人员对标引结果互相进行校对，纠正因个人理解不同引起的错误，保持不同人员标引的一致性。

（3）总校　总校是标引审校的最后环节。在自校、互校后，必须选派熟悉业务、通晓目录工作的人员担任总校。通过总校进一步消除档案主题分析与标引过程中的误差，保证标引工作的整体优化。同时，可以对标引工作中所遇到的问题进行综合分析，统筹考虑合理的解决方案。

第四节　档案计算机检索

计算机检索必须运用计算机及检索软件进行，软件没有设计检索方法，计算机就不能进行检索。关于档案管理软件的操作可参考第十一章，这里主要介绍档案计算机检索的特点、系统和策略。

一、了解计算机检索的特点

1．检索方式自动化

计算机检索代替了手工检索繁琐的查找工作，可根据操作人员的指令在数据库中自动搜寻所需档案，将搜到的档案输出。

2．检索速度快

计算机检索比手工检索的速度大为提高，可以大大减少利用者的等待时间。特别是按专题批量查找档案时，其快速检索功能表现得更为显著。

3．检索途径多元化

计算机是具有一次输入、多次输出、多样化输出的功能。凡输入计算机的每一个检索项均可成为检索入口。计算机不仅可以按著录项目进行单项检索，还可以把若干项目结合起来检索，如把文件的责任者、主题词、时间3个项目结合起来检索，可以获得满足这3个条件的文件。计算机不仅可以对著录项目进行检索，还可以利用光盘、缩微存储技术或计算机生成的电子文件进行全文检索。

4．检索效果好

使用质量较好的软件时，计算机检索的查全率和查准率都可高于手工检索。

5．检索灵活方便

网络化的计算机应用系统可以为分散的、远距离的利用者提供快速的联机检索，实现档案的异地查询和档案信息资源的共享。

二、了解计算机检索系统

档案计算机检索系统按它的功能和过程，可分成3个部分，即输入部分、存储部分和检索部分。

1. 输入部分

输入部分包括文献的选择、标引、加工和输入等一系列的过程和设备。

（1）**文献的选择和标引**　计算机文献检索系统的基础是数据库，没有数据，计算机检索便成为无米之炊，数据的数量和质量对于计算机检索系统的性能具有直接影响。在档案检索系统构成中，工作量最大、最难以完成的是数据的采集和录入工作。

（2）**文献的输入**　键盘输入是目前普遍采用的一种输入方式，由操作人员通过按动计算机的键盘将文件内容输入计算机，其主要优点是可以及时修改输入时的错误。此外，还有利用光学字符识别装置输入和利用电子计算机缩微输入。

2. 存储部分

档案文献资料输入计算机，先存入计算机的内存，经过校对后，按照事先编好的程序再转存入外存储器，主要有磁带、磁盘（包括硬盘、软盘）和光盘等。数量众多的大容量的外存储器构成了档案系统的核心数据库，供检索服务利用。

3. 检索部分

这是计算机查找利用者所需要的档案资料的工作系统。

三、掌握计算机检索策略

检索策略是人们进行检索的方案和计划。编制检索策略包括选择检索途径和检索词以及确定检索词之间的逻辑关系。检索策略的编制成果是检索表达式。检索表达式主要有逻辑表达式和加权表达式，其中最常用的是逻辑表达式。逻辑表达式有以下3种：

1. 逻辑与关系（AND）

表示两个之间的重合关系，即必须同时满足这两个检索条件，一般用符号"*"或"·"表示。例如："女性*教师"表示检索有关女教师方面的档案。逻辑与关系是一种限定关系，这种关系用得越多，表示限定条件越严格。一般情况下使用逻辑与关系有利于提高查准率。

2. 逻辑或关系（OR）

表示两个词之间的任选关系，即满足其中之一的检索条件即可，一般用符号"+"表示。例如："教师+医生"表示检索有关教师或医生方面的档案。逻辑或关系为检索提供了选择的可能，这种关系使用越多，表示选择的范围越大。一般情况下使用逻辑或关系有利于提高查全率。

3. 逻辑非关系（NOT）

表示否定关系，即检索目标不包括这方面内容，一般用符号"-"表示。例如："干部-共产党员"表示检索有关非党员干部的档案。逻辑非关系用排除法控制检索结果，有利于提高查准率。

小实例：档案检索策略

范围：	基建档案

搜索条件：

档　号：		==并且==
分类号：		==或者==
责任者：		==不使用该项==
文件编号：		==不使用该项==
题　名：		==不使用该项==
主题词：		==不使用该项==
时　间：		==不使用该项==
保管期限：		==不使用该项==
密　级：		==不使用该项==
载体类型：		==不使用该项==
编制单位：		==不使用该项==
拍摄者：		==不使用该项==

限制返回结果集：　○100条　○500条　○1000条　◉所有

检索　　重写

小知识：档案检索效率

$$查全率 = \frac{检索出的有关档案}{全部有关档案} \times 100\%$$

$$漏检率 = \frac{未检索出的有关档案}{全部有关档案} \times 100\%$$

$$查准率 = \frac{检索出的有关档案}{检索出的全部档案} \times 100\%$$

$$误检率 = \frac{检索出的不相关档案}{检索出的全部档案} \times 100\%$$

法规阅读与案例思考

➷ 法规阅读

档案分类标引规则

（GB/T 15418—2009，2009 年 9 月 30 日发布，2010 年 2 月 1 日实施）

1. 范围

本标准规定了档案分类标引的基本原则、不同类型和主题的档案分类标引规则，以及档案分类标引工作程序和质量管理。

本标准适用于各级各类档案馆（室）使用《中国档案分类法》对所藏各种类型的档案进行分类标引；适用于编制档案分类目录、索引以及建立档案目录中心和数据库的档案分类标引工作。

2. 术语和定义

下列术语和定义适用于本标准。

2.1

标引 indexing

对档案内容进行主题分析，赋予检索标识的过程。

2.2

分类标引 classified indexing

对档案内容进行主题分析，赋予分类号标识的过程。

3. 基本规则

3.1　档案分类标引以国家机构、社会组织从事社会实践活动的职能分工为基础，结合档案记述和反映的事物属性关系，并兼顾档案的其他特征。分类标引时，应对档案文件进行周密的主题分析，把握所论述的对象，准确地给予分类标识。

3.2　档案分类标引应依据《中国档案分类法》及其使用指南。

3.3　档案分类标引时，要正确地理解类目涵义和范围，避免脱离类目之间的联系和类目注释的限定片面地理解类目涵义。

3.4　档案分类标引应充分考虑实际的检索需求和检索方式，根据档案的具体内容和用途，选定适当的标引深度。凡一份文件或案卷涉及两个或两个以上主题者，除按第一主题或最重要的主题标出确切的分类号外，必要时可对其他主题附加相应的分类号。

3.5　档案分类标引必须按专指性的要求，分入恰当的类目，切不可分入较宽的上位类或较窄的下位类。当分类表中无恰当的类目时，可分入范围较大的类目（上位类）或与档案内容密切相关的类目。

3.6　档案分类标引应保持一致性。各种文本、载体类型的同一主题档案所标引的分类号均应一致。遇有某些难以分类和分类表上无恰当类目可归的档案，无论归入上位类或归入与其密切相关的类目，以及增设类目，都应作出记录，以后遇有类似情况，均按此处理。

4. 各种类型档案分类标引规则

4.1　档案分类表的选用

4.1.1　清代档案使用《清代档案分类表》进行分类标引。清代以前各历史时期档案的分类标引使用该表的一级类目。

4.1.2　民国档案使用《民国档案分类表》进行分类标引。

4.1.3　革命历史档案使用《新民主主义革命档案分类表》进行分类标引。

4.1.4　中华人民共和国成立以后的档案使用《中国档案分类法》进行分类标引。

4.1.4.1　国家档案馆、党政机关档案室所藏的中华人民共和国成立之后的档案使用《中国档案分类法》进行分类标引。

4.1.4.2　其他各类档案馆（室），在使用《中国档案分类法》进行分类标引时，本专业的档案可使用行业分类表进行分类标引。

4.2 档案分类标引级次

一般以文件级、案卷级为单元进行分类标引。若遇档案内容联系紧密或记述同一事物的几份文件或几个案卷情况，也可以作为一个单元进行分类标引。

5．各种主题档案分类标引规则

5.1 主题的类型

主题的类型依据档案内容可分为单主题和多主题两种。单主题包括单元主题和复合主题（多元主题），多主题则由几个单主题组成。

5.2 单主题档案的分类标引

5.2.1 单主题文件或案卷，一般依主题主体因素所属的类目标引；若是从一个方面对主题进行论述，就依这方面所属类目标引；若是从多方面对主题论述，一般只依主题所属类目作整体标引。

5.2.2 文件或案卷论述的主题内容互相交叉时应依据《中国档案分类法》关于集中与分散的有关规定进行标引。

5.2.3 文件或案卷论述的主题涉及国家、地区、民族、时代等因素时，若《中国档案分类法》中注明需要复分则应标出复分号，否则可以省略。

5.3 多主题档案的标引

5.3.1 文件、案卷论述的是两个以上的主题，标引时应充分考虑利用者的检索需要、参考价值大小以及各主题间的逻辑关系，加以综合分析，再确定给予一个或几个分类号。

5.3.2 文件、案卷论述的几个主题之间是并列关系，参考价值大，除对第一主题按其属性给予分类号外，第二、第三主题也应按其属性给予分类号，以便充分揭示主题，为利用者提供更多的检索途径。

5.3.3 文件、案卷论述的几个主题之间是从属关系，即上下位关系或整体与部分关系，一般依它们的上位类目作整体标引。若较小主题具有检索价值，也可依小主题的所属类目作互见标引。

5.3.4 文件、案卷论述的几个主题之间是因果或影响关系，一般依结果或受影响的主题所属类目标引。对于互为因果的，互相影响的主题做全面标引。

5.3.5 文件、案卷论述的几个主题之间，一个主题应用于多个主题，一般依被应用主题所属类目标引。必要时可以对其他主题附加相应的分类号。

6．档案分类标引工作程序

6.1 研读分类法

标引人员在标引工作开始时，应系统研读《中国档案分类法》的编制说明、主表、附表，了解该法的编制目的、适用范围、分类原则、体系结构、标识符号、类目注释，辨清上位类、同位类、下位类、理论与应用等关系，深入透彻地掌握其使用方法。

6.2 档案主题分析

应充分考虑立档单位的性质、职能和任务，通过分析题名、浏览正文、参考文件版头和案卷封面，从而了解档案的中心内容和涉及的主要问题，判明其属性特征，以便正确归类。

6.2.1 分析题名

文件和案卷的题名，是责任者或立卷人对档案内容的概括，在题名准确反映档案的中心内容的情况下，分析题名能直观地把握档案的主题。但有些文件、案卷的题名，由于拟写上的缺陷，不能准确地、直接地揭示主题内容，所以不能作为分类标引的唯一依据，还应浏览正文。

6.2.2 浏览正文

通过分析题名不能确定档案的确切内容和类别时，应浏览文件、案卷的正文。重点阅读文头、文尾、段落题名，了解作者的撰写目的和意图，从而确定档案内容论述或涉及的主题。

6.2.3 查阅文件版头和案卷封面

党、政机关行文都有固定的文件版头，标明发文机关的全称或通用简称，发文字号，文尾有发文机关、抄送机关、成文日期、盖印与签署。此外，附加标记有密级、缓急时限、阅读范围等。案卷封面上有机关全称和组织机构名称、案卷题名、年度日期、保管期限、档号以及卷内目录、卷末备考表等。它对于了解文件、案卷的主题、起草目的、利用范围、使用价值等，都能提供一定的参考。

6.3 判定类别

进行主题分析后，须确定对文件、案卷所论述的事物中，哪些主题应予以标引，能为利用者提供检索途径。然后根据主题性质，到《中国档案分类法》中查找其所属的类目。

6.4 标引分类号

用《中国档案分类法》中的类号来表达档案主题性质的标引，即将判定的类别赋予分类标识。给予分类号，应根据文件、案卷内容的属性、主题多寡、起草意图、利用对象、检索需求等特点，采用恰当的方式和方法，准确、一致、适度地标引出来。遇有难以分类的新事物、新主题的档案材料，分类表上无确切类目可归时，各档案馆、室可增设新类目予以分类标引，同时上报《中国档案分类法》编委会确认。今后若遇到同类主题的文件、案卷亦照此办理，确保一致性。

6.5 审校

审校是分类标引的最后一道工序，是确保标引质量的最后关口。审校内容包括检查验证档案的内容是否得到全面的分析，主题概念是否准确、恰当，辨类是否准确，同类档案是否归类一致，标引的类号是否充分、完整、准确，书写是否正确无误。审校程序分为自校、互校和总校。

6.5.1 自校

标引审校的第一环节。标引人员通过对自己标引结果的校对，遇有主题分析不准，前后不一致，应及时予以纠正。

6.5.2 互校

标引审校的第二环节。标引人员通过对标引结果的校对，纠正因个人理解不同引起的错误，保持彼此之间标引的一致性。

6.5.3 总校

标引审校的最重要环节。在自校、互校后，必须选派熟悉业务、通晓目录工作的人员担任总校。通过总校进一步消除档案主题分析与标引过程中的误差，保证标引工作的整体优化。同时可以对标引工作中所遇问题进行综合分析，统筹考虑合理的解决方案。

7. 档案分类标引质量管理

7.1 衡量标引工作质量的因素

主要指标引的客观性、专指性、全面性、一致性与适当的标引深度。影响标引工作质量的因素是：标引工作的组织管理、标引人员的业务水平和《中国档案分类法》本身的质量。

7.2 制定分类标引的规章制度

各单位可制定标引工作细则。它是在档案分类标引规则的基础上，结合本馆、室的档案实际和利用者检索习惯而制定的工作条例。具体内容包括：分类标引的程序和具体组织规程；《中国档案分类法》简表、行业表、复分表的使用范围和使用方法，集中归类与分散归类、交替类目的采用、标引的深度，以及标引责任制等。

7.3　分类标引人员的素质和要求

标引人员应具备所标引档案的专业知识和档案学知识；熟悉本馆、室的档案分类方法，并能用来标引档案材料；具有阅读、分析、概括、提炼档案主题和准确归类的能力。标引人员宜实行专业分工，并保持相对稳定。

7.4　建立标引人员与利用者的联系

标引人员应多与利用者接触，听取利用者对分类标引工作的要求、批评和建议，并通过对利用者提问和检索结果的分析不断改进工作。

7.5　加强《中国档案分类法》的管理

各档案馆、室在使用《中国档案分类法》过程中遇到的各种问题和处理方法要作记录，并填写"修改意见登记表"，报送主管部门，以便对《中国档案分类法》定期增补和修改，使之日臻完善。

↘ 案例思考

案例1[①]　普陀区档案馆档案检索工具一览表

1. 普陀区档案馆馆藏全宗检索表
2. 普陀区档案馆馆藏全宗案卷目录
3. 党群系统各全宗的全引目录
4. 普陀区政府系统各全宗的全引目录
5. 普陀区委、区政府关于成立机构、启用印章、干部任免的专题目录索引
6. 普陀区委、区政府关于机构成立、启用印章的专题文件索引
7. 普陀区委、区政府关于改正右派结论、落实政策的人名索引、文件专题索引
8. 中共中央、国务院、省、地（市）、县委（政府）关于渔业生产的文件专题目录索引
9. 中共中央、国务院、省、地（市）、县委（县政府）关于农业生产文件的专题目录索引
10. 中共中央、国务院、省、地（市）、县委（政府），国家、省、地（市）县计生委关于计划生育的文件专题目录索引
11. 中共中央、国务院、省、地（市）、县委（政府）关于房地产文件专题目录索引
12. 《土地征用》卡片
13. 普陀县委1953—1985年文件卡、人物卡
14. 普陀区档案馆馆藏档案全宗介绍
15. 普陀区结婚登记检索（计算机检索）

思考：常用检索工具有哪些？分别有什么编写要求？

[①] 浙江省舟山市普陀区档案信息网。

案例 2[注]

一起受贿案,从举报到结案全套材料构成一个案卷,卷内文件目录汇编成册如下:

卷内文件(全引)目录

案卷标题	关于调查××市××局王×受贿问题的立案、笔录、书证、调查报告、审理报告、处分决定等材料的案卷					
题序号	文号	责任者	题 名	日 期	页 号	备 注
1		群众	举报信	1998.3.10	001	
2		××局	干部任免表	1995.3.15	002	
3		××局	干部履历表	1998.12	003	
4		××局纪检组	纪检监察信访(举报)处理单	1998.3.14	×××	
5		××局纪检组	王×谈话笔录	1998.4.1	×××	

保管期限:永久　　　全宗号:　　　目录号:1　　　案卷号:

卷内文件(全引)目录

案卷标题	关于调查××市××局王×受贿问题的立案、笔录、书证、调查报告、审理报告、处分决定等材料的案卷					
题序号	文号	责任者	题 名	日 期	页 号	备 注
6		××局纪检组	汪××谈话笔录	×××	×××	
7		××局纪检组	×××谈话笔录	×××	×××	
8		××局纪检组	关于王×同志违纪问题的初查报告	1998.4.28	×××	
9		××局纪检组	初步核实了结备案表	1998.6.3	×××	
10		××局纪检组	立案呈批表	1998.6.3	×××	

保管期限:永久　　　全宗号:　　　目录号:2　　　案卷号:

卷内文件(全引)目录

案卷标题	关于调查××市××局王×受贿问题的立案、笔录、书证、调查报告、审理报告、处分决定等材料的案卷					
题序号	文号	责任者	题 名	日 期	页 号	备 注
11	××局纪立字(1998)1号	××局纪检组	立案决定书	1998.6.3	×××	
12		王×	我的检查	1998.6.13	×××	
13		××局纪检组	王×错误事实见面材料	1998.6.16	×××	
14		××局纪检组	关于王×同志违纪问题的调查报告	1998.6.18	×××	
15		××局纪检组	案件移送审理登记表	1998.6.18	×××	

保管期限:永久　　　全宗号:　　　目录号:3　　　案卷号:

注 浙江省嘉兴机关党建网。

卷内文件（全引）目录

案卷标题	关于调查××市××局王×受贿问题的立案、笔录、书证、调查报告、审理报告、处分决定等材料的案卷				
题序号	文号	责任者	题　名	日　期	页号	备注
16		××局纪检组	关于王×受贿问题的审理报告	1998.10.5	×××	
17		××局纪检组	党纪处分建议	1998.10.15	×××	
18		××局机关党支部	支部大会记录	1998.11.25	×××	
19		××局机关党支部	关于给予王×开除党籍处分的决定	1998.11.25	×××	
20		××局机关党支部	关于给予王×开除党籍处分的报告	1998.11.30	×××	

保管期限：永久　　　　全宗号：　　　　目录号：4　　　　案卷号：

卷内文件（全引）目录

案卷标题	关于调查××市××局王×受贿问题的立案、笔录、书证、调查报告、审理报告、处分决定等材料的案卷				
题序号	文号	责任者	题　名	日　期	页号	备注
21	市直纪工委纪字（1998）5号	市直机关纪工委	关于给予王×开除党籍处分的决定	1998.12.5	×××	
22		××局机关党支部	党纪处分决定执行情况报告表	1998.12.10	×××	
23		××局纪检组	结案登记表	1998.12.25	×××	
24						

保管期限：永久　　　　全宗号：　　　　目录号：5　　　　案卷号：

思考：案卷内文件排列有哪些规律？案卷标题拟写有哪些技巧？档案检索工作与档案整理工作有哪些区别和联系？

第六章

档案保管与利用技能训练

学习任务和目标

（1）通过档案库房的温湿度调控技巧、档案装具的排列和使用技能的训练，提高学生的档案保管保护能力。

（2）通过全宗卷整理技能的训练，提高学生整理全宗卷的能力以及对全宗和全宗卷的分析比较能力。

（3）通过多项档案信息开发利用技能的训练，提高学生对档案用户需求调研分析、档案信息服务创新能力。

档案保管是指根据档案的成分、状况所采取的存放和安全保护措施，包括日常工作管理、流动中保护、专门保护等。档案利用是开发档案信息资源，服务于经济建设的直接途径，是档案工作中最富有活力的一个环节。档案保管是档案利用的前提条件，档案利用是档案保管的最终目的。

第一节 认识档案保管环境

一、掌握档案保管的任务和要求

1. 档案保管的任务

维护档案的完整与安全，既是整个档案工作中必须始终遵循的基本要求，也是档案工作各项业务环节的共同任务，更是档案保管工作的中心任务。档案保管工作应该做到四不：不散（不使档案分散）、不乱（不使档案互相混乱）、不丢（不使档案丢失泄密）、不坏（不使档案遭到损坏）。档案保管工作的具体任务体现在以下几个方面：

（1）**防治档案的损坏** 要了解和掌握档案损坏的原因和规律，通过经常性的具体工作，采取专门的有的放矢的技术措施和方法，最大限度地消除各种可能损坏档案的不利因素的影响，从而把档案的自然损坏率降低和控制在最小范围内。

（2）**延长档案的寿命** 档案保管工作不仅仅在于只是一味地防治档案的自然损坏，而且还要从根本上采取更积极的措施，尽可能最大限度地延长档案的寿命，或者说尽可能延长档案被自然损坏的时间。

（3）**维护档案的安全** 维护档案的安全，一方面是指档案作为一种物质存在的形态必须最大限度地使其安全存在下去；另一方面是指档案作为一种社会现象，要在整个政治斗争范围内，不致因为保管的不当或条件的低劣使档案丢失而发生泄密，造成政治上的不安全。

2．档案保管的要求

（1）**以防为主，防治结合** "防"就是预防档案文件的损坏，防止或减缓各种不利因素对档案造成的损坏，防患于未然，是档案保管工作的根本问题。"治"是对已经遭受损害的档案进行修裱、复制，以尽可能恢复其原貌，或使档案的损害得到控制，不再蔓延。例如，纸质档案的去污、去酸、修裱、加固、字迹恢复等。档案的复制是将档案信息转移到其他载体上的保护方式，通过复制可对档案进行再生性保护，使档案的寿命得以延长，档案原件得以保护。因此，"治"的任务是永远存在的。防与治是互相促进、相辅相成的关系。只防不治不行，但只治不防也是不对的。

（2）**加强重点，照顾一般** 这是对永久保管的档案和重要立档单位的档案，采取措施进行重点保护；一般性档案也要尽力改善其保存条件，做到适当兼顾。例如，装备各种档案保护仪器设备（温湿度调控装置和去湿机等）和装具，重要的文件尤其是数字文件应多套制保存或异地保存。

（3）**相互协调，密切配合** 档案保管工作是整个档案工作的有机组成部分，它与档案工作其他工作环节有着密切联系。档案在收集、整理、鉴定、统计和提供利用等过程中，也可能遭到某些不利因素的损害。因此，要想做好档案保管工作，就必须掌握档案工作各环节对保管工作的促进和制约作用，并在进行其他各个环节工作中注意保护档案；同时，还必须关心文书部门对文件载体和书写材料的选用，在可能的条件下，根据文件的重要程度和保管年限，选用不同等级、不同性能的载体和书写材料，使需永久保存的重要文件最大限度地延长寿命。

（4）**立足长远，保证当前** 档案保管工作既要着眼于党和国家的长远利用，又要保证当前各项工作的现实利用。立足长远与保证当前，都是档案保管工作的目的。因此，既不能因为强调保护而不考虑利用方便，也不能因为一时利用的方便而危及档案的安全，以致影响档案的长远利用。保管与利用的关系，实质上是当前利用与长远利用之间矛盾的辩证统一。

二、了解档案保管的物质条件

开展档案的保管工作，必须有一定的物质条件作保证，否则是难于做好这项工作的。档案保管工作基本的物质条件主要有：档案库房、档案装具和档案包装材料。

1．档案库房

档案库房是指档案馆（室）为存储和保护档案而设计建造的建筑物。档案库房为档案保护提供了最基本的物质条件，库房建筑的好坏将直接影响到档案的保护条件和库房管理措施的效果。库房地址的选择，以及防热、防潮（防水）、防火、防盗等方面均有一定的要求，不少国家制定有专门的设计规范。

库房是保存档案的重要场所，必须对进出库房的人员及其进出的时间、方式、要求等进行必要的限制并作出专门的规定。一般情况下，档案库房只允许档案工作人员进入，非档案工作人员原则上不允许进入档案库房。如工作确实需要非档案工作人员进入库房时（如维修库房及其设备等），则必须有档案工作人员陪同并始终相伴。档案工作人员进出库房也必须有相应的限制性规定，如非工作时间内一般不允许进入库房，在库房内不允许从事与库房管理工作无关的其他活动，更不允许在库房中吸烟、喝水、吃东西。库房中无人时必须关灯、关窗、库房门上锁。

2. 档案装具

档案装具是指用于存放档案的各类柜、架、箱，以及包装档案的卷盒、卷皮、卷夹等，是存贮和保护档案的基本工具，也是档案库房内的主要设备。档案装具种类很多，各有所长，应根据库房的特点和档案的价值及规格的不同，合理选用，灵活配置。目前，我国使用的档案装具主要有档案架、档案箱、档案柜、密集架。

（1）装具设计要求　　档案装具的设计应符合如下要求：坚固耐用并符合节约原则；不损害档案；尽量整齐划一，便于管理，便于调阅档案，并有利于合理利用库房空间。

档案装具的用材有金属和木质两种。金属装具强度高，利于防火、防虫，但造价高，防潮隔热性能不及木质装具。木质装具轻便，具有较好的防潮隔热性能，造价低，但耐久性差，不利于防火、防虫和防腐。因此，木质装具入库前应做灭虫防腐处理，涂防火材料等。金属装具表面也应喷涂搪瓷，以防锈蚀。

档案的包装材料常用纸张或纸板，这种包装纸应该是中性或偏碱性，而且不应含有木素、磨木浆或明矾松香胶料。

保存胶片、照片等档案材料的装具应由塑料材料制成。

（2）装具类型及特点　　档案柜是比较传统的保存档案的装具，使用起来比较灵活，便于挪动，有利于防尘、防火、防盗等。

档案架具有造价低，要求库房地面的承重与图书架相同，生产工艺简单，具有利用档案比较方便等优点，但它要求档案库房的保护条件相对较高。

活动式密集档案架减少了通道的面积，使库房的容量提高了一倍以上，并在防火、防盗、防尘等方面集一般档案架和档案柜的优点于一体。密集架是一种具有很好发展前途的档案装具。

底图柜适用于大中型企业及设计院所存放各类图纸资料，具有占地少、存储量大、操作方便灵活、保密性好等特点。

3. 档案包装材料

档案的包装非常重要，它既可防止光线、灰尘及有害气体对档案的直接危害，又可减少机械磨损，有利于档案永久、长期的保管。目前，我国包装档案的材料一般有3种：卷皮、卷盒和包装纸。

（1）卷皮　　卷皮是包装档案的基本材料。它既可以保护文件，减少其机械磨损，同时又是案卷封面。国家档案局《文书档案案卷格式》规定：文书档案案卷卷皮分两种：一种是硬卷皮，一种是软卷皮。硬卷皮推荐采用250g牛皮纸制作，其封面、封底尺寸采用长×宽为300mm×220mm 或 280mm×210mm 的规格。封面、封底三边（上、下、翻口处）要另有70mm宽的折叠纸舌，卷脊可根据需要分设10mm、15mm、20mm 三种厚度。用于成卷装订的卷皮，上、下侧装订处要各有20mm宽的装订纸舌。软卷皮装订的案卷须装盒保存，软卷皮设封皮和封底，其规格为297mm×210mm（供 A4 型纸用）或 260mm×185mm（供 16 开型纸用）两种。

（2）卷盒　　采用卷盒（如图6-1所示）保管档案，是一种比较理想的方法，因为它能够防光、防尘、减少磨损，便于利用，而且外形整齐美观。但占用空间多，且制作费用较高。卷盒外形尺寸采用长×宽为 300mm×200mm，其高度可根据需要分别设置 20mm、40mm 或 50mm 的规格。在盒盖翻口处中部应设置绳带，使盒盖能紧扣住卷盒。卷盒封面为空白，卷脊项目有全宗名称、目录号、年度、起止卷号。

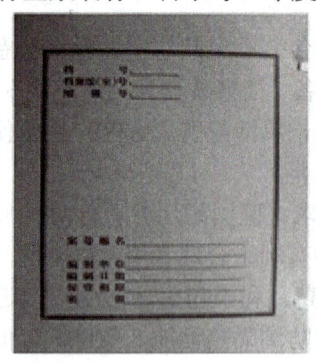  

图 6-1 卷盒

（3）包装纸 对于一些不经常使用或既不适于装订又不便于盒装的实物档案、资料等，可以用较为结实的纸张包装起来，待条件成熟后，再采取措施妥善保存起来。应当指出的是，这只是保存特殊档案的应急措施。

非纸质材料的光盘、软盘的保护层是决定其使用寿命的关键。为保持光盘的耐久性，应当注意环境对其保护层的影响与腐蚀，光盘使用后应随时放入片盒中。

4．消耗品

用于保管工作的低值易耗物品，如防霉防虫药品、吸湿剂、各种表格及管理性的办公用品等。

三、掌握库房温湿度的调控方法

国家档案局于 1987 年正式颁发了《档案库房技术管理暂行规定》，对我国各类档案库房的温湿度提出了明确的规定，标准为温度 14～24℃，相对湿度 45%～60%。控制与调节档案库房温湿度的主要措施有密闭、通风和采用空气调节设备。

1．严格封闭法

对库房进行严格封闭，隔绝库房内外温湿度的相互交流，然后在库房内采用空调或恒温、恒湿技术设备，将库房温湿度人为调控在适宜的温湿度范围之内。但这种方法所需费用较高，目前并不是所有档案机构都有能力做到的。

2．机械性措施

在库房难以做到完全封闭，也无力承担配置空调等设备费用的情况下，可以分别采用一系列机械性的措施对库房温湿度进行人工调控，具体措施大致有 3 种，可以同时或交叉使用。

（1）使用增温、增湿或降温、降湿等机械设备进行调控，使原有温湿度有所改变。这种方法的运用也需配合以适当的封闭性措施方能奏效，如关紧门窗并在门窗缝隙处加密封条。

（2）利用库房内外温湿度的差别，采用打开门窗或排风、换气等方法进行自然通风，用库房外的自然温湿度来改变调节库房内的温湿度。这种措施的作用在于使库房内的温湿度与库房外的自然温湿度渐趋一致和均衡。因此，必须随时把握调整通风的时机、时间、长短、强度等。一般只能在库房外温湿度比库房内温湿度更接近于适宜温湿度指标时方能进行。

（3）采用一些更为简便的人工方法来对库房温湿度进行调控。例如，在库房地面洒水，放置水盆、湿草垫，挂置湿纱布、麻绳等以适当增湿；在库房中或装具内放置木炭、生石灰、氯化钙、硅胶等物品，以适当降湿。但这种方法的效果只能是局部的，并且很有限。

3. 库房通风的原则

（1）库外的温度与相对湿度都低于库内时，可以通风；反之，则不能通风。

（2）库外的温度低于库内，而库内外相对湿度相同时，可以通风；反之，则不能通风。

（3）库外的相对湿度小于库内，而库内外温度相同时，可以通风；反之，则不能通风。

（4）库外温度低于库内，而库外相对湿度大于库内或库外温度高于库内，而库外相对湿度小于库内。此时需利用公式进行计算，将库内外的绝对湿度进行比较，若库外绝对湿度小于库内，则可以通风；反之，则不能通风。

注意事项：

（1）通风时，应对库内外温湿度进行监测，注意其变化的情况，随时采取相应措施。

（2）通风时应防止库内结露。

（3）通风时应注意防尘和防有害气体进入库内。

（4）通风后应立即密闭，使库内适宜的温湿度状况得以较长时间的稳定。

四、掌握"八防"措施

档案保管工作中常说的"八防"，一般是指防火、防水、防潮、防霉、防虫、防光、防尘、防盗。

（1）"防火"要求在装具及照明灯具的选用、其他电器及其线路的安装等方面消除隐患，必须按消防规定在库房中配备性能良好、数量足够的灭火器材，在条件允许的情况下应安装防火（烟雾）报警器和自动灭火装置。

（2）"防水"要求库房所处地势不能过低，库房内及附近不能有水源，库房选址应远离易发洪水的地点，位于较有利的防洪地段。

（3）"防潮"与库房温湿度尤其是温湿度控制密切相关，在库房温湿度过大时应及时进行调整。

（4）"防霉"与"防虫"关系密切，且与"防潮"有密切关系，要求对档案文件进行定期检查并放置防霉、防虫药品。

（5）"防光"要求库房尽可能封闭（即无窗），若有窗户也应尽可能小一些，并安装磨砂玻璃、花纹玻璃或带颜色的玻璃并配置窗帘，尽量遮蔽户外日光中的紫外线。照明灯具应使用白炽灯并加乳白色灯罩，灯泡最好是磨砂灯泡。不允许使用日光灯（荧光灯）作为库房照明灯具。

（6）"防尘"要求装具的封闭性好并须对库房装具等定期进行清扫擦拭，保持清洁。

（7）"防盗"要求库房门窗坚固，进出库房时随时锁门，并尽可能安装防盗报警装置。

> **小实例:山东淄川档案盗窃案**
>
> 　　2003年8月25日,昆仑派出所接警:辖区内一破产企业的档案室被盗,自1996年建厂以来的财务档案和文书档案被洗劫一空。民警对周边地区展开了排查,最后在一废品收购站内发现了已被变卖的18个编织袋的档案。作案嫌疑人是从平邑县来淄川收废品的王某。26日7时许,民警将王某抓获。淄川公安分局依法对王某处以治安拘留10日的处罚。
>
> 　　原来,王某发现该破产企业留守人员较少,遂于25日7时许,乘人不备撬门破锁进入档案室,分几次把所有档案装进编织袋,当废纸变卖了现金300元。

五、库房与装具的有序化

1. 库房编号

在档案库房较多的档案馆或档案室,应对所有库房进行统一编号,库房很少的档案室或档案馆也可以不编库房号。编号方式一般是先编建筑物号(几号库、几号楼),然后再以建筑物为单位编层号和房间号,编号方法一般直接按某种顺序用阿拉伯数字顺次编号。建筑物编号也可加方位标识或直接命名如"东×楼"或"××楼"。库房内装具的编号方式一般按保管机构或库房房间为单元进行,每一单元内的所有装具按某一排列走向和顺序依次编列号(排号)、柜架号、格层号(箱号),其号码一般也采用阿拉伯数字。

装具在库房中的排放方式应考虑方便管理和充分利用库房空间等因素。一般不宜紧贴墙壁,尤其是不能紧贴有窗户的墙壁。装具每一列的走向应与窗户所在墙壁垂直,以避免室外光线的直接照射。各列之间的距离不宜过宽或过窄,一般以工作人员能进行正常工作为宜。

2. 档案装具排列

档案装具应按制作材料、形状、高矮来分类排放。主要通道宽度不应少于1m,装具的间距为80cm左右,装具应与窗垂直排放,装具不应紧靠墙壁。档案部门的所有档案装具应统一编号,方法是以库房为单位流水编号。装具的编号是:自门口起从左向右、回行时从右向左编序号,一套档案箱自下而上逐个编箱号。

六、维护管理存放秩序

档案在库房及装具中的存放秩序实际上就是档案实体的管理秩序,即档案实体管理秩序的具体体现形式。维护档案实体秩序的保管工作也就是要体现为对档案存放秩序的日常维护和管理行为。

1. 存放位置索引

档案存放位置索引是一种记录、引导性的管理工具。它是以表册或卡片形式将档案在库房及装具中存放秩序情况如实记录和反映出来,以此来指引档案工作人员对档案的调取、归还和其他日常管理。在大规模搬迁(如档案馆迁址、档案迁入新库房等)中的作用更为突出。档案存放位置索引在档案馆和保存多个全宗的档案中,一般都是以全宗或以库房为单位编制。这两种编法虽然都是在记录、反映档案的存放位置,但各自的作用特点有所不同。

以全宗为单位编制的档案存放位置索引(见表6-1),旨在说明哪些全宗的档案存放在哪些库房及装具中。

表 6-1　以全宗档案为单位编制的档案存放位置索引

全宗名称：			全宗号：				
案卷目录号	案卷目录名称	目录中案卷起止号数	存放位置				
			楼	层	间	架（柜）	栏	格

以库房为单位编制的档案存放位置索引（见表 6-2），旨在说明哪些库房及装具中存放了哪些档案。

表 6-2　以库房及装具为单位编制的档案存放位置索引

楼：		层：	房间：				
柜架（列）	柜架	层（格、箱）	存放档案				
			全宗号	全宗名称	案卷目录号	案卷目录名称	起止卷号

2. 标识牌

在每一列、每一件、每一层（格、箱）装具外面的醒目位置设置标牌并标明该列、该柜架、该层（格、箱）中所存放档案的起止档号，以方便检查和调还档案。

3. 代理卡

档案代理卡又称代卷卡，是一种有效的微观管理手段。代理卡实际上是案卷不在其位时的代替物。当从库房中调出一个或一组卷号相连的案卷，随手填写一张代理卡插放在所调出案卷的位置上，还卷时再将其取下。只要调卷时认真填写，还卷时核对准确，可有效防止误放现象的发生，尤其是在利用频繁、档案出入库数量、次数较多的情况下，其效用更为明显。它不仅可避免误放，而且还可以随时提醒工作人员案卷的去向及用途，减轻了调还案卷过程中的重复性劳动。另外，用过的代理卡还详细记录了档案被使用的原始情况，可作为分析、统计档案使用现象及规律的素材使用，具有登记工作的性质。档案代理卡所设登记项目及格式，可参考表 6-3 的样式。

表 6-3　代理卡

全宗号	目录号	卷号	调出时间	调出原因	调卷人	归还时间	还卷人

4. 装具中的存放方式

档案在装具中的存放方式有竖放和平放两种。竖放时案卷的脊背朝外，工作人员可以直接看到卷脊上的档号，调卷还卷比较方便。因此，各档案机构采用竖放方式的居多。平放比竖放更有利于保护档案，其空间利用效率也稍大些。但其缺陷是存取不太方便，并需在每一摞夹一纸条或卡片标明其起止卷号。这种方式多用于保管珍贵档案，以及卷皮质软、幅面过大、不宜竖放的档案。采用平放方式应适当控制叠摞的高度。

七、流动过程中的保护

档案资料的库房保管还包括档案流动过程中的保护，主要包括以下几个方面。

（1）定期检查档案保管情况，对破损或字迹褪色的档案要及时修补、复制或进行其他技术处理。

（2）档案管理人员调阅搬运档案资料要轻拿轻放，严防揉搓、挤塞或撕裂档案资料，以减少对档案的机械磨损。

（3）建立和完善全宗卷，并做好档案的收进、移出、利用等日常的登记、统计工作，掌握档案的流出和变化情况。

（4）档案按种类单位存放排列，标明存放的年度和案卷起止号，便于查找。

（5）接收档案后，要及时进行登记、分类、立卷、编制检索工具，文书立卷应当保持档案之间的有机联系。

（6）做好档案的鉴定工作，对已超过保管期限或无保存价值的档案进行审查，并写出销毁的鉴定报告，对销毁的档案要逐件登记，经领导审批，严格按照党和国家的有关规定执行，必须经鉴定委员会审查、提出意见方可销毁。

（7）定期对档案的保管状况进行全面检查，发现问题及时向分管领导汇报，并提出解决意见。

小知识：档案纸张不慎被打湿为什么不能晒干

大家在生活中不难发现贴在室外的广告、公告等纸张很容易变色、脆化，这是纸张纤维素与光、氧气或其他氧化剂发生化学反应的结果，这种反应叫纤维素的氧化反应。在通常条件下，空气中的氧对纤维素的氧化是很缓慢的。影响纤维素氧化速度的主要因素有：

（1）光。光是具有一定能量的，在光的照射下，纤维素氧化的速度会大大加快，这种反应叫光氧化反应。

（2）潮湿。空气潮湿，档案纸张中的含水量增加，会加速纤维素氧化。

（3）温度。一般温度越高，化学反应进行的速度越快，纤维素氧化反应也是一样。

（4）氧化剂。造成纤维素氧化的氧化剂主要有二氧化氮、过氧化氢、臭氧、氯气等。这些氧化剂主要来自空气，特别是在空气被严重污染的工业区。

如果氧化剂、光、潮湿3个因素同时作用于纤维素，则纤维素氧化速度将大大加快。因此，档案纸张一旦被打湿，不能在阳光下晒干，而应在室内阴凉、通风、干燥处晾干。

第二节　整理全宗卷

一、认识全宗卷

全宗是一个独立的机关、组织或人物在社会活动中形成的档案有机整体，即一个机关的全部档案。全宗卷是档案馆或档案室在管理某一全宗过程中形成的,能够说明该全宗历史情况的有关文件材料所组成的专门案卷。它详细和全面地记载了立档单位和全宗历史变化情况,在整个档案中起着龙头作用,是管理全宗档案的"档案"。它集中了每个全宗在管理过程中所形成的一系列重要的原始记录性的文字材料,每个全宗卷的具体记录,反映了每个全宗的基本情况和管理情况,对于档案馆、室的业务工作具有重要意义。

全宗卷的主要内容有:

（1）全宗指南。

（2）大事记。

（3）档案的收集：档案交接文据、移交目录、接收、征集记录、档案来源和价值说明等。

（4）档案的整理：整理工作方案、分类方案、立卷说明和归档说明、整理工作小结等。

（5）档案的鉴定：鉴定小组成员名单、档案保管期限表、鉴定档案分析报告、销毁档案的请示与批复、销毁档案的清册等。

（6）档案的保管：档案安全检查记录、报告,重点档案采取的特殊保护措施,档案的抢救与修复情况报告等。

（7）档案的统计：档案管理统计台账、档案工作统计年报。

（8）档案的利用：档案借阅利用制度,开放利用和控制范围说明,档案汇编和公布出版情况及报批文件,档案产生社会效益或经济效益的典型事例等。

（9）计算机在档案管理中的应用：档案管理新技术的应用、缩微复制和计算机辅助管理等情况的文字说明材料。

二、整理全宗卷

（1）全宗卷的文件材料是随着全宗管理的延续而逐渐增加的,平时必须注意积累,把全宗管理中产生的文件材料,先归入预设的卷夹内,文件材料积累到一定数量时,及时进行整理组卷,数量较多的可设分卷。

（2）整理时,必须认真检查、鉴定文字材料的完整程度及其保存价值,对于有遗缺或无保存价值的文字材料应予以补齐或剔除。

（3）卷内文件材料按"问题—时间"进行系统排列。排列顺序为：

A．全宗情况：①全宗指南（全宗介绍）；②立档单位大事记；③组织机构沿革；④成立综合档案室的通知；⑤成立档案工作领导小组文件材料；⑥档案工作机构工作人员任免文件；⑦档案员岗位职责及各项工作制度；⑧历年来档案人员名册；⑨印发《档案管理暂行办法》的通知；⑩档案管理组织示意图；⑪档案管理体系网络图。

B．档案收集：①档案交接文据（包括各种门类如文书、会计、基建、照片档案的移交表）；②档案移交目录；③接收档案记录、征集档案记录；④档案来源和价值说明等。

C．档案整理：①档案分类大纲、分类方案、归档范围和保管期限表；②档案检索工具（归档文件目录、专题目录、文号索引、任命索引、全宗指南、干部任免索引）的编制情况及说明；③档案整理工作计划（方案）、小结等。

D．档案鉴定与销毁：①鉴定小组成员名单及成立或调整机关档案鉴定、销毁领导小组成员的通知；②档案保管期限表；③鉴定档案分析报告；④销毁档案的请示与批复；⑤销毁档案的清册等。

E. 档案保管：①档案安全检查记录、报告（或档案库房"八防"情况检查报告）；②对馆（室）藏重点档案采取特殊保护措施记录；③档案抢救与修复情况报告；④档案库房温湿度登记（或记录）。

F. 档案统计：①机关档案室基本情况统计台账；②档案基本情况统计；③档案分类统计表及分析报告；④档案复制抢救情况统计；⑤档案收进、移出登记及情况统计；⑥重要的利用统计表。

G. 档案利用：①档案编研材料（大事记、组织沿革、基础数字的徽记、专题概要、发文汇集、专题文件汇编）的编制情况；②开放利用和控制使用范围说明；③档案汇编和公布出版情况及报批文件；④档案利用事例汇编；⑤档案利用事例刊登报道材料；⑥档案利用效果登记分析；⑦档案查、借阅登记分析。

H. 档案管理新技术的应用：①机关办公自动化开发情况；②计算机辅助管理的文字说明材料（含计算机软件安装及使用说明情况）；③计算机管理软件系统盘。

I. 机关档案工作目标管理情况：①机关档案工作目标管理晋升省级的报告和批复；②机关档案工作目标管理考评申报表；③机关档案工作目标管理自检打分情况表；④机关档案工作目标管理自查情况汇报；⑤机关档案工作目标管理考评工作记录。

（4）装订全宗卷。

1）将全宗卷的卷内文件材料按每一属类逐渐加上封面封底和卷内目录，去掉金属物，然后用装订线把每卷文件材料进行装订。

2）全宗卷卷内文件材料较少时，暂不装订成册，待文件材料积累到一定数量，再按类别装订成册并按顺序装入全宗卷盒内。

3）凡随档案移交的全宗卷，均须装订成册。

（5）全宗卷的编目编号、装盒。

1）卷内文件按类别逐件编件号，并编制目录，每一类文件加封面、封底。其封面、封底尺寸长×宽为260mm×185mm，封面著录全宗号、件号、全宗名称、文件题名、时间、责任者。

小实例：全宗卷材料封面

全　宗　号：14
件　　　号：2
全宗名称：××市××局
题　　　名：大事记
时　　　间：1985—2006年
责　任　者：××市××局档案室

2）全宗卷文件材料过多时，可分成数卷，形成若干分卷，并按顺序装入卷盒，一盒装不下，可装数盒。

3）根据卷盒号及分类编制的顺序号排列编制全宗卷目录。

4）续补的材料，按类别沿袭的编号，依次编下去。

5）卷盒外形尺寸长×宽为310mm×220mm，其高度可根据需要分别设置30mm、40mm

的规格。卷盒面、脊印"全宗卷"3个字,并分别著录全宗号、全宗名称和编制日期(如图6-2所示)。

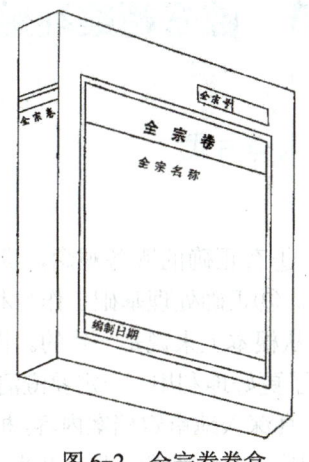

图 6-2　全宗卷卷盒

三、管理全宗卷

(1)基层档案室形成的全宗卷,可排在目录检索工具首位或专柜存放。档案馆形成的全宗卷集中保管,按全宗号顺序排列编制全宗卷目录。全宗卷内文件材料过多时,可分装数盒,形成若干分卷,并在全宗号后加短横和分卷序号,如 50—1、50—2。卷内文件材料封面的全宗号也应与之一致。

(2)馆藏全宗采取分若干个部类(如按政权性质等)管理的,可按部类分别排序,编制全宗卷目录,相对集中保管。

(3)档案室和馆藏全宗极少的档案馆,其形成的全宗卷,可置于每个全宗排列的卷首。

(4)为方便利用,每个档案室可整理全宗卷两套,一套移交,一套留存。全宗向档案馆或向有关单位移交时,其全宗卷也要同时移交。

小知识:怎样评价字迹材料的耐久性

字迹材料是否耐久,取决于两个因素:一是看其色素成分是否稳定耐久,二是看其色素与纸张的结合是否牢固。评价一种字迹材料的耐久性,必须既分析其色素成分的耐久性,又分析其与纸张结合的方式是否牢固,才能作出正确的判断。把这两种因素概括起来,结论如下:

凡色素成分是碳黑,以结膜方式与纸张结合的是耐久的字迹材料。这类字迹材料有墨、墨汁、黑色油墨等。

凡色素成分是颜料,以结膜或吸收方式与纸张结合的,或色素成分是碳黑,以吸收方式与纸张结合的都是较耐久的字迹材料,这类字迹材料有碳素墨水、蓝黑墨水、彩色油墨、印泥等。

凡色素成分是染料,不论以何种方式与纸张结合的,都是不耐久的字迹材料,这类字迹材料有红墨水、纯蓝墨水、圆珠笔油等。

凡与纸张以粘附方式结合的,不论是何种色素成分的字迹材料,都是不耐久的字迹材料,如铅笔字迹。

记日记或书写单位、家庭和本人的历史时,最好是选择耐久或较耐久的字迹材料。

第三节　做好档案利用工作

一、了解利用工作基本要求与方式

1．利用工作的基本要求

档案利用工作的基本要求有：①有正确的服务观念，良好的服务态度。②充分研究和了解社会需要，熟悉馆（室）藏档案。③正确处理基础工作与利用工作的关系。④正确处理利用与保密的关系。提供利用和保密，从根本上来说是一致的。提供利用时要注意保密，保密虽然限定了利用的对象和范围，却是为了更好地利用。一定要澄清"利用危险，保密保险"以及"历史档案无密可保"的错误思想。要认真深入地审定档案内容，根据时间、地点和条件的变化情况，调整档案的密级，逐步扩大开放范围，减少繁琐的批准手续，方便广大利用者的正常利用。

2．掌握档案利用的基本方式

档案馆（室）向档案利用者提供利用服务的方式、方法是多种多样的。基本的方式有：①提供档案原件，可以设立专门的阅览室，也可以根据规定将原件外借。②提供档案复制件，包括制发档案复制品，提供缩微胶卷（片），出版或印发档案文件汇编，在报刊上公布档案，举办档案展览。③根据馆（室）藏档案内容制发档案证明，解答利用者咨询，编写档案参考资料，参与编史修志和撰写科研文章。

（1）阅览室服务　　阅览室是机关、企业事业单位专门为利用者设置的阅览档案材料的场所，阅览室服务是提供档案和现行文件服务的主要方式。

设置阅览室是由档案的特点决定的。档案材料往往只有一份，有的还有一定机密性。因而，一般不宜像图书一样外借。借阅者在阅览室利用档案则有许多好处：①便于保护档案材料的物质安全，不仅可避免档案的丢失，而且能减少档案的辗转、磨损，从而使其延长寿命。②便于及时周转，提高档案利用率。③有利于维护党、国家和一个机构内部机密的安全。

阅览室是联系档案的保管者和利用者的纽带，是档案工作发挥作用的主渠道，是社会各界了解和认识档案事业的窗口，反映着管理者的思想水平、业务水平。做好阅览室工作一般应注意以下几点：

1）阅览室要求明亮、宽敞、安静、舒适、清洁和方便。一般应设有服务台、阅览桌和存物处等设施。阅览桌以无抽屉为宜，以便于管理人员进行必要的监护。为方便利用，还应准备历史、地理、政治、经济、文化和语言等方面的工具书以及与所藏档案密切相关的参考材料。

2）为维护阅览室秩序和档案的安全，阅览室应建立必要的规章制度。其内容包括：阅览室接待对象、档案材料的阅览范围、批准权限和入室手续、档案索取和归还手续，以及利用者应爱护档案的若干具体规定等。

3）工作人员要有良好的工作作风和扎实的业务基本功。工作人员既要主动热情，急利用者之所急，又要熟悉政策，懂得业务（如熟悉室藏和各种检索工具等），善于对外接待，同时还要有认真负责的精神，注意提醒利用者遵守有关规定，在借出和收回档案时，仔细检查材料状况，维护档案的完整与安全。

对于科技档案的利用工作，为简化手续，方便科技人员迅速地大量查阅，在某些企业、事业单位，可以有条件地实行内部开架阅览。开架阅览的基本做法是：①可供阅览的是科技档案副本；②开架的科技档案是非密的或密级较低的；③提供专门的开架阅览场所；④编写开架部分科技档案的检索工具，注明存放位置，并在每个阅览架上编制"科技档案检索图表"；⑤有资格进入开架阅览室的是本单位内部的有关人员。

（2）**档案外借**　这里的档案外借，是指按照一定的制度和手续，将档案携出档案馆或档案室阅览、使用。

档案馆档案一般不借出馆外使用，在个别情况下，为照顾某些工作岗位的特殊需要或必须用档案原件作证等特殊需要，才可以将档案暂时借出馆外。在机关和企业内部，尤其是企业，档案携出档案室使用，包括到科研、生产一线现场提供，则相对多些。但特别珍贵和易损的档案，是禁止借出的。

对档案外借使用，须建立严格的制度。经一定的审批手续，档案材料方能外借；借出期限不易过长；数量也应有所限制；借用单位和个人要负责档案的安全，不能将档案转借和私自摘录、复制、翻印，更不能遗失、拆散、调换、抽取和污损档案材料，并保证按期交回。多年来，企业的科技档案人员在组织档案外借工作中，本着既方便服务，又严于管理的思想，摸索出许多行之有效的工作方法和制度，如借阅者身份审查手续、借阅登记手续、借阅清点手续和借阅证制度、催还续借制度、调离认可制度等。

（3）**制发档案复制本**　根据档案原件制发各种复制本，是开展档案利用工作的一种重要方式。在企业、科研部门的科技档案利用服务中，这项工作通常又被称为复制供应。它包括内供复制和外供复制。外供复制又是实现科技档案有偿交流的一个途径。

档案复制本分为副本和摘录两种。副本反映了档案原件的某些部分。复制方法主要有复印、手抄、打字、印刷和摄影等。这种服务方式有较多的优点，既可以提高档案利用率，缓解供需矛盾，又便于保护档案原件。

这种服务方式也有一定缺点：①利用者查阅档案，总想看到原件，尤其用作凭证时，一般的档案复制本往往不令人满意。因此，一方面，要努力提高复制技术水平，尽可能使复制件十分近似于原件；另一方面，应在档案文件空白处或背面注明档案保管单位名称、档案原件编号，必要时，还要加盖公章，以示负责。②由于现代复印技术的快速发展，尤其静电复印机的广泛应用，就可能使复制本失控，造成多处多份复制，随意公布档案的事情发生，不利于档案保密和维护技术产权等方面的权益。为此，必须对档案复制本制发范围和批准权限严格管理。单位秘书在有关事务中要切实负起责任。

> **小实例：昆明市档案馆复制、摘抄档案资料的规定**
>
> 　　根据中央、省、市有关文件和《档案工作通则》的规定，为维护档案的完整与安全，保守国家机密，现对复制、摘抄我馆档案资料的行为特作如下规定：
> 　　一、根据查档单位介绍信开列的查档目的、内容，按实际需要，可有选择地复制或摘抄。
> 　　二、在复制、摘抄档案资料时，必须填写各种登记表，经审核后，由我馆负责复制或拍照，并按规定收取工本费和损耗费。凡需摘抄的，统一使用我馆纸张。
> 　　三、凡属严格控制复制、摘抄的范围，如特殊需要，必须经馆长同意，并报经市委、市政府秘书长

批准后，方能复制、摘抄。

以下为我馆控制复制、摘抄档案资料的范围：

（一）建国前部分未开放的历史档案资料；

（二）县（市）、区、局以上党、政领导机关常委会、党组会议记录。

四、已复制的档案材料，一律由利用者所在机关档案室保管，不得分散保存或转为己有。除经本馆请示上级领导特许外，任何单位和个人不得以任何形式全文公布、出版、陈列、展出、再次复制。

五、档案复制、摘抄管理的使用情况，本馆将定期或不定期进行检查，一旦发现有违反上述规定的，本馆将有权进行干预，并报其上级主管部门，情况严重，触犯法律的，追究法律责任。

（4）**出具档案证明** 档案证明是档案馆（室）根据机关、团体或个人的申请，为了核查某种事实在本馆（室）保存的档案中的记载情况（有无记载和如何记载）而编写的书面证明材料。由于档案是原始的历史凭证，因此，许多单位和个人，为了处理和解决某个问题时，都希望得到与处理和解决问题直接有关的档案材料。

出具档案证明，是一件很严肃的工作。档案人员只有在利用者正式申请后才能进行这项工作，而且对申请的审查和证明的拟写，都必须认真对待。申请书应写明要求出具证明的目的以及所查证问题的发生地点、时间和经过。档案证明一般应根据档案的正本或可靠（如经过认真校对）的副本来拟写。在没有正本或副本的情况下，也可利用草稿（草案）来拟写。不论根据什么材料，都应注明其出处。同时还应注意，档案馆（室）不是国家的公证机关，它们不能直接代替其他国家机关的职能，档案馆（室）所制发的档案证明，仅仅是向有关档案用户证明某种事宜，在馆藏档案中有无记载及其记载情况，而不是对某种事宜下结论或给予档案用户以某种权利。因而，在制发档案证明时不能妄加评论和总结，只能对有关材料进行客观、如实的引述或节录原文，尤其对所要证明的问题起关键性作用的内容应做到与原件的字、句，甚至标点完全吻合。加盖公章后，拟写的档案证明才能生效。

小实例：婚姻档案证明

朱明伦和高尚容夫妇以按揭贷款方式购买了一套住房，在办理按揭、落实产权时需要提供二人的结婚证明，夫妻犯难了：《结婚证》已丢失多年，原以为没有什么用，就没有及时去补办，现在去补办《结婚证》，登记机关要求他们提供原始婚姻证明。

于是他们来到区档案馆查找，档案馆接待人员热情接待了他们，在问明了他们是在原东泉乡登记结婚的情况后，很快在巴县东泉乡婚姻档案中找到了二人的婚姻登记材料，为二人出具了证明。档案为夫妻解决了难题，二人开心地笑了，说："还是组织好，档案的用处就是大呀！"

（5）**咨询服务** 咨询服务是档案馆答复询问、指导利用的活动，是档案馆随着档案、文件向社会开放而开辟的一项新的服务方式。咨询内容有事实性或知识性、专题研究性咨询和信息性咨询。咨询方式有电话、来人、来函等。咨询服务按以下基本程序进行：

1）接受咨询问题。首先要问明咨询的目的、内容、范围、要求以及深度和广度，以便确定检索途径和复制方式。特别要结合审题，明确本馆（室）有无咨询依据材料和承担咨询的条件。

2）查找档案材料。根据利用者提出的咨询问题，深入分析研究，确定查找范围，明确检索途径和方法，查找有关档案材料。

3）答复咨询问题。

4）建立咨询档案。对于回答的咨询问题，应有目的地建立咨询档案。凡是重要的、有长远参考价值的，或者可能重复出现与解答不了的咨询问题，都应作完整的记载，包括各种原始记录、解答咨询的过程、最后结果等。

（6）**举办档案展览**　　档案展览，就是根据某种需要，按照一定主题，系统地陈列档案材料。档案展览的作用突出地表现在两个方面：

1）大力宣传档案和档案工作的重要意义。参展的档案材料一般是经过精心挑选的，其中有的还属于档案的珍品，因而它能以其原始性、可靠性和丰富的内容，给观众留下深刻的印象，进而引起人们对档案和档案工作的进一步重视。

2）广泛发挥档案的作用。举办档案展览本身就是一种提供利用的方式，而且这种形式能在一定时期、一定范围内满足较多观众的参观要求，服务面广泛，尤其是对那些有普遍宣传教育意义的档案材料，这种形式会使档案的宣传教育作用得到充分发挥，取得其他任何形式都达不到的广泛、深刻、生动的效果。

（7）**提供系统参考材料**　　为满足社会各界对某方面的工作需要全面、系统了解的要求，档案馆根据馆藏档案内容编制出的一系列与档案内容一致的，反映某方面工作或某一专题的档案原文汇编、综述、提要或索引，可供广大利用者参考。

（8）**网上查询**　　网上查询是适应档案开放，政务公开和社会各界远程快速获取政务信息的需要而开设的一种新的服务方式。

（9）**印发目录**　　这种方式多用于科技档案的利用服务工作，是将档案目录印制分发到有关部门。它包括内部印发（向内部各机构和下属单位印发）和外部交流两种。其目的是为了交流情况，互通信息。

小实例：档案利用效果登记

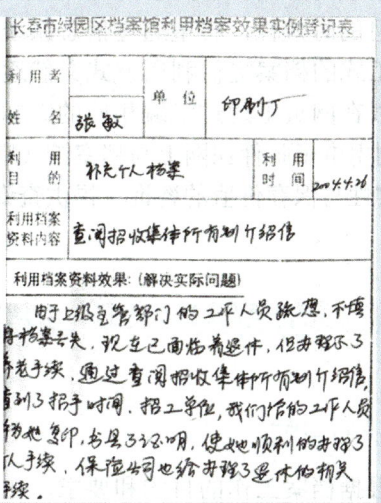

二、创新档案服务

1. 建立档案馆（室）网页

目前，国内许多单位档案馆（室）利用互联网开展的网上服务，已成为为社会和单位提供档案利用服务的一种重要形式。档案工作者要以网站为基础，进一步加快档案信息资源数据库建设，尤其是电子文件全文数据库建设，在网站上实现电子文件的实时管理与利用，实现档案信息资源数字化、数据库化，档案信息服务利用网络化，档案管理工作自动化，档案信息管理法制化。例如：输入目录管理数据库，在网上公开部分档案目录，方便查询检索；档案馆（室）与宣传部门密切配合，可以将本单位重大活动中形成的新闻录像档案数字化并及时归档，建立数字化视频档案数据库，以便于宣传和利用。

2. 建立电子文件（档案）数据管理中心

档案馆（室）与企事业单位信息管理部门可密切配合，建立"电子文件（档案）数据管理中心"。该中心设在企事业单位档案馆（室），是企事业单位信息资源库的重要组成部分。电子文件（档案）数据管理中心集中管理网站内各单位的归档电子文件，并在网站上提供有限制性或非保密电子文件查询、利用服务，实现电子文件信息资源共享。其优点是覆盖面广，内容丰富，利用率高。

3. 电子文件的自动上传收集

目前在单机上形成的电子文件的收集工作，已成为档案管理部门不容忽视的问题。与传统纸质档案收集有很大差异的是，许多电子文件的形成通过下载和上传就完成了，因此，档案部门可以改变传统工作模式，在网页上建立电子文件自动上传的工作窗口，第一时间将其收集到，并在档案馆（室）的服务器上归档。这样，有关人员就可以足不出户将电子文件全文自动上传到档案服务器归档，而不需跑到档案馆（室），也不必使用光盘或软盘拷贝电子文件后再上交了。

4. 开展在线服务

传统的档案利用方式，如到档案部门利用档案、参加档案展览、阅读档案复制件或公布件等，特别是到档案部门利用档案原件的方式，在信息化时代里必然要发生变化。社会的全面信息化使人们更注重信息的时效性，希望通过信息系统、信息网络及时准确地获得多种信息。因此，被动的、手工式的档案提供利用方式必然逐步被主动的、现代化的档案服务方式所代替。档案部门可以在网页上通过汇编相应的专题、提供数据库查询、发送电子邮件等服务方式，让利用者利用电子邮件在网上与档案馆（室）进行快速通信和信息交流，回答服务对象对档案材料真实性与保存价值的咨询，提供查询和咨询服务。

第四节　档案用户调研与档案开放

一、了解档案用户调研的目的

档案用户调研工作就是根据档案工作的目的和要求，在广泛收集和积累有关用户对档案信息的各种反映，以及进行实地调查和考察的基础上，运用科学的分析研究方法，通过分析、对比、判断与综合等逻辑思维过程，提出相应对策与措施的一项工作。

开展档案用户调查研究的目的是了解利用需求，掌握利用者状况，有效地为中心工作服务，实现主动服务。档案馆（室）工作人员，要针对用户需求，提供主动优质服务。

1. 激励需求

激励的方式是多种多样的，如大力宣传利用档案创造的社会效益和经济效益，使利用者充分认识档案的价值，这是精神激励；为利用者提供必要的物质设施和免费服务，就属于物质激励；对利用档案做出了突出成绩的利用者，给予精神和物质奖励，则是前两种激励的综合运用。

2. 引导需求

可采取咨询服务、举办展览、短期培训、舆论宣传等多种方式积极启发引导，提高利用者利用档案的能力。从目前实际情况看，答复咨询、个别辅导是引导需求的最主要方法。通过介绍有关知识和检索方法，解答各种提问，进行针对性很强的辅导培训，进一步调动利用者利用档案的积极性。

3. 服务需求

档案馆（室）内各项工作都要向满足利用者需求方面倾斜，强化服务机能，健全服务制度，改变单一服务模式。工作人员要掌握各种必备的专业技能，树立良好的职业道德，准确、细致、周到地为利用者服务，使利用者对档案部门留下良好印象。

4. 满足需求

要尽快改变馆藏的档案数量不足、种类不全、结构不合理的状况，大力丰富馆藏，加强档案馆之间横向联系，加强与图书、情报部门的联系，建立覆盖全国的各种类型的档案检索服务中心，最大限度满足利用者求全、求实、求近和求快的需求。

5. 反馈需求

档案工作作为一个系统，通过反馈需求，可以及时发现和调整薄弱环节，不断完善档案工作的自身结构，使档案工作能依据利用者需求来科学设计工作目标，形成档案工作系统的良性循环。

二、掌握档案用户调研的基本方法

1. 直接调查法

直接调查法是必须有用户本身参与的调研方法。其优点是调查面广，所得信息比较详细、具体、可靠；其主要缺点是需要用户响应，因而有时对调查的答复率不高。直接调查可采用很多具体形式：可以用调查表调查用户的档案需求；可以与用户及和用户有关的人员交谈，询问用户的需求；可以到用户工作的场所对用户进行实际的观察；可以定期在学术团体中会见用户；可以搜集提供档案服务的反馈信息；可以搜集用户对其感兴趣的课题、著作和项目的意见；可以出席用户所在单位讨论有关科研项目及问题的技术会议；可以参加制订服务单位的工作方针和规划等。这些具体形式可以概括为调查表法、询问法和观察法，利用这几种方法可以从不同角度和侧面了解用户的需求。

（1）**向会议作调查**　由档案部门参加有关会议，如部署生产或工作的会议，计划或调查会议等，或者向有关部门了解这些会议的情况，从而掌握各类用户的工作动向，进而掌握他们对档案的需求。

（2）**通过文件作调查**　由档案部门通过阅读文件、报表等，了解各单位和各部门的工作部署，从中分析档案用户及其对档案的需求。

（3）**制发调查表作调查**　由档案部门制发调查表，请各类用户填写工作情况和查阅档案的计划，还可以征求对档案部门的意见和要求。

（4）**通过访问或座谈作调查**　档案部门通过其他各种途径掌握了档案用户的工作动向之后，还可以有针对性地上门访问，进一步了解用户使用档案的需求和具体计划，也可以借用户上门调卷的机会，座谈询问，掌握情况，征求意见和建议。

2．间接调查法

间接调查法是用户不直接参与调查活动的一种方法，一般利用用户使用档案后留下的各种记录和与用户有关的资料为媒介来分析用户及其档案需求。与直接法相比，间接法不需用户响应，也不受时间和空间限制，随时都可以灵活地进行。

（1）**文献分析法**　文献包括论文后所附参考书目中列出的档案资料。文献分析法能在一定范围内揭示用户利用档案的客观情况。文献记录中反映的虽然是用户实际使用的档案资料的一小部分，但可以说是用户需要的最重要、最有代表性的文献。

（2）**用户资料分析法**　用户资料是与用户有关的各种资料，这些资料反映用户的构成、学历、职业、工作性质、业务水平、研究方向等重要特征。常用的有：有关单位的机构表；有关单位的职能及开展业务活动的表格；有关单位的年度报告及研究项目报告等。经常分析这类资料，可以掌握用户的构成及变化，掌握用户近期来的档案需求，及时作好档案资源准备和档案服务准备。

（3）**档案业务资料分析法**　主要是对档案部门在开展档案服务活动中的用户统计和档案资料利用情况统计进行调查分析，这种方法在图书档案部门应用较为普遍。

三、了解档案用户调研的内容

1．利用情况统计分析

包括利用数量（卷数、人数）、利用者职业分布、用途分类、利用者类型统计等。例如：可以通过借阅登记簿发现用户变化情况，如有哪些老用户有多长时间没有来查阅档案了，产生了哪些新用户，是怎样产生的等；也可以从中发现用户需求动向，如近期用户使用的档案在内容和种类等方面有什么变化，是否代表一种动向；满足用户需求的程度如何，有无拒检的情况，是什么原因，应当如何补救等。

2．利用特点分析

包括利用典型事例收集、利用主要特点等。例如：有的用户要求使用原始的"一次文献"，有的要求使用经过加工浓缩的"二次文献"，甚至"三次文献"；有的十分强调"时效性"，有的十分强调"精确性"等。应当根据不同类型的用户及其使用档案的不同特点，有针对性地提供多种形式的服务，起到"雪中送炭"的作用，收到低耗高效的效果。

3．利用预测

包括了解需求动态分析、重点用户跟踪调查、潜在需求、临时需求与周期性需求变化等。

四、掌握开放档案的范围和时间

《档案法》规定：国家档案馆保管的档案，一般应当自形成之日起满30年向社会开放。

经济、科学、技术、文化等类的档案向社会开放的期限，可以少于 30 年；涉及国家安全或者重大利益以及其他到期不宜开放的档案向社会开放的期限，可以多于 30 年。开放档案就是将一般可以公开和保密期限满的档案，向社会开放，允许档案用户在履行简便的手续后，即可通过一定的方式，进行开发利用。

1. 开放档案的范围

一般可以公开的档案文件和已满一定保密期限的档案文件，均应向社会开放。这里的"公开"，是指档案的信息内容可以向社会"一般公众"公开提供利用，而不是仅向机关组织、大专院校和研究人员公开。所谓"已满一定保密期限"，是指被列入开放范围的档案，其信息内容不再涉及目前党和国家的机密事项或受法律保护的公民个人的隐私，文件上原有的保密等级规定已被解除。

2. 开放档案的起始时间

各级国家档案馆保管的档案应当按照《档案法》的有关规定，分期分批地向社会开放，并同时公布开放档案的目录。开放档案的起始时间如下：

（1）中华人民共和国成立以前的档案（包括清代和清代以前的档案；民国时期的档案和革命历史档案），自《档案法》实施之日起向社会开放。

（2）中华人民共和国成立以来形成的档案，自形成之日起满 30 年向社会开放。

（3）经济、科学、技术、文化等类档案，可以随时向社会开放。

上述档案中涉及国防、外交、公安、国家安全等关系到国家重大利益的档案，以及其他虽自形成之日起已满 30 年但档案馆认为到期仍不宜开放的档案，经上一级档案行政管理部门批准，可以延期向社会开放。

五、掌握档案解密、降密的原则和办法

各级档案馆保存的涉密档案，其解密工作，由各级国家档案馆负责进行。

（1）一般原则和办法是：

1）未进馆的 1991 年 1 月 1 日前形成的涉密档案，由各档案形成机关、单位负责解密；对馆藏将满 30 年的涉密档案，原档案形成者认为仍属国家机密的，应当自该档案届满 30 年之日前 6 个月，以文件形式通知有关的档案行政机关或档案馆；过期未通知的，由档案馆进行处置。

2）1991 年 1 月 1 日以后形成的涉密档案，未接到保密期限变更通知的，自保密期限届满之日起，即自行解密。

3）各档案馆保存的经济、科学、文化类的涉密档案，有必要提前向社会开放的，应向档案形成机关发出要求提前解密的通知，有关机关接到通知后的半年内应予以答复，否则，档案馆可根据有关规定办理。

4）撤销机关的涉密档案，由承担其职能的单位负责解密；如无，则由档案馆负责处理。

（2）凡涉及下属内容的档案，均应控制使用，不可开放。

1）凡对社会开放会影响党内团结、党和国家机关工作正常开展，危害国家安全、社会安定，损害国家利益的档案。

2）凡对社会开放有损于个人形象、尊严、声誉、人身安全的档案。

3）凡对社会开放会影响两党、两国政党关系及其他对外关系的档案。

4）凡对社会开放会削弱我国经济实力、科技实力的档案。
5）机关、单位及个人移交、捐赠、寄存档案时明确提出不能开放的档案。
6）其他会影响党和国家利益的，不宜对社会开放使用的档案。

六、了解公布档案的方式

《档案法》第二十二条所称档案的公布，是指通过下列形式首次向社会公开档案的全部或者部分原文，或者档案记载的特定内容：
（1）通过报纸、刊物、图书、声像、电子等出版物发表。
（2）通过电台、电视台播放。
（3）通过公众计算机信息网络传播。
（4）在公开场合宣读、播放。
（5）出版发行档案史料、资料的全文或摘录汇编。
（6）公开出售、散发或者张贴档案复制件。
（7）展览、公开陈列档案或者其复制件。

七、了解开放档案其他规定

（1）公布属于国家所有的档案，按照下列规定办理：
1）保存在档案馆的，由档案馆公布；必要时，应当征得档案形成单位同意或者报经档案形成单位的上级主管机关同意后公布。
2）保存在各单位档案机构的，由各单位公布；必要时，应当报经其上级主管机关同意后公布。
3）利用属于国家所有的档案的单位和个人，未经档案馆、档案保存单位同意或者前两项所列主管机关的授权或者批准，均无权公布档案。
（2）属于集体所有、个人所有以及其他不属于国家所有的对国家和社会具有保存价值的档案，其所有者向社会公布时，应当遵守国家有关保密的规定，不得损害国家的、社会的、集体的和其他公民的利益。
（3）各级国家档案馆对寄存档案的公布和利用，应当征得档案所有者同意。
（4）利用、公布档案，不得违反国家有关知识产权保护的法律规定。

案 例 思 考

案例1　一份工商档案，洗清不白之冤

1996年1月24日，张某出资10万元，吴某出资40万元，共同申请注册组建了郑州市某食品有限公司（私营企业），吴某任公司法人代表。1996年7月28日，张某退出了该公司，由吴某兄弟继续经营该公司。1996年7月份（张某退出公司后）吴某兄弟俩与人签订一份价值14万元的订货合同，并在骗得14万元货款后，兄弟俩逃离了公司。对此，受害者起诉至法院，法院判定由张某负责偿还14万元货款。张某不服，但又找不到他们签订合同前自

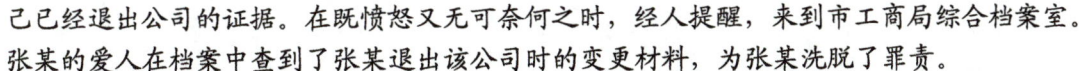

己已经退出公司的证据。在既愤怒又无可奈何之时，经人提醒，来到市工商局综合档案室。张某的爱人在档案中查到了张某退出该公司时的变更材料，为张某洗脱了罪责。

张某的爱人非常激动，通过此事她认识到保管好档案材料非常重要，档案就是金钱。

案例2　一张判决书挽回40万

2002年12月20日一大早，家住登封市嵩山路东段的秦某就来到了登封市法院档案室，要求查阅自己1999年5月起诉登封市嵩阳纺织品公司一案的档案，并复印档案中的经济裁定书和判决书。

1998年8月26日和11月30日，被告嵩阳纺织品公司先后向原告借现金20万元，两次共计人民币40万元，双方约定月利率为3%，随用随还，如偿还不上用西厂房地产做抵押。此后，经原告多次讨要，被告一直拖欠未还，致使原告受到巨大的经济损失，无奈于1999年5月起诉至法院。法院依法对嵩阳纺织品公司的办公楼、住宿楼及厂房予以查封。并于1999年6月下达判决，要求被告在判决书生效后5天内偿还原告秦某现金40万元，并承担该款利息，逾期付款加倍支付延迟履行期间的债务利息。

可是，这么重要的一份判决书，被秦某不慎丢失了，执行房产拍卖阶段又急需这份判决书，所以希望法院档案室帮助查阅复印。档案室的同志热情地给予了帮助，通过查阅、复印有关档案，挽回了原告秦某的直接经济损失40余万元。

案例3　气象档案资料为抗洪抢险提供决策依据

1994年夏天，湘潭市遭遇百年不遇的洪水袭击，湘江水位已超过历史最高纪录，市区大堤正承受着洪水的巨大压力。此时，据上级水文、气象部门预报，不久将还有一次洪峰到来。在这紧要时刻，市气象台通过分析历年气象资料，把握了恶劣天气的发展趋势，提供了特大洪峰通过该市的准确时间。市委、市政府领导紧急动员全市人民突击加固堤垸，终于在特大洪峰到来时化险为夷。在抗洪抢险总结表彰会上，市委领导感慨地说："我市气象水文部门准确地预报了这场暴雨过程及最高洪峰到达时间，为市委、市政府领导指挥抗洪抢险赢得了20多个小时的宝贵时间。"

案例4　结婚证书因烧毁，股票过户遇困难

1998年12月1日，郑州市上街区银都宾馆职工宋某来到上街区档案馆，请求帮助。原来，她的丈夫在一个月前突然去世，伤心之余，为避免触景伤情，便将结婚证等证件烧毁。其夫生前曾在股市开有户头，户头上还有资金。由于户主是其夫之名，宋某虽持有股证，却无法动用。证券公司规定必须持有财产公证，才可将其夫的账户及资金过户到她名下。公证处则需要他们的结婚证，她此时已无法提供。正当她绝望之时，有人建议她到档案馆查一下。在上街区档案馆的积极协助下，终于查到了宋某的结婚证存根。宋某将证明材料拿到公证处和证券公司，顺利地办理了过户手续。

思考：读完上述4则档案利用案例，你对档案的价值有何新的认识？档案信息开发利用方式有哪些？

档案编研技能训练

> **学习任务和目标**
>
> （1）通过编写全宗介绍、大事记、组织沿革、档案文摘汇编等实际操作，培养学生多种档案编研成果的编写技能，提高学生档案编研和语言表达能力。
>
> （2）通过整理、出版编研成果，培养学生编辑出版、文字处理技能，提高学生语言表达规范、严谨的意识和能力。

档案编研是档案馆（室）以馆（室）藏档案为主要对象，满足社会利用的需要为主要目的，在研究档案的基础上编辑史料，编写档案参考资料，参加编史修志以及撰写专门著作的工作。档案的编研是利用档案信息资源为两个文明服务的重要手段。本章重点是训练全宗介绍、大事记、组织沿革等资料的编写。

第一节　了解档案编研

一、了解档案编研的选题条件

编研选题必须具备一定的条件，主要包括以下3个方面：

1. 编研的题目应当适应社会需要

社会需要是多层次的，既有明显的现实需要，也有潜在的长远需要，此外还应考虑到社会多元化的档案信息需求。

2. 编研的题目要注意发挥馆藏优势

以馆藏为基础，有利于把不同时期、不同方面、不同内容、不同类型的具有较高价值的档案文献都发掘出来。

3. 要具备一定的编研力量

首先要充分发挥自编力量，然后走合编之路，组织社会上其他单位的人才进行合编或者委托编研，充分利用社会的人力资源，便于及时开发出高质量的档案编研成果。

二、掌握编研工作的内容

档案编研工作的内容是相当广泛的，主要内容包括：

1. 汇编档案文件

通过对档案原件的收集、挑选、加工、编排，汇编成书，向利用者提供的是与档案原件内容一致的文献资料，有很强的真实性、可靠性。现在大量公布的历史档案选编、选集，现代文件汇编，政策法规文件汇编都属于此类。档案文献汇编的主要特点有：

（1）**原始性**　汇编所纂辑的都是档案原件，而不是任何档案的加工品。

（2）**系统性**　每一部汇编都围绕一个主题，内容互有联系，编排有序并具有逻辑性。

（3）**易读性**　在汇编过程中，通过对档案文件的标点与分段，对错字和残缺文字的校正和恢复，对档案文件上批语、标记、行款格式的处理等文字加工，可以使读者更加易于阅读档案的内容；通过对档案文件的编排可以进一步揭示其中的历史联系；通过备考、注释、按语、年表、插图、目录、索引、序言、凡例等的撰写和编制，可以帮助读者理解有关专题档案的内容、历史背景及其价值，便于读者查找汇编内的档案文件。

2. 编辑档案文摘汇编

档案文摘是对档案原文的缩写，它以简练的文字概要地提示档案文件的主要内容，是一种档案二次文献。档案文摘可以作为一种检索工具编制和使用，如档案著录中的提要项，实际上就是档案文摘的一种形式。

3. 编写参考资料

档案参考资料是根据档案内容加工编写的一种书面材料，如大事记、组织沿革、专题概要、会议简介、统计数字汇集等。它所提供给利用者的不是档案原件或复制件（即一次文献），而是对档案内容经过研究、综合而加工编写成的作品（即三次文献）。档案参考资料的主要特点是：

（1）它与汇编的档案文集不同，不是提供档案原件，或直接根据档案原件复制副本、摘录，而是根据一定的题目对有关档案材料的内容加工编写而成的系统材料，它已改变了档案原来的面貌，具有问题集中、内容系统、概括性强的特点。

（2）它与利用档案撰写的专门论著不同，它不重在论说，而是综合记述档案内容，为利用者提供素材。

（3）它与检索工具不同，它虽然在一定程度上能起到查找档案的作用，但主要还是直接为利用者提供加工过的、具有信息内容的情报材料。

4. 编史修志

档案部门利用自身优势，以室藏档案为基础，参加地方志、专业志、厂志编写参与地方史或机关、企业发展史研究，撰写专门文章和著作等。

小知识：文献信息的等级

零次文献：是指未经过任何加工的原始文献，如实验记录、手稿、原始录音、原始录像、谈话记录等。零次文献在原始文献的保存、原始数据的核对、原始构思的核定（权利人）等方面起着重要的作用，其特点是信息来源直接真实，内容新颖。

> 一次文献：是指作者以本人的研究成果为基本素材而创作或撰写的文献，如阅读性图书、期刊论文、科技报告、专利文献、会议文献、学位论文、技术档案等。
> 二次文献：是指文献工作者对分散的无组织的一次文献进行搜集、提炼、浓缩、加工、整理，并按一定的科学方法组织编排、编辑出版的文献，是为了更有效地管理和利用一次文献而编制的工具性文献，如各种目录、题录、文摘及机读型书目数据库、网上检索引擎等。
> 三次文献：是指对有关的一次文献和二次文献进行广泛深入的分析、研究、对比、综合、评述、概括而撰写的文献，如综述、述评、年度进展报告、百科全书、手册、年鉴、辞典等。其特点是文字精练、叙述简明扼要，具有系统性、综合性、知识性和工具性等特点。

三、了解现行档案文件汇编类型

现行档案文件汇编在收录文件时一般以原文为主，根据需要也可对文件的某些部分加以删节或采用节录式。在文件汇编正文之前，应编写编辑说明和目录，在编辑说明中简要介绍该汇编的编辑目的、收录文件范围、编排体例等事项。现行文件汇编有内部使用和公开印发两种发布形式，可根据文件特点和实际需要加以选择。现行档案文件汇编的种类很多。

1．法规文件汇编

法规文件是指党和国家各级权力机关及具有一定权限的部门颁发的以强制力推动的用以规定各种规范的文件，如法律、法令、规定、决定等。将这些文件汇编成册，对于利用者查找有关法规内容是十分方便的。法规文件汇编有综合性汇集和专题性汇集之分，前者是将某一级别政府机关颁布的各种法规文件加以汇集，如《中华人民共和国法规汇编》《中华人民共和国政策法令选编》等；后者是将某一专业领域的法规文件加以汇集，如《中国人民解放军军事规章汇编》《林业法令汇编》等。

编辑法规文件汇编要有明确的时段，为便于查找利用，通常对收入文件按内容分类后按时间顺序排列。例如，《中华人民共和国档案法规汇编》收录了自建国伊始至1992年6月的所有现行有效的档案法规、规章百余项，按内容分为综合、收集保管、专门档案管理、监督检查、档案管理升级、编制职称经费和档案保护技术8大类，每一类按法规发布时间顺序排列。

法规文件汇编具有权威性、准确性、资料性等特点，在选材中应注意以下两点：
（1）要收录按照法定程序发布的法律、行政法规等规范性文件，非规范性文件不应收入其中。
（2）收录的文件应现行有效，对于已经废止的失效文件可将其目录附后供参考，但不需收入原文。日本的一种公开出版的法规文件汇编采用活页形式，当新法规取代旧法规颁布实行时，可将汇编中有关部分进行替换，以随时保证汇编内法规文件的有效性，这种方法可供我国参考借鉴。

2．重要文件汇编

重要文件通常是指有关方针政策方面的规定性、领导指导性文件，将这些文件汇编成重要文件汇编，如《十一届三中全会以来重要文件汇编》《××局1990年重要文件汇编》等。重要文件汇编的收录范围可以是上级机关文件，也可以是本机关形成的文件；汇编编制完成可以供本机关使用，也可以印发给下属单位，供查阅执行。

重要文件汇编的内容大多是综合性的,编辑时必须分门别类后按发文时间顺序排列。编辑本机关的重要文件汇编可利用原有的重份文件,汇集成册后提供利用。编辑重要文件汇编,首先要根据编辑意图和文件情况确定好收录范围,可在综合考虑文件内容的重要性和查阅利用的经常性这两方面因素的基础上,与业务部门共同拟定一个较为具体的选材方案,以避免实际选材时的盲目性。

小实例:

文件汇编封面标签样式

名称	×× 公司 1990—1995 年管理制度汇编		
类别	汇编	编号	63
编者	综合档案室	编制日期	1991 年

文件汇编脊背标签样式

名 称
×× 公司 1990—1995 年管理制度汇编
类别:专题汇编
编号:13

3. 发文汇编

发文机关将本机关的发文定期(通常按年度)集中成册,即为发文汇编。一个机关的发文内容不同,保管期限不同,立卷归档后往往分散在不同的案卷之中,发文汇编可将本机关全部发文集中起来,便于按发文号查阅。编辑发文汇编时应将本机关一定时期的发文收集齐全,可在发文时留出若干份,除一份连同定稿立卷归档外,其他用于编辑发文汇编,汇编内文件按发文号顺序排列。

发文汇编一般仅供本机关内部使用,有些文件在形成汇编时仍具有一定的机密性或不宜公开,因此要加强对发文汇编的管理,可定期对过去的发文汇编内容加以审查鉴定,不带机密性的汇编可公开提供利用。

4. 会议文件汇编

将会议产生的有一定参考利用价值的文件汇集成册即为会议文件汇编。每个机关在工作活动中都要召开各种会议,要选择在社会或机关发展中有重大影响、工作中有重要作用的会议文件编制文件汇编。会议文件汇编一般由召开会议的机关编制。如果仅作为机关资料提供利用,可利用重份文件;如果散发给与会者或其他读者查阅参考须另行打印,在选材上也要有所选择。

会议文件汇编并不需要将一次会议的全部文件收录进来,要选择能够反映会议基本情况的、具有查考价值的文件加以汇编,可考虑收录会议通知、代表名单、会议议程、工作报告、领导人重要讲话、大会重要发言、提案、选举结果、会议通过的决议、纪要、公报以及会议简报等,对于一般的贺信、贺电、小组会议记录以及会务文件可不予收录。学术会议还可将大会宣读主论文或论文摘要收录进来。

5. 公报、政报

公报、政报的选材范围主要是有关方针政策的规定性、领导指导性文件，一般以正式下发的文件为主，选用领导讲话内容时要确保内容的准确无误。

党和政府的领导机关定期将重要文件汇集起来公开发行，可采用公报等形式，如国务院定期出版《国务院公报》公布有关法规、规章、重要文件、领导同志的重要讲话等，这是一种公布文件、上情下达的好形式。

6. 其他专题文件汇编

档案馆、机关档案室还可根据需要编辑其他类型的专题文件汇编，比较常见的有：规章制度汇编，如《财务制度汇编》；工作规范汇编，如《检测标准汇编》《工艺规程汇编》；调查研究文件汇编，如《地质调查报告汇编》；学术文件汇编，如《民用建筑图集》；专门业务文件汇编，如《编制工作资料汇编》《水利工程资料汇编》；成果材料汇编，如《军事医学科学院科研成果汇编》等。

专题汇编内文件可根据内容特点分类或按时间顺序排列。专题文件汇编选材上要注意两点：一要专，不要把其他问题的文件混杂其中；二要精，制度、规范类汇编注意选择正式下发的、现实有效的文件，调研、学术、范例、成果类汇编则要注意选择具有较高参考价值、学术价值的文件。

第二节　编写全宗介绍

一、认识全宗介绍

全宗介绍也称全宗指南，是以文章叙述的形式揭示和介绍某一全宗档案内容和成分及其意义的一种检索工具。

1. 全宗介绍的主要作用

向利用者介绍和报道有关某一全宗的立档单位历史、全宗的历史、档案的内容和成分，为利用者提供科学研究，为查找档案提供线索，并能帮助档案人员熟悉档案内容，更好地对档案进行科学管理和开展利用工作。

2. 全宗介绍的基本类型

一是介绍机关团体、企事业单位的；二是介绍人物的。

3. 全宗介绍的基本内容

全宗介绍的内容一般包括：立档单位的简要历史；全宗的简要历史；全宗内档案的内容和成分；全宗介绍的辅助工具等部分。其中重要的是立档单位和全宗的历史简况，全宗内档案和成分是介绍的主体。

（1）**立档单位的简要历史**　包括立档单位成立的历史背景、成立时间、地点、机关性质、任务、隶属关系、所辖区域、组织机构设置及职能的变化、工作发展及文书处理情况等。撤销机关还应指出撤销原因及其代行职能或继承单位的机关名称。

（2）<u>全宗简要历史</u>　包括档案材料的起止日期、案卷数量、种类、主要内容、完整程度、整理、鉴定、保管、利用、交接情况以及检索工具的种类等。

（3）<u>全宗内档案材料和成分的介绍</u>　这是全宗介绍的主体。介绍档案的内容和成分，主要是指明档案的来源、内容、可靠程度、形成时间、利用价值等。

4．全宗介绍的基本方法

（1）<u>简要介绍</u>　将案卷内容综合概括地介绍。

（2）<u>详细介绍</u>　比较详细具体地介绍档案内容，甚至可以详细到案卷逐个介绍，以及注明卷号、起止时间等。

（3）<u>重点与全面相结合的方法</u>　对于全宗中比较次要的案卷作综合概括介绍、对重要案卷或个别价值较高的文件作较详细的介绍，甚至可以注明卷号、起止日期等。

具体采用哪种方法介绍，要根据全宗档案内容和成分、利用价值程度和档案数量等情况确定。

5．全宗介绍的辅助工具

为了便于利用全宗介绍，可以编一些辅助工具，如人名、地名索引，目次，机关通用简称等。

二、编写全宗介绍

1．编写提纲的拟定

在提纲中要对立档单位历史沿革简介、全宗历史概况的具体写法，对档案内容和成分介绍采用何种体例，是否编制附录等加以明确。

2．材料的收集与分析整理

为了编写全宗介绍，至少要从以下线索收集材料：

（1）查阅全宗卷。全宗卷对编写全宗介绍，特别是对编写立档单位历史沿革简介及全宗历史概况部分有直接凭证与参考作用。

（2）认真分析案卷目录、全引目录及各种检索工具。

（3）具体掌握全宗内档案的基本内容。对于案卷数量较少的全宗，可以采取全面调卷的方法；对于案卷数量很多的全宗，一般只能采取重点调卷的方法。

（4）广泛了解与全宗有关的其他资料。应注意收集社会上的著作、论文、汇编中与所要介绍全宗的相关资料，查阅利用档案的记录。

在收集材料的过程中，要注意对材料的整理分析，收集材料时最好采用做卡片的方法，对案卷数量较少的全宗也可采用在笔记本上分类记录的方法。

3．编写应注意的问题

（1）立档单位历史沿革简介与全宗历史概况两部分要注意精练、简明。此部分一般占整个全宗介绍篇幅的 1/3 左右为宜。

（2）全宗内档案内容和成分介绍要具体、准确、清晰、如实地进行编写。

（3）要注意不同类型全宗及各自整理状况的特点。

（4）行文要注意繁简得当、保证重点、措辞贴切。

编写全宗介绍是一项政治性、科学性很强的工作。为保证质量，编写时必须要充分占有该全宗的有关材料。例如：立档单位及全宗历史考证，机关历史与档案情况的有关材料及该全宗的各种检索工具和参考资料等。在编写时要注意全宗名称（内设机构名称），要使用准确的全称。档案内容各项数字要反复核对，做到准确无误。

> **小知识：档案编研的一般过程**
>
> 档案编研应围绕一定的题目范围，对档案文献进行收集、筛选和加工等，其工作内容主要包括：
> （1）选题；
> （2）选材；
> （3）考订、加工与编排；
> （4）辅助材料的编写；
> （5）成果审核；
> （6）成果出版和发行。

第三节　编写大事记

一、认识大事记

大事记是用简明的文字按时间顺序扼要地记载一定历史时期内发生的重大事件，揭示重要事件和活动的发生、发展过程以及它们之间的关系的参考资料。大事记是以时为经，以事为纬，简明地记载和反映一定范围内各种重要史实的资料和工具书。

1. 大事记的作用

（1）从纵的方面为利用者研究历史提供史实梗概。
（2）补充档案史料汇编、历史著作和地方志的不足，为编史修志提供可靠的资料。
（3）为回顾历史、总结经验提供线索和依据。

2. 大事记的内容

大事记由大事的时间和大事记述两部分组成，用以展示历史发展的概貌和规律，应选择影响大、具有历史意义和查找利用价值的事件，主要应有：

（1）本机关的重要组织变动情况，如机关的建立、内设机构设置、职权范围的调整、人员编制、主要任务及分工，领导人的任免、变动，机关所在地的迁移，名称改变等。
（2）本机关的主要工作活动，包括发出的重要文件、领导的重要批示和口头指示等。
（3）本机关的重要会议情况，包括会议名称、出席人员范围、任务、主要议题和决议等。
（4）本机关的重大发明创造、科研成果、重大工程的基本建设和失误教训等。
（5）本机关领导、职工出国访问、进修、考察和接待外国友人的活动等。
（6）与有关单位交往活动情况，包括经验交流、相互协作、联合办企业等。
（7）上级机关对本机关的重要领导活动情况、重要批示等。

（8）其他需要记载的各种大事、要事。

3. 大事记的种类

（1）大事记的题目性质即大事记所反映的客观对象的性质各不相同，据此，可以把大事记划分为许多种类。其中较为常见的有国家大事记、地区大事记、机关大事记、企业大事记、人物大事记（即人物年谱）。

（2）按照大事记记事范围的不同，可以分为综合大事记与专题大事记两种。

（3）按照大事记正文形式的不同，可以分为文字叙述式与表格式两种。

（4）大事记印行和使用方式有所不同，主要有两种方式：一种是单行本，另一种是作为其他作品的一部分或附录。

二、编写大事记

1. 大事时间的编写

编写大事时间，必须注意以下几个问题：

（1）大事时间必须考证、换算准确，标示清晰，竭力避免错误及含混不清。为了保证大事时间的准确、明晰，除要充分占有材料，详加考订外，在将史料中所使用的各种历史上的纪年、纪月、纪日形式换算成公历日期时，一定要避免差错；此外，不能使用那些笼统含混的时间概念，如"近来""不久以前"等。

（2）大事记时间应该标示具体，尽量写全年、月、日，必要时甚至应该写出时、分、秒。只有在确实无法考证出具体时间的情况下，才可以写最接近的时间。遇到这种情况，还应对大事条目的具体排列做出合理安排，排列的原则为：日无考，附于月末，标"是月"；月无考，附于年末，标"是年"。

（3）某些大事持续时间较长，并且在大事记作为一个条目编写时，其时间可以概括书写，也可以标明起止日期，如"×年×月至×年×月"。

（4）大事时间一般以公元纪年为准，否则应注明其他纪年形式，免去读者换算之劳。

2. 大事条目的编写

大事条目是正文乃至整个大事记的核心部分，因此，在编写时，要注意以下几点：

（1）编写大事条目一定要做到真实、可靠、准确，不仅基本内容要确实无疑、确切无误，各种具体史实（如时间、地点、人名、数字）的记述也应竭力避免差错。

（2）编写大事记条目一定要以马克思列宁主义、毛泽东思想为指导，做到观点正确，详略得当。大事记属于撰述型资料，以客观叙述为主，但这并不等于单纯地罗列资料，描述现象。具体编写时，要注意两点：一是寓论断于叙述，于叙述中见观点；二是适当直接评论，鲜明地表明自己的观点，即夹叙夹议。

（3）对于客观史实的叙述，可以详尽一些，也可以简略一些，但无论内容详略，文字都应力求简明。

（4）为了使大事记正文眉目清楚，编写大事条目应坚持"一条一事"的原则，即在一个条目中着重记述一件事情，而不能把几件事"揉"在一起。

（5）对于那些持续时间较长的史实，应该根据其特点，分别采用分条记述的办法，或按照记事本末的体例，合并记述。

（6）编写大事记条目要搞清各种客观史实之间的内在联系。在编写时，应言简意赅地点明此事与其他某事的关系，尤其是彼此间的因果关系。

3. 大事条目的编排

大事记以按时间顺序记事为主，时间顺序是对大事条目进行编排的基本依据。编者可根据大事记的繁简程度，灵活进行编排。

三、掌握大事记选事原则及范围

1. 大事记的选事原则

紧紧围绕大事记所要记述和反映的对象，勾勒全貌，突出重点，要做到大事要事必载，小事琐事不取。

2. 机关综合性大事记的选事范围

（1）本机关召开的各种重要会议；
（2）本机关作出的重要决定、决议、规划、部署以及发布的重要文件；
（3）本机关成立、撤销、合并、复议以及内部机构设置、变化情况；
（4）本机关隶属关系和职能范围的变化情况；
（5）本机关党政领导人的任免、奖惩及其重要活动；
（6）本机关发生的重大事件、开展的重大活动、完成的重大任务、取得的重大的科研成果；
（7）本机关参加上级机关和其他机关召开的重要会议的情况；
（8）上级机关对本机关的重要指示、批示、表彰、批评以及来本机关检查指导工作的情况；
（9）本机关向下级机关或基层单位派出调查组、工作组以及检查指导工作的情况；
（10）本机关所辖范围内发生的重大灾情和事故；
（11）本机关开展的重要外事、外贸活动；
（12）本机关所属范围内知名英雄、模范的主要事迹及其活动情况；
（13）报刊、电台、电视台关于本机关情况的重要报道；
（14）其他重大事件和重要情况。

3. 企业综合性大事记的选事范围

（1）本企业生产、经营、技术改造、科研成果、重点建设项目的情况；
（2）本企业召开的重要会议；
（3）本企业制定的重要政策和规章制度以及发布的重要文件；
（4）本企业成立、撤销、复建情况；
（5）本企业主要领导人任免，内部机构设置及变化情况；
（6）重要协议、合同的签订；
（7）重要文件以及重大、恶性事故；
（8）本企业及职工受奖惩的主要情况；
（9）本企业开展的重要文艺、体育、教育活动；
（10）本企业开展或参与的重要外事、外贸活动；
（11）上级领导机关和业务主管机关来企业视察、调研的主要情况；
（12）其他应予记述的重要事项。

四、掌握大事记编写要求

（1）内容要真实，观点要正确。所记述的内容要符合客观实际，不得随意加进编者的主观见解，更不准歪曲事实。

（2）文字要简明、扼要。对所记载的内容一定要做到"大事突出，要事不漏"。一般一条一事，每条大事涉及的时间、地点、人物、数据、发展过程、因果关系等均应揭示出来。

（3）时间要准确。按时间顺序逐年逐月逐日记载，有的甚至要确切到时、分、秒。如有的没有时间或时间不够准确，应尽力进行考证。

（4）大事记的书写格式。以年度为段落，内容在月日右侧书写。

小实例：大事记[1]

1999年

4月5日，普陀区政府被浙江省政府评为围涂造地先进单位。

5月，普陀区在乡镇机关、区属机关、企事业单位开展了每月两次2小时的"机关干部夜学习"活动。

6月11日，经浙江省政府推荐，舟山水产品中心批发市场被国家经济贸易委员会列为第一批重点市场。

7月上旬，根据南京军区、浙江省国防动员委员会关于做好海上运输动员准备的要求，普陀区于7月上旬至9月上旬开展了名为"成功8号"的军事演习。

7月5日，普陀区已基本完成村村通广播的任务。

9月4日，国家农业部部长陈××在浙江省委副书记周××，省水产局局长吕××，市委副书记、市长张××的陪同下来到中国舟山国际水产城考察调研。

9月17日，舟山港务管理局沈家门客运站正式运营。客运站总投资200万元，候船大厅面积900m^2，沿岸码头5座，岸线达197m，广场面积10 300m^2。

10月3日至10月28日，在朱家尖南沙风景区举办了"99中国首届国际沙雕艺术节"。

10月12日，普陀区于10月中旬至11月下旬在全区渔农村开展了渔农业和渔农村现代化教育。

10月22日，由全国政协副主席周××率队的"浙江省民营企业高科技情况考察团"一行63人来舟山考察。

2000年

2月27日，普陀区委、区人民政府提出在全区开展扶贫帮困工作。全区确定扶贫帮困对象933户计2 127人，其中88个区属单位结对362户907人，17个乡镇结对571户1 220人。

2月30日，全国双拥工作领导小组、民政部通报表彰全国"爱心献功臣行动"先进单位，普陀区被评为全国先进县（区）。

5月初，普陀区有505户贫困残疾人，人口达1 148人。全区有181个单位和86个个人与贫困残疾人结对。

5月5日至5月8日，在"全国第五届残疾人运动会"上，普陀区肢残小将虞奇敏在游泳比赛中，一举夺得自由泳S10级50m、100m、400m比赛的3枚银牌，4×100m自由泳接力赛的2枚银牌，一个第四名，还荣获全国残运会道德风尚奖。

5月14日至5月24日，普陀中学组团赴法国岗贝尔市乐利克斯中学进行文化交流，这是普陀区最大规模的学生访问团赴国外进行文化交流。

---

[1] 摘自浙江省舟山市普陀区档案信息网。

5月16日，东极岛外侧海域发生大面积赤潮现象，并逐步向南蔓延到朱家尖近岸，向北近嵊山岛。

5月，佛渡乡双屿港网箱养殖基地成为全国科技兴海基地；桃花、朱家尖、蛟头、登步的梭子蟹养殖面积分别居全省前列。

6月1日，普陀区委决定从6月初开始，为期40天时间，在全区广大党员干部中开展以"致富思源，富而思进"为主题的教育活动。

10月26日，由国家农业部、发展计划委员会、经济贸易委员会、财政部、对外贸易合作部、税务总局、中国人民银行、中国证券监督管理委员会等八部委行审定的151家企业为农业产业化国家重点龙头企业，舟山水产品中心批发市场有限责任公司是浙江省唯一的一家市场带动型的国家重点龙头企业。

10月至11月，普陀区发生重大道路交通事故6起，渔船运输相撞、违规载客事故7起，造成17人死亡。

12月，经浙江省禁毒委检查和考核，普陀区"全省毒品问题重点整治地区"的帽子被摘。

12月，普陀区人民政府被评为省级"九五"期间计划生育先进集体。

12月，全区12个土葬区乡镇建立了公益性公墓区。

第四节　编写组织沿革

一、认识组织沿革

组织沿革，也称组织机构沿革，是系统记载一个机关、一个地区或专业系统的组织机构、人员编制、体制变革情况的一种档案参考资料。

1. 组织沿革的作用

（1）为利用者研究和查考某一机关或系统的机构演变、人才培养情况、进行经济体制改革和政治体制改革提供可靠的参考材料。

（2）为研究国家机关史、革命史、专业史、地方史提供必要的参考材料。

（3）为整理、鉴定档案价值，熟悉立档单位情况，编写全宗介绍提供系统的素材。

2. 组织沿革的内容

组织沿革的编写形式有文字叙述式和图表式两种。组织沿革所记载的内容，要根据机关的职责范围、内设机构情况编写在组织机构沿革演变中对日后有一定查考利用价值的有关事项。其内容主要包括：

（1）组织机构建立、合并、撤销、名称更改、办公地点迁移的原因、时间；

（2）组织机构职责范围、性质任务、隶属关系、编制的扩大与缩小；

（3）主要工作；

（4）内设机构设置、职能变化；

（5）领导人职务任免及时间；

（6）文书工作制度及变化情况、文书处理使用的各种印章戳记及其作用。

3. 组织沿革的特点

（1）它着重记述和反映机关自身在组织系统方面的有关情况，至于该机关做了哪些工作，

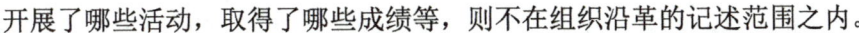

开展了哪些活动，取得了哪些成绩等，则不在组织沿革的记述范围之内。

（2）它以系统地反映该机关自身发展、变化的历史过程为主要目的，而不能片面、孤立、静止地只记一时的情况，否则就不能称之为"沿革"了。

二、编写组织沿革

1. 组织沿革的体例和形式

（1）**编年法** 这种体例是以年度为单位，以年度先后为顺序，逐年编列机关自身各方面情况的一种方法。通常在年度基础上再分问题或项来记述或填写有关情况，即采取"年度—问题（或项）"的形式。此方法适用于变化较多、较频繁的机关。

（2）**系列法** 这种体例是以机关内部的组织机构为主线，将每一个组织机构的人员编制，主要负责人的沿袭、变化等情况，分别作为一个系列来加以记述或填写。此方法适用于组织系统比较稳定的机关。

（3）**阶段法** 阶段法是根据机关历年来自身变化的特点，将其历史划分为若干阶段，再于每个阶段中，分别记述和反映机关自身各方面的情况及变化。采用阶段法，首先要正确划分阶段。阶段划定之后，还有一个重要问题需要进一步解决，这就是如何把每一阶段中的情况记述和反映清楚，不同阶段中可以分别采用不同的结构和记述方式。主要有两种情况：一是采用单层结构，即在阶段下直接按时间顺序加以记述；二是采用复式结构，即在阶段之下先分问题或系列，再将每个问题或系列的内容按时间顺序加以记述，形成"问题（或系列）—时间"的结构形式。

（4）**问题法** 问题法是通过对机关自身组织体系发展演变的历史进行深入系统的研究，抓住主要特点，结合读者了解和查考的实际需要，把机关自身各方面的沿革情况分别列为一个个问题，然后再一个问题一个问题地加以记述。采用问题法，首先需要明确列出问题。由于所列问题大小不同、内容繁简不一，在具体编写每一个问题时，其结构安排和记述形式也可以灵活处理。比较简单的问题，可以采用单层结构，直述其事。如果该问题内容比较繁杂，则可以采用复式结构，即于该问题之下或者再列若干小问题，或者再分若干历史阶段，或者再设若干系列，最后才分别具体记述。由于采用问题法编写组织沿革有较强的灵活性和针对性，所以被许多单位采用。

2. 编写要求

要使编写出来的组织沿革全面、真实、实用性强，应具体做到：

（1）**真实可靠** 就是说所记载的情况与客观事实相一致，要实事求是地记录机关（内设机构）各个时期的名称变化情况，每一个领导人姓名、职务和主管工作。领导人姓名要用常用名，机构名称要用全称，如出现个别机构名称或领导人姓名等考证不准时，要在说明栏里注明。

（2）**全面完整** 就是要全面完整地反映出整个组织沿革的全貌。不得以任何理由和原因漏记或不记应记述的内容。

3. 编写组织沿革的意义

（1）为主要领导人和有关工作人员查考本地区、本专业系统或本机关内部组织机构设置和人员变化等情况提供了可靠的资料，有利于借鉴历史的经验，吸取历史的教训，做好今后的工作。

（2）编写组织沿革工作可以与编史修志活动有机地结合起来，它既可以作为编史修志活动的一个步骤，又为编史修志提供了比较全面、系统、可靠、准确的史料，因此深受史志部门的欢迎。

（3）编写组织沿革可以为编写立档单位历史沿革提供系统的材料，对做好档案的收集、整理、鉴定、编目和提供利用工作，都有积极的作用。

小实例：组织沿革

一九五〇年

本年一月，浦口码头抢修委员会在南京成立。

一九五一年

本年三月十二日，成立南京港整治工程局。

直属单位有：疏浚工程总队、护岸工程总队、勘测队测量队第一、二港工队。

本年七月二十五日，以南京港整治工程局为基础，组建交通部航道工程总局长江航道工程局。

一九五二年——二〇〇三年

（略）

二〇〇三年

本年三月二十四日，成立中港第二航务工程局福建办事处。

本年局投资与日方合资组建宁波海力工程发展有限公司。

其他无变化。

二〇〇四年

本年二月十日，一、五分公司合并，组建中港第二航务工程局第五工程分公司。

本年二月十二日，成立中港第二航务工程局上海办事处。

八月十三日，局物业公司完成改制，成立武汉宏迪物业有限公司，同年，机械化分公司改制成武汉东方二航机械化工程有限责任公司，特种公司改制为武汉二航路桥特种工程有限责任公司。

本年九月，入股成立江阴海洲建设工程有限公司。

年末实有直属（控股）单位有：第二、三、四、五、六分公司；武汉港湾工程研究设计院；九江航务工程学校；武汉航联工程公司；深圳分公司；海南工程分公司；珠海工程公司；济南办事处；西南办事处；西北办事处；上海办事处；技术中心；物资公司；房产公司；宁波海力公司；武汉二航路桥特种工程有限责任公司；江阴海洲建设工程有限公司。

二〇〇五年

本年局投资设立武汉湘江桥梁建设有限公司。

三月三十一日，成立中港第二航务工程局北京办事处。

三月三十一日，成立中港第二航务工程局东北办事处，同时撤销山东办事处。

九月九日，成立中港第二航务工程局物资采购中心。

本年内，二公司改制为中港二航路桥建设有限公司。

年末实有直属（控股）单位有：……

第五节　编写基础数字汇编

一、认识基础数字汇编

基础数字汇编也称基础数字汇集，是以数字形式反映一个地区、一个单位或某一方面基本情况的档案参考资料，是根据实际工作需要，从档案资料中选取有关统计数字汇编而成的。基础数字汇编具有内容集中、数据确切、简明扼要、利用方便、说服力强等特点。

1．基础数字汇编的作用

（1）它是机关领导和有关部门了解情况、研究问题时的一种重要工具和资料。
（2）它是对干部和群众进行教育的重要资料。
（3）基础数字汇集作为一种数据史料，向科学工作者提供了大量确凿的数据，成为科学工作者研究和阐述有关问题的素材和论据。
（4）利用基础数字汇集有时可以获取较大的经济效益。

2．基础数字汇编的种类

基础数字汇集的种类很多，按其基本内容可以分为两种类型：
（1）综合性基础数字汇编　系统记载某一机关（地区、专业系统）全面情况的基础数字汇集。例如：《××县基础数字汇编》，内容包括土地面积、人口数量、工农业生产、文化教育、商业贸易等。
（2）专题性基础数字汇编　系统记载和反映某一方面基本情况的基础数字汇集，如《舒兰市农业基础数字汇编》《莱芜市牲畜和家禽变化情况汇集》等。专题性汇集的范围可大可小，可依据需要来确定其范围和内容。

二、编写基础数字汇编

1．基础数字汇编的整体结构

独立成书的单行本基础数字汇编，一般由总题名（即书名）、序言和凡例、正文、注释、附录等组成。作为其他作品正文组成部分或附录的基础数字汇编，整体结构简单一些，通常只有总标题、编制说明和正文3个部分，偶尔也有注释。

2．基础数字汇编正文要素与形式

基础数字汇编正文要记述和反映的客观内容，主要是各种数量概念和数量关系，人们通常称之为数列。数列是构成基础数字汇编正文的基本要素。一个数列一般可以包含4个方面的具体内容：统计对象，时间范围或空间范围，统计指标，统计数值。

基础数字汇编正文主要有3种编写形式：文字叙述形式，图表形式，文字叙述与图表相结合的形式。

3．制作基础数字汇编表格

基础数字汇编表格除总标题外，通常由3部分所组成：一是横行标题，列在表的左方；二是纵栏标题，列在表的上方；三是基础数值，填写在横行与纵栏的交汇处，任何一个基础数值，都由横、纵标题所限定。有些表格还有附记、制表单位、制表日期等项。横行标题和

纵栏标题用于标明基础对象、时间范围或空间范围、基础指标等内容，无论横行标题还是纵栏标题，其下都可以再设一级或几级小标题。

4. 基础数字汇编的编写要求

（1）基础数字汇编完全是提供大量的统计数字来为本机关或社会各界服务，因此必须从实际出发，实事求是，确保统计资料的准确。这就要求在收集、摘录、加工、使用各种统计资料时，一定要认真细致，一个数码、一个小数点都不能发生差错，同时还要特别注意对统计数字进行严格的核实。

（2）编写基础数字汇编一定要广泛收集资料，并对资料进行科学的整理和编辑加工，确保统计资料的全面性和系统性。

（3）基础数字汇编是国际国内、各行各业都普遍使用的资料形式，因此在具体编写时应尽量规范，凡是有国际标准或国家标准的，应按标准执行。

第六节 编写档案文摘汇编与专题概要

一、编写档案文摘汇编

1. 了解档案文摘汇编特点

国家标准局1986年发布的《文摘编写规则》（GB 6447—1986）中将文摘定义为："以提供文章内容梗概为目的，不加评论和补充解释，简明、确切记叙文献重要内容的短文。"其特点主要是：

（1）文摘言简意赅地揭示文件的主要内容，文摘汇编信息密度高、容量大，利用者可在较短时间内获得大量信息。

（2）文摘具有引导利用的作用，利用者可借助档案文摘汇编选择自己所需要的档案原件，有针对性地查阅利用。

（3）档案文摘汇编编辑出版形式多样，可及时报道各种文件中的最新信息。

2. 了解档案文摘的形式

档案文摘汇编的编辑、出版形式比较灵活，可汇集成册，也可在刊物上定期或不定期登载；可按专题加以汇集并公布，也可不分专题随时公布；一次收录的文摘多则达数百条，少则仅收录三五条，不拘一格，档案馆（室）可根据需要加以选择。要密切结合社会需要选择档案文摘汇编题目，将那些在科学研究、工作和生产上具有较高参考价值和推荐意义的档案文摘收录进来。比较常见的档案文摘形式有3种：

（1）学术论文文摘汇编　如一些大专院校将保存归档的硕士研究生和博士研究生学位论文的全部或部分学术价值较高的文摘汇集成册，供利用者查阅。

（2）科技成果文摘汇编　它是一种开展科技信息交流、宣传推广科技成果的有效方式，科研单位、企业、大专院校都可以编印这种汇编。例如：航天工业总公司档案馆1991年以来编印了两册《成果汇编》，选编了本公司系统1 000余项科技成果文摘；航空工业部档案馆编印了《档案资源》，定期发表科技成果文摘等。

（3）**专题档案文摘汇编** 根据社会各方面的需要选择某一方面问题的档案文摘汇编公布。例如：福建省档案馆从 1992 年起编印了《档案资料摘编》定期简报，陆续按专题发表文摘，结合全国开展的救助失学儿童的"希望工程"活动，选编了民国时期有关兴学办学的档案文摘；结合社会上股份制的兴起，选编了民国初期创办股份制企业方面的档案文摘。简报每月 2 期，每期仅 1500 字左右，由于选题对路，选材合理，编写精练，很受利用者欢迎。

3．编写档案文摘汇编

当档案文摘作为著录条目的一个项目时，可直接撰写正文；独立使用的档案文摘要有统一的格式，一般由下列项目组成。

（1）文摘号，是文摘汇编中的顺序号，具有表示排列顺序和检索的作用。

（2）文摘题名，是一份文摘的标题，概括揭示摘录文件的内容，可使用原文件标题。

（3）原文作者，是档案文件的作者。

（4）原文出处，是档案原文的存址，可填写档案馆（室）名称及档号。

（5）文摘员，是编写档案文摘的人员，填写此项意在表示负责。

（6）正文，是对档案文件原文内容的概括介绍。撰写正文应注意：要忠实于原文，客观、如实地叙述文件的主要内容，不能带有编写人员的主观意见；档案文摘应具有目的性和独立性，使读者不阅读原文也能从中获得必要的信息；档案文摘应是一篇完整的短文，可以独立使用；文字要简练、准确，表述要清楚，要注意使用标准科学术语，一般不用图表、公式、缩写词等，篇幅一般在 200～400 字之间。

二、编写专题概要

1．了解专题概要

专题概要是用文章叙述的形式简要说明和反映某一方面的工作、生产或其他现象的发展和变化情况的一种参考资料。专题概要的主要特点有：

（1）**主题鲜明，内容专一** 一部专题概要所提供的是某一方面的专门材料，往往具有特定的读者群和特定的作用范围。

（2）**材料系统，重点突出** 它可以向读者集中地提供某一方面的基本情况，即所谓"概其全貌，领其要点"，读者不必翻阅档案原件即可知晓有关问题之概况。

（3）**体裁灵活，适应性强** 专题概要的题目可以是历史问题，也可以是现实问题；可以是社会问题，也可以是生产问题、技术问题、自然现象；可以综述一个领域，也可以介绍一个事件；其篇幅可长可短，其形式可文可图；其成果可以公开出版，也可以内部使用。

专题概要的种类主要有：会议简介，如《广西壮族自治区历届党代会简介》；产品、工程设备、科研项目简介，如《××大学获奖科研成果简介》；地区（机关）综合情况简介，如《常州市概况》《海南岛概要》；专门问题简介，如《嫩江县中小学教育概况》等。

2．编写专题概要

（1）**选题** 选题是编写专题概要的重要环节。选题是否切合实际，直接决定概要的利用价值。选题应根据档案馆（室）中有关该题目的档案情况，充分考虑社会实际利用的需要。

（2）**选材** 选材就是从题目涉及的各个全宗中挑选出的反映专题本质的档案材料。要正确掌握选材尺度，具体评定每份档案材料在该专题中的地位与作用，恰当地选择最能反映和说明该专题的档案材料。

（3）**综合编写** 专题概要不是有关材料的罗列和堆积，而是根据一定的题目和要求，对挑选出来的材料进行分析综合，按照一定体例行文撰写。编写中，必须以历史唯物主义的观点，认真分析材料价值和鉴定真伪，保证所提供的材料准确、真实。同时，还要使专题概要内容集中，详略得当，文字简明。

> **小知识：会议简介的编写**
>
> 　　会议简介是扼要介绍各机关、团体、专业部门、企业事业单位召开的一些重要会议情况的专题参考资料。它包括各类代表会议、重要工作会议、专业会议等。
>
> 　　各种会议的主题内容和形式不同，编写简介也应因会制宜，因会而异，会议简介的内容包括：会议名称、届次、会议召开的起止时间；出席会议的代表和列席代表的人数及其所代表的范围；会议的主要任务；会议的主席团组成情况及会议主要议程；会议形成的决议、决定和讨论、选举结果的情况；会议期间遇到意外的情况等。
>
> 　　编写会议简介是一项政治性、科学性、技术性很强的工作，它可以起到宣传、贯彻会议精神和指导工作的作用，为系统地研究各机关、团体、专业部门、企业事业单位的发展积累史料，也能为今后再次召开有关会议提供借鉴。在编写时要求：分别编写，连续不断；结构完整，层次分明；内容全面，重点突出；文字简练，评述准确；实事求是，秉笔直书。

第七节　出版档案编研成果

一、审定书稿内容及辅助材料

　　编者送交出版部门的编研成果书稿质量必须达到"齐、清、定"的要求。"齐"指书稿内容和有关部门对公布与出版部分档案材料的审批手续齐全。"清"指书稿字迹清楚，图表清晰准确，易于辨认，体例格式前后一致，利于后来的排版、校对、制版、印刷等工作顺利进行。"定"指送交的书稿无论内容还是规格都已最后确定，无重大问题，避免在核对清样时再大增、大减或者大改。

　　1. 审定编研成果书稿内容

　　对档案编研成果内容的审核，应重点审核档案史料的选材、考订、加工、归类等环节是否规范，避免档案史料内容重复，妥善解决存疑待考的问题，统一使用加工符号，克服档案史料归类不准确的现象。尤其是正文应无错漏和模糊之处。

　　2. 审核编研成果辅助材料

　　（1）**查考性材料** 为了帮助读者查考和利用编研成果中的档案史料，编者通常编写包括年表、插图、备考和凡例在内的辅助性材料。

　　1）年表，是依据时间顺序反映一定事物活动的表册，便于读者从纵的方面弄清事物之间的联系，加深对档案史料的理解。年表可以作为查考性材料附在正文之后，也可以作为专门参考材料单独成篇，即成为人们常说的大事记。

　　2）插图，是编者根据档案史料在编研成果中附上的照片、图片、表格等，以增强读者对档案史料内容的理解和真实感。档案史料汇编中，往往附有各种图例，如汇编内重要文件的复制品，与事件有关的人物、遗址、文物等的照片、图片、历史地图、示意图以及各种形象的统计图表等。

3）备考，是编者针对档案史料的出处、外形特征、可靠与完整程度而编写的说明性文字，既能起查找作用又能起参考作用。备考内容主要有：档案史料的出处，即档案史料选自何处，原件保存在何处以及档号；档案史料的可靠程度和完整程度；档案史料的外形特征；档案史料的出版情况。

4）凡例，又称编辑说明、编者的话、编辑例言、出版说明等。它是编者向读者介绍档案编研成果中档案史料的状况以及编者进行编辑加工的情况。编写凡例时，首先必须使凡例的内容与汇编的实际情况相符，特别是各种加工符号的使用说明必须与汇编正文中的具体情况完全一致；其次，凡例要简明扼要，条理分明，通俗易懂，能使人读后留下较深刻的印象。

（2）评述性材料　档案编研成果中评述性材料有注释、按语和序言。它们都是对档案史料所作的评述，其作用在于指导读者阅读、分析和利用档案编研成果中的档案史料，但它评述的对象和范围是非常明显的。

1）注释，是针对档案史料中某个特定名目（字、词、语汇等）所作的评述，可分为内容注释和文字注释。内容注释是对档案史料中不易被读者所了解的某些内容所作的揭示性文字。文字注释则是指编者对档案史料的加工和外形处理等情况的文字说明。编写注释时应客观评述历史上的人物、事件和现象，做到言之有理、持之有据，力求简明、确切。注释对象的选择，注文的详略和深广程度，应根据读者对象的水平和需要、材料内容的难易程度确定。

2）按语，是编者对一篇或一组档案史料所作的介绍、评述或说明。按语的内容比较广泛，编者应根据档案史料的特点，决定按语的重点。编写按语时，编者应正确评述档案史料的价值，明确表达编者的思想观点，指出阅读和使用时应注意的问题，做到重点突出，文字简练。

3）序言，又称序、引言、前言等，是编者向读者作的总评述和说明，一般置于一书的正文之前。放在一书正文之后的叫作"跋"或"后记"。编者要善于把握编研成果中史料内容，把介绍与评述结合起来，言之有物，具有一定的学术水平。对于众所周知的题目或方针政策性文件汇编，可以不写序言；编者感到编写序言无把握时，也可用一篇权威人士所写的与档案编研题目有关的论文作为代序。

（3）检索性材料　为了使读者能迅速地在编研成果中找到自己所需要的史料，编者还会编制一些包括汇编目录和各种索引在内的辅助材料。

1）汇编目录，是按汇编的编排体例和档案史料的排列顺序，列出其标题，并注明其所在汇编中的准确页次。汇编目录，一般置于序言、图例之后，正文之前。读者可以通过它综览汇编内档案史料概况和迅速检索出自己所需要的材料。汇编目录有简要和详细两种类型。简要汇编目录，只列出汇编的类、目或章、节名称和所在页次，不具体标列每份文件标题。详细汇编目录，直接引出汇编内每一份档案史料的标题及其所在页次。

2）索引，是将书籍中的内容要项或重要名词逐一摘出，依次排列，标明页数，以便读者检索使用的辅助材料。档案编研成果所附的索引，通常是把编研成果中出现的主题、人名、地名、词语、书名、篇名、事件及其他事物名目，经过分析以后，摘出标题，按字序或按分类等方式编排，注明其出处或页码，以便读者随时检索。索引编制应以迅速、准确地查到所需要的材料为出发点，充分考虑编研目的和读者对象，做到名目设置精练恰当，解释简明正确，所注页次不误不漏。

> **小知识：书稿"十忌"**
>
> 一忌字迹潦草；二忌标点混乱；三忌规格不一；四忌生造汉字；五忌抄写不校；六忌引文不核；七忌铅笔改稿；八忌画改过乱；九忌符号不明；十忌页次缺倒。

二、装帧设计

档案编研成果的出版工作主要由出版社和印刷厂完成，编者在送交书稿前，应对书稿版式的技术设计和封面、扉页、装订形式等事项提出自己的基本要求。对于公开出版和大量发行的编研成果，编者更要关心其出版质量。

1. 装帧设计的原则

装帧设计能使读者从书籍的外表形态感觉到书内大体情况，能直观地对读者进行宣传和教育，从而增加编研成果的感染力和社会效果。档案编研成果的装帧设计应遵循下列基本原则：

（1）根据档案编研成果的题目和内容要求，坚持经济、实用、美观的原则。

（2）体现档案编研成果的思想性和科学性，体现出书籍内容在体例结构、层次等方面的系统性、统一性和完整性。

（3）在紧密结合编研成果内容的基础上，力求百花齐放，丰富多彩。

（4）尽量利用先进的设备和技术，节省人力和财力，缩短出版周期。

2. 编研成果的版式设计

（1）开本　一般来说，出版档案史料汇编和档案参考材料，多用 32 开本，外观大方，使用方便。但出版一些基础数字集或具有现行效用的档案文件汇编时，又往往用大 64 开本，因为这种开本的书携带方便。

（2）装订形式　装订有平装与精装之分。用普通封面纸做成的软封面的书为平装，用厚纸版或塑料做成的硬封面的书为精装。决定装订形式时，既要考虑书籍的价值和使用频率，又要本着经济原则来选择。

（3）版式　版式是指书籍正文的全部格式，包括正文和标题的字号、字体、版心大小、排法以及所有这些部分的配合等。档案编研成果的版式设计是在确定的开本上，把书籍定稿的体例、结构、层次、图表等做科学和艺术的处理，使其内部每一页的结构形式，既能与本书的开本、装订、封面等外部形式相协调，又能方便读者使用。

> **小实例：编研成果封面**
>
>

三、校对

校对是档案编研成果出版过程中的一个极其重要的环节,是出版工作赖以完成的基本条件,是确保出版物质量的重要环节,其任务是消灭出版物中一切可能存在的错误。

1. 校对程序

校样打印出来后,先由印刷厂校对人员进行毛校,经过毛校并改正差错之后,印刷厂即可打出初校样送出版社,此后一般需要经过3次校对。

(1) 初校 初校是指出版社人员及书籍编者对初校样的第一次校对。初校任务是基本消灭校样中的错误,主要应改正校样中的错字、错体、漏字、多字、颠倒字、坏字,以及图版不正等问题。

(2) 二校和三校 初校完毕,印刷厂根据初校的修改意见打出二校样,由出版社校对人员和编者进行第二次校对。三校是改正校样中存在错误的最后一次机会,校对者应从封面到最后一页认真、细致地检查。

(3) 通读 三校之后,校对者要对书籍校样进行一次从头到尾仔细阅读。若发现错讹或疑问之处,要查对原稿,如属于校样差错,可用红笔改正;如属于原稿有误,可找编者解决。通读后,最后一次查点页码,校对目录。

(4) 对红 也叫核红,它是印刷厂根据三校修改意见进行改动,并对改动部分进行的一次校对。

2. 校对方法

校对的基本方法有3种:折校(又称比校)、对校(又称点校)和读校。

(1) 折校 折校是一个人进行校对的方法。它是将原稿置于桌上,把校样轻折夹在双手的大拇指、食指与中指之间,使校样的字行与底稿中的相应字行紧密衔接,上下相对。校对中,校对者的脑、眼、手三位一体,一目双行,以默读来控制视线和校样移动速度。

(2) 对校 这也是一个人单独校对的方法。它是将原稿放在校样的左方或上方,校对者先看原稿,后看校样,逐字逐句地往下校对。校对者的眼睛要均匀地、有节奏地在每一个字上停留,并默读文句。

(3) 读校 两个人合作进行的校对,即一人朗读原稿,一个看校样。

案 例 思 考

案例1 关于征集2007年大事记的通知

学院各单位、院直各部门:

2007年的大事记编写工作现已开始,请各单位积极配合,将一年来的大事、要事整理后报送到院档案室。具体要求如下:

一、征集资料的时间为:2007年1月1日至12月31日。

二、征集的内容主要是发生在本单位、部门的重大活动、重大举措和重大事件,包括党支部的建立、换届及主要领导人的更迭,单位或个人受到国家或省级表彰、获得国家级重大科研成果奖等，也包括发生的有影响的正反两方面的典型事件。

三、文字材料要求既要简练，又要把事件说清楚，各个事件要按年、月、日逐条整理，两个相关事件可以放在一起记载。一个事件文字一般不超过300字。

四、图片（照片）资料要求。有关上级主要领导到本单位视察的照片，各种大行活动、换届、表彰等照片及有一定代表意义的图片资料一并报送，并附简要说明。

五、大事记，作为档案编研工作的重要形式之一，要求"以时为经、以事为纬"，系统扼要地记录已发生的历史事件，揭示并反映一个单位各个历史阶段的各项重要工作和活动发展变化情况，为人们了解过去、总结经验、探索事物发展规律及编史修志起着不可替代的作用，同时它也起着沟通档案基础工作与利用工作的桥梁作用及丰富档案室的收藏作用。为使我院大事记的编写工作有章可循、有据可依，现依据"大事不漏，史料真实，时间准确，小事不取"的选事原则，请各单位、部门从我院教育教学及行政管理工作的实际情况出发，认真编写大事记，并请于2008年3月15日前报到学院档案室。

思考：跟你所在院系领导了解有关情况后，你能帮院系领导完成此类任务吗？

案例2　吉林省舒兰市档案局（馆）档案编研简介

开展编研工作是提高档案馆工作水平的一个重要途径，是档案部门积极主动提供档案信息的有效方式。多年来，档案局把档案编研工作作为一项重要的工作来抓，并纳入了主要工作日程。在编研工作中，工作人员正确认识和处理了"编"和"研"的关系，在研究的基础上，以"编"为主开展编研工作。多年来共汇编档案文集、编纂和公布档案史料、编写参考资料和编史修志若干篇，促进了档案工作的开展，满足了社会利用的需要。

1979年至1983年，根据档案的内容和成分，编写了多种内容翔实、文字简练的参考资料。主要编写了《中国共产党舒兰县历次代表会议和代表大会情况概述》《舒兰县历次人民代表大会情况概述》《舒兰县大事记》《舒兰县自然概况》等几十种资料。

1984年至1988年，在编写参考资料的基础上，又根据实际需要，开始了汇编文史资料的工作。先后汇集编写了《中国共产党舒兰县历次代表大会重要文件汇编》《舒兰县历次人民代表大会重要文件汇编》《中共舒兰县委重要文件汇编》，纂写了《舒兰档案志（1949～1986）》等资料。

1989年至2002年，开拓了档案编研工作思路，加大了编研工作力度，紧密围绕两个文明建设，确定了编研工作重点，先后编写了《舒兰县乡镇资源简介》《舒兰市籍海内外名人录》《党员风采》《强市建设文件汇编》等资料。

思考：档案编研成果的常见类型有哪些？档案编研的选题、选材应注意什么？档案编研的对象、手段和目的分别是什么？

第八章

人事档案管理技能训练

> **学习任务和目标**
>
> （1）通过人事档案收集、鉴别、排序编目、保管、查阅与转递等技能的训练，提高学生管理人事档案的能力。
>
> （2）通过人事档案管理规章制度的拟写，提高学生人事档案管理意识和文字表达能力。
>
> （3）通过培养学生收集、整理、转递流动人员人事档案的技能，提高学生管理流动人员人事档案的意识和能力。

人事档案是国家机构、社会组织在人事管理活动中形成的，记述和反映个人经历、思想品德、学识能力、工作业绩的，以个人为单位集中保存起来以备查考的文字、表格及其他各种形式的历史记录材料。目前个人需要的司法公正、职称申报、开具个人证明、办理退休手续等都要用到个人人事档案。如何管理流动人员人事档案是高职毕业生经常面临的问题。

第一节 认识人事档案

一、了解人事档案特点与作用

1. 人事档案特点

（1）**现实性** 人事档案记述和反映的是当事人现实的生活、学习及工作活动情况。组织、人事、劳动部门在现实生活中，为了考察和正确使用员工，要经常查阅人事档案。反映现实与为现实工作服务，是人事档案的一个重要特点。

（2）**真实性** 人事档案材料，其来源、内容和形式必须真实可靠，即真实地反映当事人各方面的历史与现实的面貌。真实性是人事档案的生命，是其核心特点。

（3）**动态性** 历史在发展，社会在前进，每个人的情况也在不断地发生变化，包括年龄的增长、学历与学识的提高、职务与职称的晋升、工作岗位与单位的变更、奖励与处分的状况、在岗下岗及离退休等。因此，人事档案应当"与时俱进""档随人走""人档统一"。

（4）**机密性** 人事档案一般都涉及当事人家庭及个人的隐私。有些人员，如担任不同级别的党和国家的领导职务，或者身负外交、国防、安全、公安、司法等特殊任务，其人事档案往往涉及党和国家的机密。因此，人事档案在相当长的时间内及在一定的范围内具有机密性。

2. 人事档案的作用

（1）**考察、了解员工的重要手段**　组织、人事工作的根本任务是知人善任、选贤举能。而要知人，就要全方位地了解人。了解的方法，除了直接考察该人员的现状外，还必须通过人事档案掌握其全面情况。可以说，人事档案为开发人力资源、量才录用、选贤任能提供了信息与数据。

（2）**解决当事人个人问题的凭证**　由于种种原因，在现实生活中，有关部门和人员有时会对员工有错误的认识和做法，甚至造成冤假错案或历史遗留问题。作为当事人历史与现实的原始记录，可以为查考、了解和处理这些问题，提供可靠的线索或凭证。

（3）**编写人物传记和专业史的宝贵资料**　人事档案是在组织、人事部门中形成的，其中还有当事人自述或填写的有关材料，因此内容真实、情节具体、时间准确，在研究党和国家人事工作，研究党史、军事史、地方史、思想史、专业史以及撰写名人传记等方面，具有很高的史料价值。

二、掌握人事档案的分类

干部人事档案分类有正本、副本之分。干部人事档案正本，是历史地、全面地反映一个干部情况的档案材料，全卷分为10大类，是一个干部的全部原始材料的总和。干部人事档案副本，是概括反映一个干部情况的档案材料，由干部人事档案正本主要材料的复制件（或重复件）构成。依据《干部档案工作条例》和《干部人事档案材料收集归档规定》，干部人事档案正本材料分为如下10大类：

1. 履历材料

干部履历表（书）、简历表；干部、职工、教师、医务人员、军人、学生等各类人员登记表；个人简历材料；更改姓名的材料（报告与批件）。

（1）学生就读期间填写的反映其本人经历的登记表放第一类，而中学、大学报考登记表与成绩单和毕业生登记表共同构成一整套学历材料，放第四类。

（2）反映党、团员一般经历的登记表或简历表放第一类，而在整党或重新登记过程中形成的党、团员登记表，则放第六类。

（3）干部履历鉴定书（表）或履历表、简历表有鉴定的，以履历为主的放第一类，以鉴定为主的放第三类。

（4）可以确认干部参加工作时间的登记表（如应征入伍登记表、兵役登记表、知识青年上山下乡登记表等材料），归第九类。

（5）没有实际内容的表格，不归档。如确有保存价值的（如工会会员登记表），可放第十类。

2. 自传材料

是由本人撰写的叙述自己经历、思想变化过程、社会关系等情况的材料，包括自传、干部自传以及其他自传性质和以自传为主的材料。

（1）有的干部没有写过自传，可将含有自传内容较多的入党申请书放第二类，并在干部档案目录中标明"代自传"字样。

（2）组织上要求干部本人交代的有关本人经历、家庭情况或社会关系等材料，凡有专题调查报告、调查材料及结论性意见的材料，应合并一起放第五类。

（3）一般性的科技干部业务自传、技术自传，不归档。

3. 鉴定、考核、考察材料

以鉴定（含自我鉴定）为主要内容的各类人员登记表，组织正式出具的鉴定干部表现情况材料，作为干部任免、调动依据的正式考察综合材料，干部考核和民主评议的综合材料，党政机关、事业单位工作人员年度考核表，离任审计材料等。

（1）含有成绩（或有"同意毕业""准予毕业"意见）的毕业生鉴定表放第四类。

（2）离任审计工作中形成的审计报告或干部离任审计考核材料，一般放第三类。而在审计中发现干部有经济或其他问题的，则放第八类。

（3）总结（毕业总结），以鉴定为主的放第三类；重点谈收获、体会的放第十类。

（4）短期（半年以下）的总结材料可不归档，领导干部述职报告不归档。

4. 学历、学位、培训和专业技术职务材料

报考高等院校考生登记表（报考书）、审批表，毕业生登记表，学习（含培训结业）成绩表，学历证明材料，授予学位的决定、决议、学位论文答辩决议，博士后研究人员工作期满登记表，各种培训登记表（公务员过渡培训表）；专业技术职务任职资格申报表，专业技术职务考绩材料，聘任、套改、晋升、解聘专业技术职务（职称）审批表、登记表；干部的创造发明、科研成果、著作和有重大影响（如获奖或在全国性报刊上发表）的论文的评价材料和目录（目录须经组织批注意见并加盖单位公章后方可归档）。

（1）学历材料，一要注意完整性，一套完整的学历材料至少由报考登记表（报考书）、学习成绩单（卡）、毕业生（学员结业）登记表三部分组成。二要注意真实性，不具备成人学历教育资格的办学单位颁发的毕业证、学历证明，不承认学历；没有参加统一入学考试，学习时间不符合学制规定，补发的学历证明无文件依据的，不承认学历。

（2）教师资格过渡登记表放第四类。

（3）"文革"中推荐的"工农兵"学员，组织推荐材料放第四类，而在推荐过程中形成的座谈记录等材料则不归档。

（4）考生政审材料与报考登记表（审批表）一起放第四类。

（5）反映干部学历、专长、业务能力和贡献的登记表、调查表、审批表，放第四类。

（6）毕业证、学位证原件由本人保存，复印件放第四类（在登记目录时要注明）。

（7）学生证、各科试卷、毕业设计、准考证、入学通知书、论文、著作等材料不归档。

5. 政审材料

审查干部政治历史情况（包括党籍、党龄、国籍）的调查报告、审查结论、上级批复、本人对结论的意见、检查交代或说明情况的材料，主要证明材料；甄别、复查结论（意见、决定）、调查报告、批复及有关的依据材料；家庭成员及主要社会关系的调查、说明材料；入党、入团、参军、出国等政审材料；更改干部的民族、年龄、入党、入团和参加工作时间的组织审查意见，上级批复以及所依据的证明材料。

（1）一套完整的政审材料应包括批复、结论或甄别复查结论、本人对结论的意见及检查交代材料、调查报告、主要证明材料等。

（2）因私出国形成的审查材料放第五类，因公出国政审材料则放第九类。
（3）盖有公章的干部爱人情况登记表放第五类，未盖公章的则放第十类。
（4）入伍时间批注（证明）、连续工龄审核等材料放第五类。
（5）未有组织结论的反映干部重大问题的材料不能归入干部人事档案，应退还该干部所在单位，待组织作出结论后，再判定是否归档。
（6）政审过程中形成的请示报告、信件、函调、索要证明卡片、外调提纲、调查线索、外调介绍信、与被查人谈话记录、审查结论和调查报告的草稿、底稿不归档。

6. 党团材料

中国共产党入党志愿书，入党申请书和转正申请书，中国共产党党员登记表，不予登记的决定、组织审批意见及所依据的材料；民主评议党员中形成的组织意见或党员登记表，认定为不合格党员被劝退或除名的主要事实依据材料和组织审批材料；退党材料；取消预备党员资格的组织意见；中国共产主义青年团入团志愿书、申请书，团员登记表，退团材料；加入民主党派的有关材料。

（1）党团材料只归档组织已作了结论的正式材料。要求入党、入团期间的思想汇报材料，党小组、支部讨论记录，考察写实材料，有关问题请示报告、审批通知书等不归档。入党积极分子培养表，预备党员培养教育考察表，一般不归档，但有组织说明的可放第六类。
（2）入党申请书最多只归首尾两份。
（3）入党调查报告和证明材料应放第五类。
（4）未批准或未转正以及取消预备党员资格的入党志愿书，由干部所在单位党组织保存，不能归入干部人事档案，已归档的应取出。
（5）党员登记中缓登期满后的组织决定及有关材料放第六类。
（6）凡被开除出党的人员，其入党材料仍放第六类，但须在其入党志愿书封面上注明何时由何机关开除出党。开除出党的处分材料则放第八类。

7. 奖励材料

各种先进人物登记表、先进模范事迹、嘉奖、通报表扬等材料（审批表或呈报表）。
（1）奖励晋升工资审批表放第九类。
（2）单位立功受奖，不能将单位的事迹材料归入该单位主要领导人档案中。
（3）班组、车间、连队口头表扬材料不归档。
（4）奖励过程中形成的决定、通告、请示报告属于文书档案；奖状、荣誉证书、纪念册、奖章、勋章不归档，由本人保存。

8. 处分材料

违犯党纪、政纪、国法所受的党内外处分决定（免于处分的处理意见），查证核实报告，上级批复，本人对处分的意见和检查、交代材料；组织上对干部个人的通报批评材料；甄别、复查报告、决定、上级批复及本人意见；法院审判工作中形成的判决书等材料。

（1）政治历史问题与违纪错误混同一起给予处分的结论、调查报告、处分决定等材料，一律放第八类；只有批复或结论而未给予处分，以政治历史问题为主的放第五类，以违纪错误为主的放第八类。
（2）离婚判决书放第十类，其他如刑事、行政（治安）拘留、劳教等审批材料放第八类。

（3）纪检查处案件中的处分决定、批复、通知等原稿，索要的调查证明材料、检举揭发旁证材料和司法部门判决书原件、证据、本人交代、侦破方案、审讯笔记等，属案件档案，不归入干部人事档案。

9．录用、任免、出国（出境）、工资等材料

干部工资级别登记表，转正定级审批表，各种工资变动审批表（呈报表），奖励工资审批表，享受特殊津贴呈报表，解决待遇的审批表、批复等；干部任免审批（呈报表），调动呈报表，公务员报考登记表、审批表，公务员过渡登记表；聘用审批表、合同书，续聘、解聘、辞退材料，干部退（离）休审批表，军队转业干部审批表，授予军（警）衔审批表；因公出国（出境）审批表、备案表；党代会、人代会、政协会以及工、青、妇等群众团体代表会、民主党派代表会代表登记表，委员简历（提名表）等。

（1）应征入伍登记表（兵役登记表）、退伍登记表（审批表），转业干部服预备役报告表，知识青年上山下乡登记表，招工登记表（审批表），"以工代干"人员转干审批表等材料放第九类。

（2）有干部职务任免内容的登记表、简历表、审批表放第九类。

（3）党委委员、团干部、讲师团成员登记表（任免性质），援藏（进疆）人员登记表、审批表放第九类。

（4）无任免呈报表时，任免通知可放第九类，有任免呈报表则不归任免文件。

（5）大、中专毕业生分配报到通知书（派遣证）可放第十类。

（6）商调函、调令、出国任务批件等材料不归档。

10．其他可供组织参考材料

有残疾的体检表，因公致残确定残废等级的材料；办理丧事活动中形成的讣告、悼词、生平、死亡证明书，非正常死亡的调查报告及有关情况和遗书等；不符合第一类至第九类归档内容而又有保存价值的材料。

（1）民事纠纷判决书，结婚报告，离婚结论，军人家属随军登记表（审批表），干部家属农转非审批表，独生子女审批表等材料可放第十类。

（2）思想汇报原则上不归档，但反映的思想认识独特、影响较大的材料可放第十类。

（3）历次政治运动中的思想总结、个人检查等材料，仍保留在第十类。

（4）一般的体检表、化验报告不归档。

第二节　管理人事档案

一、收集与归档

1．收集范围

人事档案收集范围主要有：人事工作中形成的履历表、登记表等；国民教育、成人教育（大中专）、党校、军队院校学生（学员）登记表，考生登记表，学习成绩表，毕业生登记表；鉴定表，授予学位的材料、学历证明书；培训结业成绩登记表、学习鉴定、学员思想小结（结

业)、博士后研究人员工作期满登记表等材料；评审（考试）专业技术职称（资格）和聘任专业技术职务工作中形成的有关材料；创造发明、科研成果鉴定材料；入党志愿书、入党申请书、预备党员转正申请书、自传、综合性政审材料及有关的证明、考察材料；加入民主党派的有关材料；办理工资、待遇等工作中形成的材料；健康检查和处理工伤事故中形成的有关材料等。具体参见"人事档案的分类"部分。

2. 收集方法

（1）各级组织干部人事、纪检监察和教育培训、审计、统战等部门都应建立健全送交干部人事档案材料归档的制度，并认真贯彻执行。

（2）形成干部人事档案材料的部门，在形成材料后的一个月内，按要求将材料送交主管干部人事档案的部门归档。

（3）干部人事档案管理部门，应掌握形成干部人事档案材料的信息，建立联系制度，不失时机地向有关部门收集新形成的干部人事档案材料。

（4）干部人事档案管理部门，发现有关部门移交归档的材料不符合归档要求时，应及时通知形成材料的部门补送材料或补办手续。形成材料的部门，有责任按规定认真办理。

（5）组织干部人事部门，应根据工作需要，适时布置填写干部履历表或干部履历补充表等，及时充实档案内容。

3. 归档要求

（1）归档的材料必须是办理完毕的正式材料。材料应完整、齐全、真实，文字清楚、对象明确，有承办单位或个人署名，有形成材料的日期。

（2）归档的材料，凡规定由组织审查盖章的，须有组织盖章，规定要同本人见面的材料（如审查结论、复查结论、处分决定或意见、组织鉴定等），一般应有本人的签字。特殊情况下，与本人见面后未签字的，可由组织注明。个人填写的履历表、自传、思想总结，必须要有本人签字。

（3）人事档案材料要文字规范、字迹清晰，严禁作涂改、贴补或其他任何技术处理。档案材料要内容准确，所填写的出生时间、参加工作时间、入党时间、毕业时间必须与实际相符，不准更改，填写姓名用字必须与户口本、身份证用字相符，不得用简化字、同义字、同音字代替，不得含糊其辞、互相矛盾。

（4）干部人事档案材料的载体应使用16开（19cm×26cm）规格的办公用纸，材料左边应留出2～2.5cm装订边。

（5）归档材料的文字须是铅印、胶印、油印或用蓝黑墨水、黑色墨水、墨汁书写。不得使用圆珠笔、铅笔、红色墨水及纯蓝墨水和复写纸书写。除电传材料需复印存档外，一般不得用复印件代替原件存档。

4. 建立和健全收集制度

（1）**移交制度** 各单位、各部门日常工作中形成的，凡属人事档案材料归档范围的，均应移交人事档案部门。

（2）**索要制度** 人事档案部门不能完全坐等有关单位或部门主动送材料上门，应当常与有关部门保持密切联系，定期或不定期索要应归档的人事档案材料，做到嘴快、手快、腿勤。

（3）**检查核对制度** 人事档案部门应定期检查所管档案的状况，将其中不符合归档要求的材料,退回形成单位重新制作或补办手续;发现不属于人事档案范围的材料,应退回原单位处理;发现缺少的材料,应填写补充材料登记表,以便有计划地进行收集。

(4) **补充制度** 组织、人事、劳动(劳资)部门根据工作需要和人事档案材料的缺少情况,统一布置填写有关表格等材料。

> **小实例:××投资(集团)有限公司人事档案管理办法**
>
> 第一章 总 则
>
> 第一条 为了规范公司劳动人事档案管理工作,特制定本办法。
>
> 第二章 管理体制
>
> 第二条 对具有人事调配权的公司,人事档案在公司人事部保存。
> 第三条 对无人事调配权的公司,可委托上级主管部门或母公司人事部门保存。
> 第四条 对无上级企业的公司,可在当地人才交流中心设一专户,保存公司人事档案。
> 第五条 对小型企业,员工个人,可将人事档案存人才交流中心。
> 第六条 公司应有专人专职或兼职管理人事档案。
>
> 第三章 管理内容
>
> 第七条 对员工人事档案的建档工作。
> 第八条 员工调入时,人事档案的转调工作。
> 第九条 员工考核结果及奖励、惩罚决定存入人事档案。
> 第十条 统计分析人事档案资料,合理调配人才,做到人尽其才。
> 第十一条 员工调出时,人事档案的调转工作。
> 第十二条 人事档案为密件,须合理存放,不得泄露秘密,无关人员不得查阅。
> 第十三条 因各种特殊原因,如调入人原单位无正当理由不予调动、档案丢失、毁损等,公司按有关规定为其重新建立人事档案。
>
> 第四章 附 则
>
> 第十四条 本办法未尽事宜,参照公司档案管理办法执行。
> 第十五条 本办法由人事部解释、补充,经总经理批准后颁布执行。

二、鉴别人事档案

人事档案的鉴别是按照一定的原则和规定,对收集的档案材料进行审查、甄别其真伪,判定其有无保存价值,确定其是否应归入人事档案。鉴别工作的好坏直接决定着人事档案质量的优劣,对能否正确贯彻人事政策也有一定的影响,这项工作在人事档案工作中占有特殊的地位。

1. 鉴别原则

人事档案的鉴别工作是一项政策性很强的工作,必须遵循"取之有据,舍之有理"的原则。"取之有据",是指归入人事档案的材料要有依据,符合上级的有关规定;"舍之有理",是指决定剔除的材料,要有足够的理由,尤其是准备销毁的材料,必须慎之又慎,不能草率从事。

2. 鉴别内容

(1) 鉴别档案材料,须做到逐页逐项地核对材料内容和有关信息,保证材料内容完整、齐全、真实,保证信息准确无误。

（2）凡规定由组织盖章的材料，应有组织印章；凡个人撰写的材料，应有形成时间及本人签字。

（3）对档案中涉及的出生时间、入党时间、参加工作时间和学历学位等信息前后记载不一致的，在没有组织出具的更改证明的前提下，出生时间、参加工作时间以档案中最早记载为准；入党时间以支部大会讨论通过的时间为准；涉及学历学位档案记载与本人填写不一致的，人事档案室须向有关部门人事干部反映，人事干部负责对该人学籍材料进行催要；涉及干部出生年月、参加工作时间变更问题须报人事处审核批准。

（4）对于所缺材料须向材料形成单位进行催要，如确实无法补充，单位要出具书面说明。

3．剔除材料的处理

（1）**转出**　经鉴定确实不属员工本人的材料，或是不应归入人事档案的材料，均应转给有关单位保存或处理。转出时，要写好转递材料通知单。

（2）**退回**　凡新近形成的档案材料，手续不够完全，或内容尚需查对核实，应提出具体意见，退还有关单位，待修改补充后再交回。凡应退还本人的材料，经领导批准后退还本人，并履行登记、接收人清点与签名盖章等手续。

（3）**留存**　不属人事档案范围，又有价值的材料，整理后作为业务资料保存。

（4）**销毁**　无保存价值、重份的材料，要按有关规定予以销毁。

4．注意事项

（1）鉴别人员必须认真贯彻执行干部档案工作的有关规定，严格遵守安全保密制度，严防泄露干部档案材料内容。

（2）在鉴别档案材料过程中，更加强对档案材料的管理，注意档案中散件的保存，对抽出及补充的材料要及时登记、送交，防止遗失。

（3）注意爱护档案材料，严禁涂改、损坏材料，严禁在档案材料附近吸烟、喝水，以免污损材料。

三、排序与编目

1．排列

人事档案排列方法有3种：①时序法，是按形成时间为序排列材料的方法，形成时间早的材料排在前，形成时间晚的材料排在后，由远至近反映干部的情况。②系统法，是按材料的重要程度为序进行排列的方法，适用于系列材料的排列。③时系混合法，是时序法、系统法交叉使用的方法，适用于一个类别里有多套系列材料的情况。

2．编目

（1）**编码**　人事档案的编码包括顺序号、页码。顺序号包括材料的类号和份号。类号是指对干部人事档案材料所划分的10个大类号；份号是每类中具体材料的排序号。编写顺序号用铅笔，标在每份材料第一面的右上角。格式如下：

1－1　　1－2……
2－1　　2－2……
3－1　　3－2……
……　　……

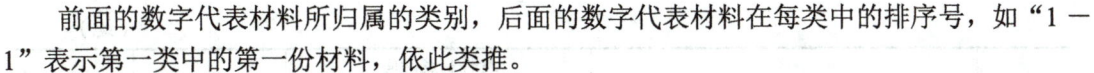

前面的数字代表材料所归属的类别,后面的数字代表材料在每类中的排序号,如"1－1"表示第一类中的第一份材料,依此类推。

在每份材料右上角编上顺序号的同时,按图书计页法,用铅笔在材料每面的右下角编上页码(正面右下角,反面左下角)。材料本身有页码的,不需重编。如果其中有插页的,将插页顺着上页编上号码,再将以后的页码顺编。

为每份材料编上顺序号和页码,一方面可以固定材料的位置,另一方面也方便检索、利用。

(2)**目录** 每卷人事档案必须有详细的档案材料目录。人事档案材料的目录登记,就是在材料经过排列之后,按照固定的目录栏目和要求,将相应的归档材料逐份记载的工作。目录登记,关键可以起到索引的作用,同时有帮助复查、保护档案材料的作用。做法如下表:

小实例:人事档案目录

类 号	材 料 名 称	材料制成时间			份 数	页 数	备 注
		年	月	日			
一	履历材料						
1	在校学生登记表	1960	12	13	1	5	
2	干部履历表	1982	08	30	1	9	
3	干部履历表	1988	09	12	1	13	
4	干部履历表	1999	04	15	1	11	
二	自传材料						
1	学生自传	1961	06	30	1	8	
2	自传	1983	07	01	1	10	
三	鉴定、考核、考察材料						
1	干部鉴定	1979	03	12	1	3	
2	××同志的考察材料	1985	10	13	1	4	
3	1994年度考核表	1995	02	10	1	3	
4	1995年度考核表	1996	01	12	1	3	
5	1996年度考核表	1997	01	30	1	3	
6	1997年度考核表	1998	02	02	1	3	
四	学历、学位、培训和专业技术职务材料						
1	高中毕业生登记表	1961	06	30	1	5	
2	报考高等院校登记表	1964	06	25	1	2	
3	高考政审	1964	07	01	1	1	
4	大学毕业生登记表	1969	07	03	1	6	
5	学历证明	1980	03	09	1	1	复印件
6	评定专业技术职务申报表	1982	10	31	1	9	
7	聘任专业技术职务审批表	1983	01	01	1	3	
8	教师资格过渡登记表	1995	09	10	1	3	
五	政审材料						
1	入党政审	1963	12	25	1	2	
2	家庭情况证明材料	1970	07	07	1	4	
3	××同志爱人情况登记表	1979	08	10	1	3	
4	××同志参加工作时间的批复	1993	11	11	1	1	
5	工龄审批表	1993	11	11	1	1	

(续)

类号		材料名称	材料制成时间			份数	页数	备注
			年	月	日			
	6	有关某某同志参加工作证明材料	1993	03	05	1	5	
六		党团材料						
	1	入团志愿书	1961	03	05	1	3	
	2	入团申请书	1960	12	26	1	2	
	3	入党志愿书	1965	07	01	1	7	
	4	入党申请书	1964	05	10	1	11	
	5	转正申请	1966	06	06	1	8	
	6	中国共产党党员登记表	1985	10	10	1	5	
	7	中国共产党党员登记表	1990	04	26	1	5	
七		奖励材料						
	1	先进工作者登记表	1987	07	01	1	3	
	2	优秀党员登记表	1997	12	30	1	3	
八		处分材料						
	1	关于××同志所犯错误处理决定	1982	03	15	1	2	
	2	关于对××同志处理意见的请示	1982	02	13	1	5	
	3	关于××同志所犯错误调查报告	1982	02	06	1	7	
	4	××同志个人检查	1982	01	13	1	8	
九		工资、任免、出国、其他等材料						
9—1		工资材料						
	1	转正定级呈批表	1970	02	10	1	1	
	2	1982年工资升级审批表	1982	07	07	1	1	
	3	1985年工资升级审批表	1985	06	20	1	1	
	4	1989年工资升级审批表	1989	11	15	1	1	
	5	职务工资变动审批表	1992	02	15	1	1	
	6	1993年工资升级审批表	1993	09	01	1	1	
	7	工改套改工资审批表	1994	07	17	1	1	
	8	1995年工资升级审批表	1996	11	01	1	1	
	9	1997年工资升级审批表	1998	05	15	1	1	
9—2		任免材料						
	1	招工登记表	1961	08	15	1	3	
	2	干部任免职务呈批表	1975	01	10	1	2	
	3	干部任免呈报表	1985	09	09	1	2	
	4	干部任免审批表	1996	10	11	1	2	
9—3		出国材料						
	1	初次出国人员审查表	1983	01	01	1	3	
	2	再次出国人员审查表	1990	12	12	1	3	
	3	出国备案表	1994	04	05	1	1	
9—4		代表大会						
	1	参加九届人大代表会代表登记表	1997	10	15	1	3	
十		参加材料						
	1	思想总结	1966	05	13	1	4	
	2	结婚报告	1971	05	04	1	1	

四、保管、查阅与转递

1. 保管范围

人事档案的保管范围，是依据统一领导、分级管理，管人与管档案相一致的原则确定的。

（1）**在职人员**　人事档案的正本，由主管该人的组织、人事部门保管。人事档案的副本，由主管或协管该人的组织、人事部门保管。非主要协管和监管的单位，不保管人事档案的正、副本，但可根据需要保存近期重份的或摘要的登记表、履历表之类材料。军队和地方互兼职务的干部，主要职务在军队的，其档案由部队的政治部保管；主要职务在地方的，其档案由地方的组织、人事部门保管；民主党派和无党派的爱国人士档案，由各级党委统战部门保管。

（2）**离、退休人员**　党中央、国务院管理的干部，是中共党员的，其档案由中央组织部（或人事部）保管；是民主党派和无党派爱国人士的，由中央统战部保管；其他人员的档案，由该人的管理部门保管；工人档案由所在单位的劳动（组织、人事）机构保管。

（3）**辞职、退职、自动离职、被辞退（解聘）后未就业人员**　在职人员辞退、退职、自动离职、被辞退（解聘）后，未就业的机关、事业单位人员其档案由原管理单位保管，企业人员由户籍所在地劳动保障部门保管。已就业的，其档案转至有关组织、人事、劳资部门保管；不具备保管条件的，转至人事部门所属的人才流动服务中心保管。在职人员被开除公职后，其档案保管方法原则上同上述程序。

（4）**开除公职、判刑、劳动教养人员**　在职人员受刑事处分或劳动教养期间，其档案由原管理单位保管；刑满释放或解除劳教后，重新安排工作的，其档案由主管该人员的部门保管或人才流动服务中心保管。

（5）**死亡人员**　党中央、国务院的干部，死亡后其档案由原管理单位保管5年，移交中央档案馆保存。中央、国家机关各部长，各省、自治区、直辖市管理的厅局级职务的干部，全国著名的科学家、艺术家、教授和有特殊贡献的英雄、模范人物、知名人士等，死亡后其档案由原管理单位保管5年后，移交本单位档案部门保存，并按规定的限期，移交同级档案馆保存。上述范围以外的其他干部，死亡后其档案由管理部门保存5年后，移交机关档案部门保存，并按同级档案馆接受范围规定进馆。企业职工死亡后，其档案由原管理部门保存5年后，移交企业综合档案部门保存；对国家和企业有特殊贡献的英雄、模范人物死亡后，其档案按规定向有关档案馆移交。

（6）**人事档案管理人员及其在本单位直系亲属的档案**　人事档案管理人员及其在本单位直系亲属的档案由组织指定有关部门及专人保管。

2. 查阅

（1）**查阅的原则**　人事档案查阅总原则是：宽严适度，内外有别，灵活掌握，便于利用。组织、人事、劳动部门利用档案应从宽，其他部门利用档案应相对严格一些。对高、中级干部，有贡献的专家、学者和有影响的知名人士，以及机要人员的人事档案，提供利用时应从严掌握，严格执行审批手续；对一般干部、工人、学生的人事档案，利用范围可以从宽掌握。凡员工的主管单位，组织、人事、劳动、纪检、监察、保卫、司法、检查等部门，因研究和处理有关问题，可以查阅和借用人事档案；其他单位不得直接查阅，如确因工作需要借用档案，则须办理相关手续。

(2) 查阅的要求

1)利用党委组织部门的人事档案必须是中共党员。

2)组织、人事、劳动部门查阅人事档案须有手续完备的信件；其他部门应持有本单位领导签字的正式查档介绍信或《查阅人事档案审批表》。

3)查阅人员不得查阅本人及其亲属的档案。

4)未经领导批准，不得查同级人员档案，下级不得查阅上级人员档案。

5)本单位组织、人事部门一般不得查阅本单位领导人的档案。

6)只准查阅介绍信或审批表中提到的有关内容的档案。

(3) 查阅的程序和手续

1)查阅人事档案，必须持介绍信或审批表，由主管负责人签字并加盖公章，报人事档案部门审批后方可查阅。

2)人事档案部门接到介绍信或审批表后，应认真审核其查档理由、范围、手续等，提出处理意见并报领导审批。

3)提供利用时，将介绍信或审批表留下，办好借阅登记手续后方可阅档。

4)人事档案一般不外借，在特殊情况下经过批准，可以短期外借，并严格办理借还手续。

(4) 出具证明和复制档案的手续　凡是县级和相当于县级以上党委组织、人事、劳动、公安等机关，人事档案管理部门可以根据利用者的需要，出具证明材料，经领导审阅批准后，加盖公章，然后登记发出或直接交给利用者。

档案材料的复制，先由利用者提出申请，说明复制的内容和形式（手抄、复印、摄影）、份数和用途，经人事档案部门审核批准后，方可复制。复制后应注明材料出处、复制日期，必要时加盖公章，以示负责。

3. 转递

人事管理工作中，由于多种原因，经常改变员工的主管单位和协管单位。因此，人事档案随着干部的任免权限的改变、员工主管单位的变化，要及时转至新的主管部门，这就形成了人事档案转递工作。

(1) 转递原因　人事档案转递的原因很多：员工职务变动（提拔、免职、降职）改变了主管单位；员工跨单位、跨系统调动；员工所在单位撤销或合并入新单位；干部任免权变化与人事管理范围的调整，人事档案的管理范围也进行相应的调整；员工所在单位的隶属关系发生变动；干部进入院校学习毕业后统一分配；中专、高等院校毕业生分配工作；军队干部转业到地方安置或复员；员工离休、退休后异地安置；员工辞职、退职、开除公职、刑满释放、解除劳教后重新就业的；员工残废后，按规定向相应档案馆（室）移交的；"无头档案"查到下落的；形成人事档案材料的单位需要向主管单位人事档案部门移交的等。

(2) 转递要求

1)及时。为避免发生"有人无档"或"有档无人"的现象，必须及时转递人事档案。1990年修订的《干部档案工作条例》规定："干部工作调动或职务变动后就及时将档案转给新的主管单位。"《企业职工档案管理工作规定》也指出："企业职工调动、辞职、解除劳动合同或被开除、辞退等，应由职工所在单位在1个月内将其档案转交其新的工作单位或其户口所在地的街道劳动（组织人事）部门。"要达到上述要求，人事管理部门与人事档案部门，要密切合作，相互衔接好。人事管理部门在员工提升、调动、复员、离休、退休的决定和通知下达后，就及时抄送或通知人事档案部门，以便续填职务变更登记表和转递人事档案。

2）准确。转递人事档案必须以任免文件调动通知为依据，在确知有关人员新的主管单位后，直接将人事档案转至该人员新的主管单位。不要把人事档案转到非人事主管单位的上级机关或下级机关，更不能盲目外转。

3）安全。人事档案转递工作要确保人事档案材料的绝对安全，杜绝失密、泄密和丢失现象的发生。转递人事档案只能用机密件通过机要交通转递，也可由转出或接收单位派专人送取，不准本人自带，不得以平信、挂号、包裹等形式公开邮寄。凡转递人事档案，均应密封并加盖密封章，详细填写统一的"人事档案转递通知单"，确保其绝对安全。

（3）**转递方式**　人事档案转递的方式主要有零星转递和成批移交。零星转递是指日常工作中经常的数量不大的人事档案材料及时转递给有关单位，是转出的主要的经常的方式，一般通过机要交通来完成。成批移交主要是指管档案单位之间数量较多的人事档案的交接，经交接双方商定，由接收单位或移交单位派专车、专人到移交（或接收）单位取送，如移交与接收单位相距太远，则通过机要交通转递。

（4）**转递程序和手续**

1）转出程序和手续。转出的档案必须完整齐全，不得扣留材料或分批转出，转出前认真清理和整理，做到材料齐全、装订整齐。人事档案应通过机要交通转递或派专人（中共党员）送取，不得转往无人事权的部门或民办机构。零星转递时，应在转出材料登记簿上登记，在人事档案底册上注销，并仔细填写《人事档案转递通知单》，将材料以机密件寄出，将收到单位退回的"回执"粘贴在转递存根处；转出的档案，逾期一个月未退回执的，应及时催退回执，以防丢失。成批移交时，除登记、注销外，还应编制移交文据和移交清册一式两份，要派人护送，交接双方应在移交文据上签字，以示负责。对已出现的"无头档案"，应认真查转；对确属查不到下落人员，又有保存价值的档案或档案材料，应转到当事人的原籍档案馆保存。

2）接收程序和手续。首先应仔细检查转来的档案是否属本单位所管理的范围，如属本单位的，应查对与转递通知单或移交清册上的记载是否相符；确认无误后，在转递通知单或移交清册上签字，加盖公章；将回执寄给转档单位，对接收的档案登记后入库。

小知识：人事档案管理部门的职责

1. 保管干部档案，为国家积累档案史料。
2. 收集、鉴别和整理干部档案材料。
3. 办理干部档案的查阅、借阅和转递。
4. 登记干部职务、工资的变动情况。
5. 为有关部门提供干部的情况。
6. 做好干部档案的安全、保密、保护工作。
7. 调查研究干部档案工作情况，制订规章制度，搞好干部档案的业务建设。
8. 推广、应用干部档案现代化管理技术。
9. 定期向综合档案室移交死亡干部的档案。
10. 办理其他有关事项。

第三节　流动人员人事档案管理

为进一步加强流动人员人事档案的管理，维护人事档案的真实性、严肃性，完善人才流动社会化服务体系，促进人才合理流动，1996年12月中共中央组织部、人事部印发《流动人员人事档案管理暂行规定》，对流动人员人事档案管理作了比较具体的规定。

一、掌握流动人员人事档案范围

（1）辞职或被辞退的机关工作人员、企事业单位专业技术人员和管理人员的人事档案；
（2）与用人单位解除劳动合同或聘用合同的专业技术人员和管理人员的人事档案；
（3）待业的大中专毕业生的人事档案；
（4）自费出国留学人员的人事档案；
（5）外商投资企业、乡镇企业、区街企业、民营科技企业、私营企业等非国有企业聘用的专业技术人员和管理人员的人事档案；
（6）外国企业常驻代表机构的中方雇员的人事档案；
（7）其他流动人员的人事档案。

二、了解流动人员人事档案管理机构

流动人员人事档案管理遵循"集中统一，归口管理"的原则，接受同级党委组织部门、政府人事行政部门的监督和指导。
（1）流动人员人事档案管理机构为县以上（含县）党委组织部门和政府人事行政部门所属的人才流动服务机构，其他任何单位不得擅自管理流动人员人事档案；严禁个人保管他人人事档案。
（2）跨地区流动的流动人员人事档案，可由其户籍所在地的人才流动服务机构管理，也可由其现工作单位所在地的人才流动服务机构管理。
（3）尚未建立人才流动服务机构的地区，流动人员人事档案仍由原人事档案管理单位管理。
（4）人才流动服务机构应认真做好流动人员人事档案的收集、整理、保管、利用、转递等管理工作，认真做好与流动人员人事档案管理有关的流动人员身份认定、档案工资记载、出国（出境）政审工作，经授权做好相关的职称资格考评、合同鉴证、社会保险等社会化服务工作。

三、管理流动人员人事档案

1. 转递

（1）人才流动服务机构凭符合国家有关政策规定的人员流动的有效文书，向流动人员原单位开具调档函，原单位接到调档函15天内，将流动人员人事档案随档案转递通知单转交人才流动服务机构。转递的流动人员人事档案必须完整齐全，不得扣留材料或分批转出。人才流动服务机构经审核无误后，及时将档案转递通知单回执退回原单位。人才流动服务机构如发现转来的档案材料不齐全或不清楚的，应要求原单位补齐或查清楚。
（2）流动人员人事档案转递，应通过机要交通或派专人送取，不得邮寄或交由流动人员本人自带。对流动人员本人自带的人事档案，人才流动服务机构不得接收。

(3) 人才流动服务机构接管流动人员人事档案，须由流动人员或其现所在单位办理委托存档手续。人才流动服务机构应与流动人员或其现所在单位签订档案管理合同书，合同书须明确双方的权利、义务等内容。

(4) 人才流动服务机构开具的转档手续，与机关、国有企事业单位开具的转档手续具有相同效力。机关、国有企事业单位必须凭人才流动服务机构开具的转档手续，方可接收流动人员人事档案。

2. 收集、整理与利用

(1) 人才流动服务机构应加强与流动人员及其现所在工作单位的联系，做好流动人员档案材料的收集工作，不断充实流动人员人事档案的内容。收集的材料，必须经过认真的鉴别。须经单位盖章或本人签字的材料，签字盖章后方能归入档案。

(2) 人才流动服务机构应按照干部档案整理工作的有关规定，认真做好流动人员档案材料的整理工作。在整理档案过程中，要防止丢失档案材料和擅自泄露档案内容，不得擅自涂改、抽取、销毁或伪造流动人员人事档案材料。

(3) 人才流动服务机构应按照《干部档案工作条例》中的有关规定，建立健全流动人员人事档案查阅、借阅工作制度和注意事项。

1) 查阅流动人员人事档案应办理审批手续。查阅单位应申明查阅理由，管档单位根据规定和需要确定需提供的档案材料。

2) 查阅单位应派中共党员到人才流动服务机构查阅流动人员人事档案。对不符合规定条件的，人才流动服务机构可根据实际情况向查阅单位介绍被查阅人的有关情况。

3) 人才流动服务机构对高级专业技术人员和涉及国家秘密的流动人员人事档案要严格保管，严格办理查阅手续。

4) 任何个人不得查阅或借用本人及其直系亲属的档案。

5) 查阅档案必须严格遵守保密规定和阅档规定，严禁涂改、圈划、抽取、撤换档案材料，查阅者不得泄露或擅自向外公布档案内容。

3. 保管

人才流动服务机构管理流动人员人事档案，应本着"服务为主，适当收费"的原则，按照有关规定收取服务费，但不得以赢利为目的。

(1) 人才流动服务机构应具备管理流动人员人事档案的物质条件，建立坚固的防火、防潮的专用档案库房，配备铁质的档案柜；经常检查库房的防火、防潮、防蛀、防盗、防光、防高温等设施和安全措施；档案库房、阅档室和档案人员办公室应三室分开。要不断研究和改进档案的保管方法和保护技术，逐步实现档案管理的现代化。

(2) 建立健全流动人员人事档案管理的内部规章制度，加强流动人员人事档案工作的政策研究和理论研究，实行目标管理，不断提高流动人员人事档案管理的效率和质量。

(3) 流动人员人事档案管理应由专人负责。档案管理人员必须是党性强、作风正、忠于职守、具有一定的档案管理专业知识的共产党员。

4. 处罚

对有下列情形的，由党委组织部门和政府人事行政部门会同有关部门对负有责任的单位或直接责任者视情节轻重，给予批评教育、党纪政纪处分或依法追究责任。

(1) 擅自管理流动人员人事档案的单位或个人；
(2) 擅自涂改档案内容或伪造档案材料的；
(3) 擅自向外公布、泄露档案内容的；
(4) 在流动人员人事档案的收集、整理、保管、利用、转递等管理工作中，出现违反本规定行为造成严重后果的。

> **小实例：个人信用档案**
>
> 一、个人信用档案信息内容
> 1. 个人身份证明信息：身份证号码、户口所在地、常住地址、可能的联系方式。
> 2. 教育经历：受教育情况、取得社会资格证书情况、专业培训经历等。
> 3. 工作履历：工作简历和工作情况。
> 4. 荣誉记录：获得的各类社会荣誉。
> 5. 信用不良记录，包括：
> ① 职业不良记录。
> ② 银行信用记录：在银行或其信用机构的信用记录。
> ③ 受国家部门的处罚记录。
> ④ 消费信用记录：采用分期付款购买商品或其他信用工具的记录情况。
> ⑤ 其他不良记录。
> 6. 或有事项记录：对于没有证明材料的信用信息，记录为或有事项。
>
> 二、个人信用档案信用信息来源
> 1. 本人的提供；
> 2. 本人雇主的提供；
> 3. 金融机构、商业机构或其他利益关系人的提供；
> 4. 国家机关的公告；
> 5. 媒体的公开报导。

法规阅读与案例思考

法规阅读

法规 1

干部人事档案材料收集归档规定

（中央组织部组通字〔1996〕14 号）

第一章 总 则

第一条 为了加强干部人事档案建设，做好档案材料的收集归档工作，为组织干部人事部门历史地、全面地考察了解干部和正确选拔使用人才提供依据，为国家积累史料，根据《中华人民共和国档案法》和《干部档案工作条例》等法规制定本规定。

第二条 干部人事档案材料收集归档，要本着实事求是的原则，着重收集反映干部政

第八章　人事档案管理技能训练

治思想、品德作风、业务能力、学识水平、工作业绩等材料充实档案，有效地为干部人事工作服务，为人事决策工作服务，为社会主义现代化建设服务。

第三条　干部人事档案材料形成部门和干部人事档案管理部门，必须认真贯彻执行有关的法律、法规和党的组织干部人事等工作的政策、规定。收集归档工作受国家有关法律、法规的保护和监督。

第二章　收集范围

第四条　在干部人事工作中形成的履历表、简历表、人员登记表等材料。

第五条　自传和属于自传性质的材料。

第六条　考察、考核干部工作中形成的有关材料、民主评议干部的综合材料，组织审定的考察材料，定期考核材料，年度考核登记表、鉴定材料，后备干部登记表（提拔使用后归档）等材料。

第七条　审计工作中形成的有关材料：主要涉及干部个人的审计报告或审计意见材料，离任审计考核材料。

第八条　国民教育、成人教育（大中专）、党校、军队院校学生（学员）登记表，考生登记表，学习成绩表，毕业生登记表，鉴定表，授予学位的材料，学历证明书；培训结业成绩登记表；学习鉴定，学员思想小结（结业），博士后研究人员工作期满登记表等材料。

第九条　评审（考试）专业技术职称（资格）和聘任专业技术职务工作中形成的有关材料：专业技术职务任职资格评审表，专业技术资格考试成绩合格登记表，评审高专业技术职务人员情况简表，业务自传，评审专业技术职务任职资格申报表，聘任专业技术职务审批表，套改和专业技术职务审批表等材料。

第十条　创造发明、科研成果鉴定材料，各种著作、译著和在重要刊物上发表的获奖论文或有重大影响的论文等目录。

第十一条　政审工作中形成的材料：调查报告、审查结论、上级批复、本人对结论的意见、检查交代或情况说明材料；作为结论依据的调查证明、证据材料；甄别、复查结论（意见、决定）、调查报告、批复及有关的主要依据材料。

第十二条　更改姓名、民族、出生日期、国籍，入党、入团、参加革命工作时间等工作中形成的有关材料；个人申请、组织审查报告及所依据的证明材料，上级批复等材料。

第十三条　党、团组织建设工作中形成的有关材料：

（一）中国共产党入党志愿书（已批准转正的）、入党申请书（1～2份系统、全面的）、预备党员转正申请书、自传、综合性政审材料及有关的证明、考察材料；党员登记表，民主评议党员组织意见、登记表；整党工作中不予登记的决定、组织意见；民主评议党员中认定为不合格党员被劝退或除名的组织审批意见及主要事实的依据材料；取消预备党员资格的组织意见（记载组织意见的入党志愿书可收集归档）；退党材料。

（二）中国共产主义青年团入团志愿书、申请书，团员登记表，优秀团员事迹材料，退团材料。

（三）加入民主党派的有关材料。

第十四条　表彰奖励活动中形成的有关材料：劳动模范、先进工作者、有突出贡献的优秀专家、国家科技奖（含国家发明奖、自然科学奖、科技进步奖）、中国青年科技奖、优秀党务工作者、优秀党团员等审批（呈报）表、先进事迹材料、先进事迹登记表，立功、授勋、嘉奖、通报表扬等，以及在其他工作中形成的表彰材料。

第十五条　纪律检查、监察、法院和行政管理等部门工作中形成的有关材料：处分决定，免予处分的意见，上级批复，核实（调查）报告，本人检查、交代、对处分决定的意见，撤销处分的有关材料，通报批评材料；法院判决书；复查甄别报告、决定（结论），上级批复离婚材料等。

第十六条　干部任免、调动、军队干部转业安置等工作中形成的有关材料：干部任免审批表（包括所附的考察、表现情况材料）；干部调动鉴定、组织审定的表现情况材料、考察材料；公务员过渡登记表，军队转业干部审批表，授予（晋升）军（警）衔审批表，转业鉴定、定级定工资、退（离）休审批表等材料。

第十七条　考试录用和聘用干部工作中形成的有关材料：报考登记表和录用审批表，考察材料，聘用审批表和合同书，政审结论和有关证明材料，考核考察材料，续聘、解聘和辞退材料，辞职审批材料等。

第十八条　办理工资、待遇等工作中形成的材料：转正定级审批表，各种工资变动审批表、登记表，提职晋级和奖励工资审批表，享受专家特殊津贴的呈报表；解决各种待遇问题的审批表、批复材料等。

第十九条　办理出国（出境）审批工作中形成的有关材料：因公出国（出境）审批表、备案表，在国外表现情况材料或鉴定材料，因私出国（出境）审批表等材料。

第二十条　党代会、人代会、政协会议和工、青、妇等群众团体代表会，以及民主党派代表会议工作中形成的有关材料：代表登记表，委员简历，政绩材料等。

第二十一条　健康检查和处理工伤事故工作中形成的有关材料：有严重慢性病、身体残疾的体检表，工伤致死诊断书，确定致残等级的有关材料，新录用干部体检表和毕业生分配工作体检表等材料。

第二十二条　办理丧事形成的有关材料：悼词、生平报纸报道消息、讣告、非正常死亡的调查报告及遗书。

第二十三条　其他对考察了解及使用干部有参考价值的材料。

第三章　收集方法

第二十四条　各级组织干部人事、纪检监察和教育培训、审计、统战等部门，都应建立健全送交干部人事档案材料归档的制度，并认真贯彻执行。

第二十五条　形成干部人事档案材料的部门，在形成材料后的一个月内，按要求将材料送交主管干部人事档案的部门归档。

第二十六条　干部人事档案管理部门，应掌握形成干部人事档案材料的信息，建立联系制度，不失时机地向有关部门收集新形成的干部人事档案材料。

第二十七条　干部人事档案管理部门，发现有关部门移交归档的材料不符合归档要求时，应及时通知形成材料的部门补送或补办手续。形成干部人事档案材料的部门，有责任按规定认真办理。

第二十八条　组织干部人事部门，应根据工作需要，适时布置填写干部履历表或干部履历补充表等，及时充实档案内容。

第四章　归档要求

第二十九条　归档的材料必须是办理完毕的正式材料。材料应完整、齐全、真实，文字清楚，对象明确，有承办单位或个人署名，有形成材料的日期。

第三十条　归档的材料，凡规定由组织审查盖章的，须有组织印章，规定要同本人见面的材料（如审查结论、复查结论、处分决定或意见、组织鉴定等），一般应有本人的签字。特殊情况下，本人见面后未签字的，可由组织注明。

第三十一条　干部人事档案材料的载体一般应使用16开规格的办公用纸，材料左边应留出 2～2.5cm 装订边。文字须是铅印、胶印、油印或用蓝黑墨水、黑色墨水、墨汁书写。不得使用圆珠笔、铅笔、红色墨水及纯蓝墨水和复写纸书写。除电传材料需复印存档外，一般不得用复印件代替原件存档。

第五章　监督检查

第三十二条　各部门应加强对干部人事档案材料收集归档工作的监督和检查，及时研究解决收集归档工作中的问题，支持档案管理人员的工作，保证收集归档工作的顺利进行。

第三十三条　干部人事档案工作人员，要忠于职守、熟悉业务、掌握政策、认真鉴别、严格把关、保守机密，积极主动、认真负责地做好干部人事档案材料的收集归档工作。

第三十四条　对违反本规定，涂改、伪造干部人事档案材料的要追究责任，严肃查处。根据情节轻重给予行政处分，构成犯罪的要依法追究刑事责任。

第六章　附　则

第三十五条　本规定自下发之日起实行。凡与本规定不相符的，一律按本规定执行。

第三十六条　本规定由中央组织部负责解释。

法规 2

企业职工档案管理工作规定

（劳动部、国家档案局　1992年6月9日）

第一章　总　则

第一条　为加强企业职工档案管理，有效地保护和利用档案，提高科学管理水平，为社会主义现代化建设服务，根据《中华人民共和国档案法》有关规定，制定本规定。

第二条　企业职工档案是企业劳动、组织、人事等部门在招用、调配、培训、考核、奖惩、选拔和任用等工作中形成的有关职工个人经历、政治思想、业务技术水平、工作表现以及工作变动等情况的文件材料，是历史地、全面地考察职工的依据，是国家档案的组成部分。

第三条　企业职工档案工作，在国家档案行政管理部门宏观管理、组织协调下，由劳动主管部门领导与指导，实行分级管理，同时接受同级档案行政管理部门的监督、指导。

第四条　企业职工档案管理工作必须贯彻执行党和国家有关档案、保密的法规和制度。

第二章　机构和职责

第五条　职工档案由所在企业的劳动（组织人事）职能机构管理。实行档案综合管理的企业单位，档案综合管理部门应设专人管理职工档案。

第六条　职工失踪、逃亡、合理流动或出国不归者，其档案由原所在单位保管，也可由当地劳动行政部门代为保管。

第七条　职工死亡后，其档案由原管理部门保存五年后，移交企业综合档案部门保存。对国家和企业有特殊贡献的英雄、模范人物死亡以后，其档案由企业综合档案部门按规定向有关档案馆移交。

第八条 企业职工档案管理部门的职责：
（一）保管职工档案；
（二）收集、鉴别和整理职工档案材料；
（三）办理职工档案的查阅、借阅和转递手续；
（四）登记职工工作变动情况；
（五）为有关部门提供职工情况；
（六）做好职工档案的安全、保密、保护工作；
（七）定期向企业档案室（馆）移交档案；
（八）办理其他有关事项。

第三章 档案的内容

第九条 企业职工档案的内容和分类：
（一）履历材料；
（二）自传材料；
（三）鉴定、考核、考察材料；
（四）评定岗位技能和学历材料（包括学历、学位、学绩、培训结业成绩表和评定技能的考绩、审批等材料）；
（五）政审材料；
（六）参加中国共产党、共青团及民主党派的材料；
（七）奖励材料；
（八）处分材料；
（九）招用、劳动合同、调动、聘用、复员退伍、转业、工资、保险福利待遇、出国、退休、退职等材料；
（十）其他可供组织参考的材料。

第四章 档案的收集、保管和销毁

第十条 职工所在企业的劳动（组织人事）职能机构对职工进行考察、考核、培训、奖惩等所形成的材料要及时收集，整理立卷，保持档案的完整。

第十一条 立卷归档的材料必须认真鉴别，保证材料的内容真实、文字清楚、手续齐备。材料须经组织审查盖章或本人签字的，应在盖章、签字后归档。

第十二条 企业职工档案材料统一使用16开规格办公用纸，不得使用圆珠笔、铅笔、红色墨水及复写纸书写。

第十三条 按规定需要销毁档案材料时，必须经单位主管档案工作的领导批准。

第十四条 档案卷皮、目录和档案袋的样式、规格实行统一的制作标准。

第十五条 严禁任何人私自保存他人档案或利用档案材料营私舞弊。对违反规定者，应视情节轻重，严肃处理。对违反《中华人民共和国档案法》、《中华人民共和国保守秘密法》的，要依法处理。

第十六条 职工档案管理单位应建立健全工作制度，做好防火、防蛀、防潮、防光、防盗等工作。

第五章 档案的提供利用

第十七条 因工作需要查阅和借用档案，须遵守下列规定：

（一）查阅档案应凭盖有党政机关、人民团体、企事业单位公章的介绍信。

（二）查阅、使用企业职工档案的单位，应派可靠人员到保管单位查阅室查阅。

（三）档案除特殊情况外一般不借出查阅。如必须借出查阅时，应事先提交报告，说明理由，经企业或企业授权的主管档案工作的领导批准，严格履行登记手续，并按期归还。

（四）任何个人不得查阅或借用本人及亲属（包括父母、配偶、子女及兄弟姐妹等）的档案。

（五）各单位应制定查阅档案的制度。查阅档案必须严格遵守保密制度和阅档规定。严禁涂改、圈划、抽取、撤换档案。查阅者不得泄露或擅自向外公布档案内容。对违反者，应视情节轻重予以批评教育，直至纪律处分，或追究法律责任。

（六）因工作需要从档案中取证的，须请示单位主管档案工作的领导批准后才能复制办理。

第六章 档案的转递

第十八条 企业职工调动、辞职、解除劳动合同或被开除、辞退等，应由职工所在单位在1个月内将其档案转交其新的工作单位或其户口所在地的街道劳动（组织人事）部门，职工被劳教、劳改，原所在单位今后还准备录用的，其档案由原所在单位保管。

第十九条 转递档案应遵守下列规定：

（一）通过机要交通或派专人送取，不准邮寄或交本人自带。

（二）对转出的档案，必须按统一规定的"企业职工档案转递通知单"的项目登记，并密封包装。

（三）对转出的材料，不得扣留或分批转出。

（四）接收单位收到档案经核对无误后，应在回执上签名盖章，并将回执立即退回。逾期1个月转出单位未收到回执应及时催问，以防丢失。

第七章 附　则

第二十条 本规定由劳动部负责解释。

第二十一条 本规定自下达之日起执行。各省、自治区、直辖市和国务院各部门可结合实际情况制定实施办法或细则。

案例思考

案例1

阅读下列案例，并结合《企业职工档案管理工作规定》有关条款，回答问题。

王某是外地来上海的大学生，单位与其签订的劳动合同中规定，王某在5年合同期内不得解除劳动合同，否则，要承担1万元违约金。

一年后，王某想"跳槽"离开单位，主动找单位，要求交1万元违约金与单位解除劳动合同。单位领导此时却认为，交1万元让王某离开，太便宜他了，于是提出交5万元才能辞职的要求。王某认为单位的要求没有道理，且自己根本也拿不出5万元来。但是，单位最终作出决定：王某可以先走，但其个人档案要由单位暂时扣留，待王某交清5万元后，单位才能放走其档案，同时还威胁说，若王某走后两年内不交清5万元，单位就会毁掉其个人档案。

思考：目前，有王某这样遭遇的大学毕业生大有人在，他们经常会为这种事情感到十分烦恼,到处咨询也得不到满意的答复,你能解决他们的困惑吗?

案例2　谁移动了我的档案?

上海市民许×从一家公司离职后多次应聘,每到最后关头却总是"落榜"。终于有一次,许×偶然发现自己档案里被原公司塞了一份"处分决定",称其"长期在外四处招摇撞骗""公安部门已立案查处"等。面对这份有争议的"处分决定",许×把原公司告上了法庭。

您是否确切地知道自己的档案在哪里保存?正受哪个部门管理?您是否曾经有意识地关心过自己的档案情况?

随机调查显示,在所有受访者中,有45%的人完全不知道自己档案的管理情况;40%的人对档案管理存在着不同程度的误区;54%的人对于自己档案袋中的内容不知晓;接近半数的人从来没有关心过自己档案的相关问题。

然而,随着市场经济体制的不断深入,各种类型的用人单位也越来越多,加之人才流动频率也日益频繁,这使得档案管理的难度不断增大,随之引发的涉有关档案的问题也多了起来。

思考:在日后的学习和工作中,我们该如何关心自己的档案?

案例3

次级按揭,是指美国向个人信用不高、收入不多、负债较重的人提供住房贷款。贷款人可以在没有资金的情况下购房,仅需声明其收入情况,无须提供任何有关偿还能力的证明。次贷危机是指一场发生在美国由次级按揭引起的次级抵押贷款机构破产、投资基金关闭、股市剧烈震荡的金融风暴。美国"次贷危机"从2006年春季开始显现,2007年8月席卷美国、欧盟和日本等世界主要金融市场。2008年横扫全球,引发金融危机,进而引发实体经济危机。"次贷危机"的爆发,也引起人们对个人信用档案的高度重视。

思考:阅读"小资料:个人信用档案",谈谈你打算怎样用自己的实际行动建立个人信用档案?

案例4　企业信用档案

组织机构代码	13295211-8	注册号:	3100001003×××
企业名称	上海××企业(集团)有限公司	法人代表	××
注册日期	1995-12-14	经营限制	2015-12-13
企业类型	国有企业	是否上市	否
经营范围	房地产开发经营及物业管理,咨询服务,危旧房改造,房地产交易,动拆迁,建材及装饰装潢,建筑安装,建筑设计,绿化工程,实业投资		
注册资金	6618(万元)	币　种	人民币
注册地址	武宁路200弄××号	经营地址	武宁路200弄××号
邮政编码	200063	电话号码	5290××××
企业网址	www.awestgroup.com	电子邮箱	ec@awestgroup.com.cn
企业精神	创意、创新、创造、追求卓越	贸易号码	—
品牌名称	—	质量认证标准	—
企业荣誉称号	2004年被评为上海市职工最满意企业;1995～2004年连续十年荣获上海市重点工程实施立功竞赛优秀公司称号;2003年被评为守合同重信用AA级企业;2003年荣获诚信明星房地产开发企业称号;2003、2004年分别被评为上海市房地产开发50强企业;西部俊园荣获住宅小区绿化景观奖。		
职工荣誉称号	××董事长荣获2004年上海市劳动模范称号;××副总经理被评为2004年上海市建设功臣;2003年××董事长荣获中国房地产企业卓越贡献100人殊荣;××同志连续三次被评为全国五一劳动模范		

思考:企业信用档案与个人信用档案有何异同?

第九章 会计档案管理技能训练

学习任务和目标

（1）通过会计档案收集整理、管理利用、鉴定销毁等技能的训练，帮助学生了解会计档案的分类及其构成，提高学生管理会计档案的能力。

（2）通过会计档案编研、会计电算化档案管理技能的训练，提高学生会计电算化和档案管理信息化发展的适应能力。

会计是经济管理的重要组成部分，特别在市场经济条件下，会计以货币为计量单位对各项经济活动进行全面、完整、连续的反映和监督，其所提供的信息在国民经济发展中具有重要作用，对经济预测、成本控制、经济决策、加强内外部管理至关重要。会计档案作为会计信息的载体，对其加强管理非常必要。会计电算化档案管理是时代发展的必然。

第一节 认识会计档案

一、掌握会计档案及其构成

会计档案是指会计凭证、会计账簿和财务报告等会计核算专业材料，是记录和反映单位经济业务的重要史料和证据。

《会计档案管理办法》中明确规定会计档案包括会计凭证类、会计账簿类、财务报告类及其他类会计核算专业材料。各种财政预算、财务计划、会计制度等文件材料，不属于会计档案的构成范围。

1. 会计凭证类

会计凭证是记录经济业务，明确经济责任的书面证明材料，是登记账簿的重要依据。一般指原始凭证、记账凭证、汇总凭证、其他会计凭证。

下面主要介绍原始凭证和记账凭证两种。

（1）原始凭证是完成经济活动的最初书面材料，是会计进行核算与监督的唯一合法依据。原始凭证一般具备以下内容：原始凭证的名称，填制凭证的日期，接受凭证的责任者名称，经济活动的主要内容、实物数量和金额、填制凭证单位及有关人员签章等。

（2）记账凭证是会计人员根据原始凭证归类整理的记账依据。记账凭证必须附有原始凭证。记账凭证的内容、摘要和汇总金额必须同所附原始凭证相一致。记账凭证的应填事项必须完整、准确地填制。记账凭证规定的签章人员签章要齐全。

2．会计账簿类

会计账簿是在会计核算过程中，以会计凭证为依据，运用账户系统，连续地记录经济活动过程和结果的簿籍。下面主要介绍日记账和分类账两种。

（1）日记账　是按经济业务发生时间的先后顺序登记的账簿，因此也叫序时账。一般又分为现金日记账和银行存款日记账。它根据记账凭证逐日逐笔登记，其作用是反映每日现金和银行存款收付和结存情况。

（2）分类账　是对经济业务进行分门别类登记的账簿。按照分类反映的内容和范围划分，分为总分类账（简称总账）和明细分类账（简称明细账）。总账是根据会计科目规定的一级科目设置的账页，明细账是根据会计科目规定的二级以下明细科目设置的账页。明细账是总账的分析说明，总账是明细账的综合反映，两者相互制约。

3．财务报告类

财务报告是以统一的货币计量单位，通过一系列指标，总括地反映一个单位或一个行业、一个地区在一定时间内的资金及其活动情况的总结性文件。

财务报告可分为年度、半年度、季度和月度报告。另外，还可以按照内容、行业编制各种类型的会计报表。年度、半年度财务会计报告内容一般包括会计报表、附表、附注及文字说明等。

4．其他类

银行存款余额调节表，银行对账单，其他应当保存的会计核算专业资料，会计档案移交清册，会计档案保管清册，会计档案销毁清册。

二、了解会计档案特点与作用

1．会计档案的主要特点

（1）广泛性　凡是具备独立会计核算能力的单位都会产生会计档案。全国能独立核算的单位有几百万个。改革开放以来，私营企业、"三资"企业迅速发展，都离不开会计活动。有资料显示，我国每年产生的会计档案材料以千万吨计。所以说，会计档案产生与使用的普遍性，是其一大特点。

（2）严密性　会计工作有严密的法规和规章制度做保障。会计档案是会计核算的产物，从其主要成分和产生程序看，先有会计凭证，再依据会计凭证填写会计账簿，最后根据会计账簿编制会计报表。会计档案的严密性是会计核算活动严密性的记录和反映。

（3）稳定性　会计系统包括工业会计、农业会计、商业会计、银行会计、行政事业单位会计等，门类很多，遍布生产流通和非生产流通各个领域。但是它的基本成分只有会计凭证、会计账簿和会计报表3种，充分体现了它的稳定性特点。

2. 会计档案的主要作用

会计档案在单位正常的工作、生产和科研等方面，具有不可低估的利用价值。

（1）会计档案可以为制订经济计划、进行可行性研究、科学的经济决策提供各种有用信息，为研究指导国家经济建设提供可靠数据和可比性资料。

（2）会计档案对保护国家财产，监督国家财务制度和财经纪律的执行情况，打击经济领域犯罪活动和纠正不正之风，起着重要的作用。

（3）会计档案是管理经济活动的历史真实记录，是研究社会经济文化、经济发展规律的可靠史料。

（4）会计档案是机关工作、企业管理的必要手段和工具，也是储备会计工作经验、技术、智慧和教训的知识库。

第二节　管理会计档案

一、收集和整理会计档案

（1）各单位对历年来形成和积累的会计档案，应由财务会计部门按照要求负责整理立卷、归档，档案业务部门给予协助，分别按会计凭证、会计账簿、会计报表及其保管期限装订成册，按年度分册编制会计档案案卷目录，并由经办人签名盖章，确保会计档案资料完整无缺。

（2）会计部门或经办的会计人员，年度结束后，即应整理、立卷、归档。

（3）会计档案分类。

1）按年度—名称分类法，即把一个年度形成的会计档案按报表、账簿、凭证分成3大类，然后分别组成保管单位案卷。这种方法适用于会计档案较少的单位。

2）按年度—保管期限分类法，即把一个年度形成的会计档案按保管期限分开，然后再按报表、账簿、凭证分别组成案卷，这种方法一般适用于会计档案数量较多的单位。

3）拥有几种不同性质的会计档案的单位可采取年度—性质分类法，即把一个年度形成的会计档案先按不同性质分开，然后再按报表、账簿、凭证分别组成案卷。

（4）会计档案装订与排列。对会计凭证、账簿、报表，应根据时间顺序、种类、保管期限进行整理装订。装订时清除金属物，填写单位名称，种类名称，年度、类别、页数、册数，并注明卷（册）号和保管期限。会计档案案卷的卷（册）号和保管期限，会计档案案卷的排列，可按照单位会计档案的分类情况和保管期限确定。

（5）会计档案移交。会计档案定期向本单位综合档案室移交。会计部门或会计人员除当年仍在记录的以外，一般不得自行保存会计档案。应编制会计档案移交清册，对会计档案的数量、年代、完整程度和利用价值情况附必要的说明。移交时，交接双方要逐一清点核对，以分清责任和防止差错，确保一个单位案卷编号不乱，简单明了，做到正确、完整、清楚。

（6）填写会计档案目录。会计凭证票据多，内容复杂，只需填写会计档案目录，不抄卷内目录。

（7）会计档案编号。会计凭证的编号排列要从实际情况出发，如果一年中形成的会计凭证数量较多，可用小流水号方法按年度进行排列编号。

二、管理和利用会计档案

（1）建立健全会计档案人员岗位责任制，不断完善会计制度法制化，维护会计档案的完整与安全。

（2）会计档案要设专室、专柜、专人进行管理。要进行系统的会计档案分类、编号、排列、上架，为利用提供方便。

（3）各单位的会计档案必须根据标准化、规范化、科学化的要求进行管理，做到妥善保管，存放有序，查找方便。会计档案存放的库房和装具，应符合防火、防盗、防尘、防虫、防潮、防高温要求，严格执行安全和保密制度，要建立定期检查制度，严防毁损、散失、泄密。

（4）撤销、合并、破产倒闭单位和建设单位完工后停建的会计档案，应随同单位的全部档案在规定时间内一并移交相应档案馆保管，并由交接双方在移交清册上签名盖章。

（5）各单位保存的会计档案应积极为本单位或外单位提供利用。本单位内部查阅会计档案，须经主管会计工作的负责同志批准，外单位查阅会计档案，要持有单位正式介绍信，并经本单位主管会计工作的负责同志批准才能查阅。

（6）查阅会计档案的人员必须爱护档案，不准在档案材料上涂改或作其他标记，更不得抽撤、更换案卷任何材料。需要复印、复制、摘抄的会计档案，须经档案保管人员审查、签字，并经单位主管会计工作的负责同志审阅批准，才能交给需要的单位或个人。所有会计档案原件原则上不得借出，如有特殊情况，须报经上级主管部门批准，但不得拆散原卷册并应按期归还，借出和归还时都要认真检查核对。

三、鉴定和销毁会计档案

会计档案的鉴定与销毁，在原则、方法及程序上同一般档案基本相同，只是在会计档案保管期限的划分方面比较细密。

1. 会计档案的保管期限

会计档案的保管期限应按财政部、国家档案局颁布的《会计档案管理办法》规定的保管期限执行。会计档案的保管期限分为定期、永久两类。定期保管期限又分为25年、20年、15年、10年、5年；永久保管是指50年以上。属于永久保管的会计档案有年度决算表、涉及外事的会计凭证、账簿等。属于定期保管的主要是会计账簿、凭证和月份报表。在具体工作中，可根据《会计档案管理办法》及其附件的详细规定执行。

2. 会计档案的鉴定与销毁

鉴定工作由财会部门和档案部门的领导同志负责，成立鉴定小组，由熟悉业务的会计人员具体实施，档案人员协助指导，鉴定工作结束后，应提交鉴定报告，对于确无保存价值的会计档案，要编制销毁清册，上报核准后才能销毁。销毁会计档案时，应由档案部门和会计部门共同派员监销，监销人在销毁会计档案以前，应当认真进行清点核对，并报告本单位领导同意后方可进行销毁。档案销毁后，在销毁清册上注明销毁日期并签名盖章，以示负责。

四、掌握会计档案编研内容

1. 基础数据汇编

基础数据汇编是一种综合性编研材料，利用会计档案各方面数据信息，将本单位建立以来的与本单位经济管理、经营活动关系较密切的全部数据按若干项目汇集成册,以供党政领导全面、系统地掌握本单位各方面情况,为综合地分析经营活动,为领导制定正确的决策,提供真实可靠的依据。

2. 重要数据汇集

在经济工作中,各方面数据非常多,可从中摘录出重要经济指标,编制成表,以便领导综合地了解和掌握经济发展规律。

3. 阶段性资金活动分析表

这是一种阶段性的编研材料。它给领导从某一阶段经营情况来研究本单位经济发展概况,或与某一阶段经济活动规律进行对比,以总结经济发展或经营的经验教训。

4. 历年经济效益曲线图

这是一种比较单纯且非常明了的编研材料。可以直接从曲线图上看出经济效益发展的变化规律,哪些年发展得快,哪些年发展得慢,一目了然。

第三节　管理会计电算化档案

一、掌握会计电算化会计档案的内容

(1) 由计算机打印输出的各种书面形式的会计凭证、会计账簿、会计报表以及其他会计资料,应当符合国家统一的会计制度规定,根据有关规定立卷归档保管,保存期限按《会计档案管理办法》的规定执行。

(2) 以磁带、磁盘、光盘、微缩胶片等介质存储的会计数据(会计凭证、会计账簿、会计报表等数据),在未打印成书面形式之前,应当妥善保管并留有副本。这些介质都应当视同会计资料或档案保管。

(3) 会计电算化系统开发和使用的全套文档资料及软件程序,也应当视同会计档案保管。

二、管理会计电算化档案

1. 磁盘数据的维护

(1) 认真做好数据备份工作。备份软盘必须写清数据备份时间,年度数据必须备份两套或三套,分别存放在非机房的不同地点。

(2) 当会计电算化系统数据的确由于硬件或病毒等原因出现故障时,由系统管理员做数据恢复工作,要确保会计电算化系统中硬盘数据的安全准确。

(3) 建立制度,对进出系统进行登记。做到一能明确责任,二能为事后审计或检查提供线索。

2. 会计数据档案管理

(1) 现金记账凭证及日记账的输出及保管　现金收付业务要做到当日业务当日清。现金记账凭证一律由专职会计人员手工记账,凭证(脱离手工后不必手工做凭证)审核无误后当日

输入计算机并交出纳员核对现金库存，月末打印的现金账页须经出纳员核对相符后，由出纳员及会计电算化负责人在账页上盖章，按月编页码装订成册加盖封印交档案管理员妥为保管。

（2）银行记账凭证，账册的输出及保管　会计电算化操作员及时把审核无误的记账凭证当日输入计算机并交出核对，月末打印的银行日记账须经出纳员核对相符后，由出纳员和会计电算化主管签字盖章，按月编页码装订成册加盖封印交档案管理员妥为保管。

（3）转账凭证的输入，账册的输出及保管　会计电算化操作员及时将审核无误的转账凭证输入计算机，由数据审核员审核确认。月末打印输出，按月装订成册，并加盖封印交档案管理员妥善保管。

（4）科目汇总表，账簿的打印和保管　现金、银行日记账每天核对，按月打印。银行余额调节表每月打印一次。总分类账和各种明细分类账，试运行期间每月打印一次，甩账可根据需要打印。会计报表、计算表、分析表，按管理要求和时间打印输出。所有会计档案须经有关会计电算化人员审核无误后签字生效。

3．档案的归档手续

（1）系统软件文件，财务核算软件。在投入使用前由系统管理员向档案管理员办理移交手续。

（2）会计数据文件。根据法定的会计期间，每月、季度会计核算工作完成后和年度会计决算报告终了后，由档案管理员负责将所有会计数据档案归档保存。所有由会计电算化系统提供的打印功能输出的会计凭证、会计账簿、会计报表等核算资料，必须经过会计电算化负责人和系统管理员签字或盖章认可，才能作为正式的书面档案资料保存。

（3）会计电算化系统打印的会计数据档案发生缺损时，必须补充打印，并由有关操作员在打印输出的页面上签章注明，由会计电算化负责人和系统管理员签章认可。

（4）其他文件。根据会计电算化业务状况，由操作员与档案管理员酌情（定期、不定期）办理移交归档手续。

4．档案的保管及保管期限

（1）档案的保管环境要做到防盗、防磁、防潮、防热、防污染、防有害生物。

（2）为了防止储存环境发生不安全情况，磁性介质会计档案应当备份一式两份或三份，由档案管理员储存在不同地点，或由多人保管储存，如档案管理员、系统管理员等各一份。

（3）一般磁盘形式的会计档案保管期限必须在两年以上，其中会计科目和总账数据（包括年度数据和月份数据）应当永久保存。明细账和记账凭证及其他数据资料须按会计档案的保管期限保管。

（4）为了保持磁性介质中储存的各类文件适宜的存量，对超过保管期限或无使用价值的文件，应当定期或不定期按照有关会计档案销毁手续进行删除或者不再备份。

5．档案的安全保密和调档制度

（1）本企业会计单位内部调档，可通过档案管理员直接索取。

（2）本企业各部门调档，经会计电算化负责人同意，由档案管理员或系统管理员具体输出。

（3）上级主管部门调档，由会计电算化负责人通知档案管理员具体办理。

（4）其他单位调档，应由会计电算化负责人通知档案管理员具体办理。

（5）办理档案交接手续必须填写"档案交接登记表"或"档案查询登记表"，以明确责任。

（6）对来自于外单位的软盘必须经过防病毒检验。对于硬盘中的会计数据和作为正式档案的备份软盘上的会计数据不得进行非系统允许的操作。

（7）对外单位原则上不提供源程序和有关保密文件。

> **小知识：甩账**
>
> 计算机替代手工记账俗称甩账，即系统的正式运行，是指从手工会计数据处理方式正式转为计算机会计数据处理方式。替代手工记账之后，计算机会计系统将正式取代手工完成对输入的会计数据进行处理，并根据需要输出各种会计凭证、账簿、报表，即正式采用电子计算机替代手工记账、算账和报账。

法规阅读与案例思考

↘ 法规阅读

会计档案管理办法

（财政部、国家档案局　1998 年 8 月 21 日）

第一条　为了加强会计档案管理，统一会计档案管理制度，更好地为发展社会主义市场经济服务，根据《中华人民共和国会计法》和《中华人民共和国档案法》的规定，制定本办法。

第二条　国家机关、社会团体、企业、事业单位、按规定应当建账的个体工商户和其他组织（以下简称各单位），应当依照本办法管理会计档案。

第三条　各级人民政府财政部门和档案行政管理部门共同负责会计档案工作的指导、监督和检查。

第四条　各单位必须加强对会计档案管理工作的领导，建立会计档案的立卷、归档、保管、查阅和销毁等管理制度，保证会计档案妥善保管、有序存放、方便查阅，严防毁损、散失和泄密。

第五条　会计档案是指会计凭证、会计账簿和财务报告等会计核算专业材料，是记录和反映单位经济业务的重要史料和证据。具体包括：

（一）会计凭证类：原始凭证，记账凭证，汇总凭证，其他会计凭证。

（二）会计账簿类：总账，明细账，日记账，固定资产卡片，辅助账簿，其他会计账簿。

（三）财务报告类：月度、季度、年度财务报告，包括会计报表、附表、附注及文字说明，其他财务报告。

（四）其他类：银行存款余额调节表，银行对账单，其他应当保存的会计核算专业资料，会计档案移交清册，会计档案保管清册，会计档案销毁清册。

第六条　各单位每年形成的会计档案，应当由会计机构按照归档要求，负责整理立卷，装订成册，编制会计档案保管清册。

当年形成的会计档案，在会计年度终了后，可暂由会计机构保管一年，期满之后，应当由会计机构编制移交清册，移交本单位档案机构统一保管；未设立档案机构的，应当在会计机构内部指定专人保管。出纳人员不得兼管会计档案。

移交本单位档案机构保管的会计档案，原则上应当保持原卷册的封装。个别需要拆封重新整理的，档案机构应当会同会计机构和经办人员共同拆封整理，以分清责任。

第七条 各单位保存的会计档案不得借出。如有特殊需要，经本单位负责人批准，可以提供查阅或者复制，并办理登记手续。查阅或者复制会计档案的人员，严禁在会计档案上涂画、拆封和抽换。

各单位应当建立健全会计档案查阅、复制登记制度。

第八条 会计档案的保管期限分为永久、定期两类。定期保管期限分3年、5年、10年、15年、25年5类。

会计档案的保管期限，从会计年度终了后的第一天算起。

第九条 本办法规定的会计档案保管期限为最低保管期限，各类会计档案的保管原则上应当按照本办法附表所列期限执行。

各单位会计档案的具体名称如有同本办法附表所列档案名称不相符的，可以比照类似档案的保管期限办理。

第十条 保管期满的会计档案，除本办法第十一条规定的情形外，可以按照以下程序销毁：

（一）由本单位档案机构会同会计机构提出销毁意见，编制会计档案销毁清册，列明销毁会计档案的名称、卷号、册数、起止年度和档案编号、应保管期限、已保管期限、销毁时间等内容。

（二）单位负责人在会计档案销毁清册上签署意见。

（三）销毁会计档案时，应当由档案机构和会计机构共同派员监销。国家机关销毁会计档案时，应当由同级财政部门、审计部门派员参加监销。财政部门销毁会计档案时，应当由同级审计部门派员参加监销。

（四）监销人在销毁会计档案前，应当按照会计档案销毁清册所列内容清点核对所要销毁的会计档案；销毁后，应当在会计档案销毁清册上签名盖章，并将监销情况报告本单位负责人。

第十一条 保管期满但未结清的债权债务原始凭证和涉及其他未了事项的原始凭证，不得销毁，应当单独抽出立卷，保管到未了事项完结时为止。单独抽出立卷的会计档案，应当在会计档案销毁清册和会计档案保管清册列明。

正在项目建设期间的建设单位，其保管期满的会计档案不得销毁。

第十二条 采用电子计算机进行会计核算的单位，应当保存打印出的纸质会计档案。

具备采用磁带、磁盘、光盘、微缩胶片等磁性介质保存会计档案条件的，由国务院业务主管部门统一规定，并报财政部、国家档案局备案。

第十三条 单位因撤销、解散、破产或者其他原因而终止的，在终止和办理注销登记手续之前形成的会计档案，应当由终止单位的业务主管部门或财产所有者代管或移交有关档案馆代管。法律、行政法规另有规定的，从其规定。

第十四条 单位分立后原单位存续的，其会计档案应当由分立后的存续方统一保管，其他方可查阅、复制与其业务相关的会计档案；单位分立后原单位解散的，其会计档案应当经各方协商后由其中一方代管或移交档案馆代管，各方可查阅、复制与其业务相关的会计档案。单位分立中未结清的会计事项所涉及的原始凭证，应当单独抽出由业务相关方保存，并按规定办理交接手续。

单位因业务移交其他单位办理所涉及的会计档案，应当由原单位保管，承接业务单位可查阅、复制与其业务相关的会计档案，对其中未结清的会计事项所涉及的原始凭证，应当单独抽出由业务承接单位保存，并按规定办理交接手续。

第十五条 单位合并后原各单位解散或一方存续其他方解散的，原各单位的会计档案应当由合并后的单位统一保管；单位合并后原各单位仍存续的，其会计档案仍应由原各单位保管。

第十六条 建设单位在项目建设期间形成的会计档案，应当在办理竣工决算后移交给建设项目的接受单位，并按规定办理交接手续。

第十七条 单位之间交接会计档案的，交接双方应当办理会计档案交接手续。

移交会计档案的单位，应当编制会计档案移交清册，列明应当移交的会计档案名称、卷号、册数、起止年度和档案编号、应保管期限、已保管期限等内容。

交接会计档案时，交接双方应当按照会计档案移交清册所列内容逐项交接，并由交接双方的单位负责人负责监交。交接完毕后，交接双方经办人和监交人应当在会计档案移交清册上签名或者盖章。

第十八条 我国境内所有单位的会计档案不得携带出境。驻外机构和境内单位在境外设立的企业（简称境外单位）的会计档案，应当按照本办法和国家有关规定进行管理。

第十九条 预算、计划、制度等文件材料，应当执行文书档案管理规定，不适用本办法。

第二十条 各省、自治区、直辖市人民政府财政部门、档案管理部门，国务院各业务主管部门，中国人民解放军总后勤部，可以根据本办法的规定，结合本地区、本部门的具体情况，制定实施办法，报财政部和国家档案局备案。

第二十一条 本办法由财政部负责解释，自1999年1月1日起执行。1984年6月1日财政部、国家档案局发布的《会计档案管理办法》自本办法执行之日起废止。

附表 企业和其他组织会计档案保管期限表

序 号	档 案 名 称	保 管 期 限	备 注
一	会计凭证类		
1	原始凭证	15年	
2	记账凭证	15年	
3	汇总凭证	15年	
二	会计账簿类		
4	总账	15年	包括日记总账
5	明细账	15年	
6	日记账	15年	现金和银行存款日记账保管25年
7	固定资产卡片		固定资产报废清理后保管5年
8	辅助账簿	15年	
三	财务报告类		包括各级主管部门汇总财务报告
9	月、度财务报告	3年	包括文字分析
10	年度财务报告（决算）	永久	包括文字分析
四	其他类		
11	会计移交清册	15年	
12	会计档案保管清册	永久	
13	会计档案销毁清册	永久	
14	银行余额调节表	5年	
15	银行对账单	5年	

案例思考

案例1

国有企业光华公司 2007 年发生以下事项:

一月,该企业新领导班子上任后,作出了精简内设机构等决定,将会计科撤并到企业管理办公室,同时任命企管办主任王某兼任会计主管人员。

二月,原会计科长与王某办理会计工作交接手续,人事科长进行监交。

六月,档案科会同企管办对企业会计档案进行了清理,编制会计档案销毁清册,将保管期已满的会计档案按规定程序全部销毁,其中包括一些保管期满但尚未结清债权债务的原始凭证。

八月,经该企业负责人批准,某业务往来单位因业务需要查阅了该企业 2004 年有关会计档案,对有关原始凭证进行了复制,并办理了登记手续。

十月,企管办在例行审核有关单据时,发现一张购买计算机的发票,其"金额"栏中的数字有更改现象,经查阅相关买卖合同、单据,确认更改后的金额数字是正确的,于是要求该发票的出具单位在发票"金额"栏更改之处加盖单位印章。之后,该企业予以接受并据此登记入账。

思考: 上述哪些做法不规范?为什么?

提示: 参考《会计法》《会计基础工作规范》《会计档案管理办法》相关规定。

案例2

某企业会计主管离任,由李国庆接任。接任后,李国庆安排已取得会计从业资格证书的女儿李娜任出纳。因财务人员较少,企业未设立会计档案机构,李娜任出纳又兼管会计档案。一天,反贪局到企业调查上任会计主管经济问题,经李国庆同意后,李娜将部分记账凭证和数本账册借给反贪局。由于记账凭证太多,李国庆要求财会人员将保存满 10 年的会计凭证销毁。

思考: 李国庆能否安排其女李娜任出纳?出纳能否兼管会计档案?会计档案能否借给反贪局?会计凭证应保留多少年才能销毁?

提示: 参考《会计法》《会计基础工作规范》《会计档案管理办法》相关规定。

特殊载体档案管理技能训练

学习任务和目标

（1）通过电子档案收集、保管、鉴定和销毁等环节的技能训练，提高学生管理电子档案的能力。

（2）通过声像档案收集、保管方法的训练，提高学生管理声像档案及其辅助资料的能力。

（3）通过对照片及底片的分类、排列及编号的技能训练，提高学生管理照片档案、编写文字说明的能力。

（4）通过实物档案的分类、排列及编号等环节的技能训练，提高学生管理实物档案的能力。

特殊载体档案是以电子介质、声音、形象、实物等方式记录信息的特殊形式的档案，包括电子文件、录音带、录像带、照片、实物等。本章训练电子档案、声像档案、照片档案和实物档案管理技能。

第一节 管理电子档案

一、认识电子档案

电子档案是指人们在各种活动中以电子计算机为工具产生的一类数字化形式的具有保存价值的电子文件。从信息技术的角度看，电子文件是通过计算机进行操作、传输、存储等处理的数码序列。目前电子文件所采用的存储介质主要有硬盘（硬磁盘、软磁盘、移动磁盘）和光盘。

1. 电子档案的特点

（1）信息存储的高密度性。

（2）信息与特定载体之间的可分离性。

（3）多种信息媒体的集成性。

（4）信息的非人工识读性。

（5）系统依赖性。

2. 电子档案的种类

（1）文本文件或称字（表）处理文件，是指使用文字处理软件生成的，由字、词、数字或符号表达的文件。

（2）数据文件，亦称为数据库电子文件，是以数据库形式存在的具有文件属性的记录，如某高校学生成绩管理系统中的数据。

（3）图形文件，是指根据一定算法绘制的图表、曲线图，如计算机辅助设计（CAD）或绘图中产生的设计模型、图纸、图画等文件。

（4）图像文件，是指使用数字设备采集或制作的画面，如用扫描仪扫描的各种原件画面，用数码相机拍摄的照片等。将馆藏档案数字化时，对档案的扫描，也是图像文件。

（5）影像文件，是指使用视频捕获设备录入的数字影像或使用动画软件生成的二维、三维动画等各种动态画面，如数字影视片、动画片等。

（6）声音文件，是指用音频设备录入或用编曲软件生成的文件。

（7）命令文件，亦称计算机程序，是一种计算机软件。它一般是由程序员编写"源程序"输入计算机，通过相应的编译程序编译后执行，有些还要经过连接程序才能执行。

（8）包含上述两种以上信息形式的文件为"多媒体文件"，包含对其他文件链接功能的文件为"超文本文件"（Hypertext）。最常见的如网页（Web Page）就是使用超文本技术制作的。

二、整理电子档案

1. 收集电子档案

电子文件的归档管理目前实行"双套制"，即具有永久保存价值的文本或图形形式的电子文件，如没有纸质等拷贝件，必须制成纸质文件或缩微品等。归档时，应同时保存文件的电子版本和纸质版本或缩微品。应保证电子文件的凭证作用，对只有电子签章的电子文件，归档时应附加有法律效力的非电子签章。电子文件的归档范围参照国家关于纸质文件材料归档的有关规定执行，并应包括相应的背景信息和元数据。

背景信息，指描述生成电子文件的职能活动、电子文件的作用、办理过程、结果、上下文关系以及对其产生影响的历史环境等信息。

元数据，指描述电子文件数据属性的数据，包括文件的格式、编排结构、硬件和软件环境、文件处理软件、字处理和图形工具软件、字符集等数据。

电子文件归档还应注意收集以下有关文件：

（1）支持性文件，指能够生成运行文本、数据、图形等文件和各种命令及设备运行所需要的操作系统。

（2）数据文件，指各种数据材料。由于数据在不断变化、更新，应对原始数据隔一段时间定期拷贝，并将拷贝文件归档。

（3）与电子文件有关的各种纸质文件，主要有产生电子文件所使用的设备的安装与使用说明、操作手册等，以及电子文件形成过程中产生的一些纸质文件，如设计任务书、操作手册等。

逻辑归档可实时进行，物理归档应按照纸质文件的规定定期完成。逻辑归档，指在计算机网络上进行，不改变原存储方式和位置而实现的将电子文件的管理权限向档案部门移交的过程。物理归档，指把电子文件集中下载到可脱机保存的载体上，向档案部门移交的过程。

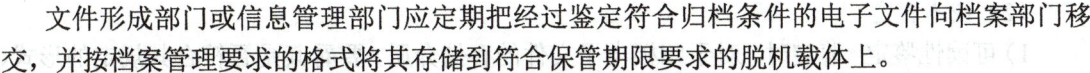

文件形成部门或信息管理部门应定期把经过鉴定符合归档条件的电子文件向档案部门移交,并按档案管理要求的格式将其存储到符合保管期限要求的脱机载体上。

归档电子文件的质量关系到以后电子文件的保管与利用,因此档案部门要采取措施保证电子文件归档的质量要求,大致要求如下:①齐全完整。②真实有效。③整理、编辑、划分保管期限,整理工作由文件形成部门具体负责,整理方案由档案部门统一规定。④统一规定载体形式、质量要求。档案部门应对电子文件的载体质量、规格、格式等作出统一规定,各部门按照规定将电子文件一式两份向档案部门移交,档案部门检查后归档保存。⑤防病毒。推荐应用光盘归档,但无论是光盘还是软盘,都必须是不可引导的非系统盘,以防带入病毒。⑥编制说明。文件形成部门应对归档的电子文件编制归档说明,简要说明磁带、软盘、光盘中存贮文件的内容,运行的软硬环境、版本号、文件的完整性和准确性等。

2. 保管电子档案

(1) 载体的物理保护 归档电子文件的保管除应符合纸质档案的要求外,还应符合下列条件:归档载体应作防写处理;避免擦、划、触摸记录涂层;单片载体应装盒,竖立存放,且避免挤压;存放时应远离强磁场、强热源,并与有害气体隔离;环境温度选定范围为17~20℃;相对湿度选定范围为35%~45%。

(2) 信息的安全维护 采用备份和镜像技术,防止文件信息的丢失。制作备份是指为电子文件制作一份或几份拷贝,将拷贝保留在一个安全的地方,以防原件因载体损坏或设备故障等原因而丢失信息。镜像技术是对实时要求极为严格的动态数据库文件所采取的安全备份措施。它实际上是为某一动态系统建立完全对等的孪生系统,两个系统同时执行完全相同的工作,若其中一个系统出现故障,另一系统仍可继续工作,以防止文件信息的丢失。

加密技术,如采取网络设备认证、数据安全保证、操作安全保证、身份识别等防范措施,满足企业对电子文件信息系统的安全和保密要求。

杀毒主要用杀毒软件,这是一项技术性的工作,应组织专业人员建立起完善有效的防治体系。

安装补丁程序,以弥补程序缺陷。程序缺陷可能引起信息泄密或破坏。发现程序缺陷后,及时安装各种安全补丁程序,以免被非法者利用。系统程序的安全漏洞,因发现后传播极快,更应及时修正,否则后果难料。

3. 利用电子档案

利用时应使用拷贝件。归档电子文件的封存载体不应外借。未经批准任何单位或人员不允许擅自复制电子文件。利用时应遵守保密规定。对具有保密要求的归档电子文件采用联网的方式利用时,应遵守国家或部门有关保密的规定,有稳妥的安全保密措施。

提供利用的方法包括提供物质载体拷贝、网络传输和计算机直接提供利用等方式。

4. 鉴定电子档案

电子档案的鉴定包括内容鉴定和技术鉴定两方面,应将内容鉴定和技术鉴定的结果结合起来,综合判定其保存价值。鉴定程序也有不同于纸质档案的特点。

(1) 内容鉴定 电子档案的内容鉴定,在原则、标准、方法上与纸质档案大体相同。在没有专门的电子档案保管期限表作为鉴定依据的情况下,目前可参照现行档案保管期限表并结合电子文件实际情况进行判断。

（2）**技术鉴定**

1）可读性鉴定：鉴定时，对于归档电子文件的存储介质，要看其是否符合其规定的形式、规格和质量要求，为保证日后的多次可读，可使用专用软件对介质的现有状态进行物理扫描。信息检查最常用的方法是将文件在计算机上读一遍，看能否顺利地将文件还原，如果错误率超过5%，可认为该文件不具有可读性，可通过与打印件加以比较的方法确定其是否值得保存。

2）可靠性鉴定：主要是指内容的真实与完整。对于电子文件的真实性，可从版本的鉴别入手，非正式版本的文件不具有法定的证据价值。电子文件的易修改性使得计算机系统中同一文件经常存在着不同版本，一般情况下归档保存的电子文件必须是最终版本，必要时也要同时保存某些草稿和定稿。对于电子文件的完整性分析主要从文件的相关性入手。随着软件功能和计算机网络的发展，一套电子文件中的文字、图表、数据分布在几个甚至几十个地方的情况会越来越多。如果分布在各处的"文件成分"汇集不全，一份文件便无法"再现"其原貌。因此鉴定时需要核实相关归档文件是否收集齐全，特别对这种在"物理结构"上分散的文件。对于数据库，还必须确认数据与栏目是否吻合，结构是否正确等，某些结构比较复杂的关系型数据库还应有相应的说明文件，否则日后的使用者可能对再现的数据结构无法正确理解，与相关的数据库无法顺利连接。

3）无病毒鉴定：由于档案管理部门，尤其是档案馆的归档电子文件来自四面八方，比起一个业务部门，一个机关受病毒侵害的概率自然会大大增加，档案部门一旦遭受病毒感染，其危害是难以估量的。因此对于以介质状态接收进来的电子文件，应使用查毒、杀毒软件进行检测和处理。

4）载体状况鉴定：归档电子文件的载体是信息最直接的"生存环境"，载体质量发生问题会直接损伤存储在上面的信息，可在有关设备上演示或检测，确认归档文件载体质量良好，运转正常。

（3）**鉴定程序**　确定电子文件的归档范围，并划分其保管期限；档案室将归档的电子档案进行一次包括内容鉴定和技术鉴定的全面鉴定；对电子档案进行再鉴定。档案室将保管期满且确无保存价值的文件删除销毁；存储在磁带和光盘上的文件一般在定期复制时进行再鉴定；永久类档案由档案馆接收时再鉴定；电子档案的销毁也应建立严格的审批制度，在计算机上删除文件时，为防止差错，应建立备份，待审查无误后，再将备份删除。

5. 销毁电子档案

电子文件的销毁可分为信息销毁和载体销毁两大部分。

（1）**信息销毁**　电子文件的信息销毁是通过软件系统改变载体的状态，将电子文件数据从记录载体上彻底消除的一种方法。这种方法适用于可重复使用的记录载体，如硬盘、软盘、可擦写式光盘、磁带机等。它的优点是可重复利用载体，节约了资源、经费，销毁方法简单。缺点是销毁过程具有非直观性，主要是通过计算机软件系统来完成销毁工作，如果销毁不彻底，容易留下泄密的后患。

（2）**载体销毁**　电子文件的载体销毁是指将电子文件的载体连同信息一起销毁的方法。主要适用于一次写入不可更改的记录载体及受损伤不可修复的载体。它的优点是销毁比较彻底，缺点是浪费资源。从目前看，电子文件载体的回收、再生工作开展得不够，还存在着载体的销毁处理会给环境带来不利影响的问题。

第十章　特殊载体档案管理技能训练

小知识：电子文件信息保护措施

1. 信息安全规范。信息安全是由安全的软硬件技术和完善的管理规范、安全法律提供保障的。它包括技术行为的安全规范和人员行为的安全规范。

信息安全依赖于计算机系统安全。计算机安全是指硬件、软件、数据受到保护，不因偶然或恶意的原因而遭到破坏、更改、泄露，使系统保持连续正常运行的状态。信息安全保护是属于计算机系统安全的有机组成部分，不能抛开计算机系统而空谈信息安全。因此，若要保证电子文件的安全就应对整个计算机系统制定安全规范。

2. 信息加密技术。电子文件归档是必须解密的文件，文件必须以明文的形式归档。对有密级限制的电子文件，网络传输中应当使用加密技术。在实际通信中通常采用公钥加密体制，发送者使用公开的加密密钥对文件加密，收方使用严格保密的解密密钥对收文解密。

3. 信息认证技术。主要有3种技术：

（1）数字签名技术：数字签名是以数字形式存储并能在通信网络中传输的方法，是公钥加密算法的一种用法。

（2）身份识别技术：最常采用的是通行字口令方式。

（3）消息认证：接收者能够检验收到的消息是否真实的方法。

4. 防治计算机病毒。

5. 信息备份。备份设备有磁带机、光盘、硬盘。备份技术有拷贝、磁盘镜像、磁盘双工、镜像站点、服务器集群技术、灾难恢复方案，还要制订备份管理制度。

6. 网络安全。包括防火墙、漏洞扫描技术、入侵检测技术。

7. 电子文件长期可存取技术。包括仿真、迁移、载体转换保护技术。

第二节　管理声像档案

一、认识声像档案

声像档案是指国家机构、社会组织以及个人从事政治、军事、经济、科学、技术、文化、宗教等活动中形成的对国家和社会有保存价值的影片、唱片、录音带、录像带等不同材料为载体，以声像为主，并辅以文字说明的历史记录，是全宗档案的重要组成部分。

1. 录音档案

录音档案主要有唱片和录音带两种。录音带有盘式和盒式两种，其中以盒式较为常见。盒式录音带分为60、90、120分钟3种，按其制成材料，有氧化铁磁带、铬磁带、铁铬磁带、掺钴磁带及金属磁带等，氧化磁带又分为低噪声带、低噪声高输出带及高保真带等。

2. 录像档案

录像带同样分盘式和盒式两种，同样以盒式较为常见。其宽度有2英寸、1英寸、3/4英寸、1/2英寸及1/4英寸等，制成材料有铬、掺钴氧化铁等。

二、掌握声像档案收集原则与方法

1. 声像档案的收集原则

为保证将有保存和利用价值的声像材料收集齐全，在收集工作中应遵循"以我为主，突出主题，质量精良，内容齐全"的原则。以我为主，即要以本单位形成的并能反映本单位职能活动的声像材料作为收集重点。突出主题，即收集的声像材料要能反映出重要活动、会议等的主要内容、场景、人物的实况。质量精良，即对收集来的声像材料必须进行精心挑选，把主题鲜明、影像清晰、画面完整、未加修饰剪裁的声像材料归档。内容齐全，即归档的声像材料内容要完整。录音带盒上需标注带编号、档号、讲话人姓名、职务、主要内容和录制日期、密级、讲话时间等标识。录像带盒上需标注带编号、档号、片名、放映时间、摄制单位、摄制日期、规格、制式、语别、密级等标识。

2. 声像档案的收集方法

（1）集中收集，即有计划、有针对性地进行阶段性收集，这是声像档案收集的重要途径。

（2）定向收集，即向某项活动的主办、承办单位或参与活动的单位和个人进行重点收集。

（3）直接参与收集，即单位档案机构派人员直接参与现场拍摄的收集方法。

（4）随时收集，即要求档案人员平常要注意收集有关活动信息，发现线索及时跟踪，及时收集。

三、掌握声像档案的归档制度

按照《中华人民共和国档案法》确定的档案管理原则和《机关档案工作业务建设规范》的有关规定，单位、部门或个人在各种重大活动中拍摄的具有保存价值的声像档案应及时向档案部门移交归档，任何部门或个人不得以任何借口据为己有。

1. 声像档案归档范围

反映单位概貌的声像材料；单位召开的各类重要会议形成的主要声像材料（包括大会会场、主席台、主要领导讲话等场面）；单位在涉外活动中形成的声像材料；单位领导、专家、学者在国内外重大活动中形成的声像材料；上级领导来本单位视察、检查工作形成的声像材料；单位重要工程建设、重大技术改造和技术引进中形成的主要声像材料（包括现场原貌、开工仪式、重要施工阶段、竣工仪式、试生产情况或工程全貌等）；单位历年生产的主要产品照片；单位获国优、部优、省优产品的奖杯或证书等的声像材料；反映新技术、新工艺、新材料应用的声像材料；单位历年重要科研成果、科技发明等的声像材料；单位其他重要活动、重要事件或重大事故形成的声像材料；搜集来的其他具有保存价值的声像材料。

2. 声像档案归档时间

应根据实际情况，采取随时归档与定期归档相结合的方式。

（1）**随时归档** 对具有归档价值的声像材料，其摄影者或承办单位应在及时、系统、规范地整理后，向档案室归档，归档时间一般不应跨年。

（2）**定期归档** 声像档案应随立档单位其他载体形态档案一并向有关档案馆移交。特殊情况下，经同级档案行政管理部门同意可提前或延迟移交。

3. 声像档案归档要求

声像档案的搜集、征集和移交应符合《磁性载体档案管理与保护技术规范（DA/T 15—1995）》等有关标准的要求。归档的声像载体材料必须反映声像制作活动的全过程，保证完整、准确、系统；必须遵循其自然形成规律；保持声像载体与纸质载体、不同声像载体之间的自然联系；注意其成套性的特点。

四、掌握声像档案辅助资料

1. 分类与编号

分类是将录音档案和录像档案分开，声像制品多的单位，如电视台、广播电台等，还可在录音档案或录像档案内按内容等划分属类。

声像档案整理后，要分开编目。声像档案是以盘或盒为保管单位进行编号的。编号可按归档的时间顺序结合内容编制流水号。

格式为"类别代号—顺序号"。例如："像—05"，表示录像档案第 5 盒（盘）。

编号中必须注意：①录音录像盒上的编号与外包装盒上的编号要一致；②录音录像盒上的编号与其相应的文字说明应一致；③一个活动录制多盒（盘）录音（录像）带，则应在相同的题名栏后注明录音（录像）带的顺序号。

2. 编写文字说明

声像档案的文字说明必须详细准确。

录音带要写明：所录讲话内容、讲话人姓名、身份、录音时间、录音带播放时长、录音带型号规格、设备的型号规格。

录像带要写明：所摄内容、主要人物、拍摄时间、录像带型号规格、设备的型号规格。

3. 填写标签

标签内容包括：编号、参见号、片名、播放时间、摄制单位、摄制时间、规格、制式、密级、主要人物的姓名、身份等。

五、声像档案库房管理

1. 温湿度控制

库房应配备空调机，有条件的单位还可配备去湿机等，以免声像档案因高温、潮湿、老化、褪色、霉变、粘连等情况，影响其寿命和利用的价值。库房应配备温、湿度记录仪，定期测量和记录温湿度数据，并采取相应的措施。

2. 防火

应配备一氧化碳等气体灭火装置。

3. 防尘、防有害气体和有害生物

4. 防磁

注意防磁对声像档案的保护尤为重要，因为磁场会对磁带产生消磁作用，造成磁带记录的信号失真，影响声像效果。因此，对于声像档案较多的单位，必须配备防磁柜或采取相应的防磁措施。

5. 防紫外线

紫外线会对声像档案有一定的破坏作用，使声像档案老化、褪色等，因此库房要避免阳光直射，窗户要配备厚窗帘，灯光要选用白炽灯。

第三节　管理照片档案

一、认识照片档案

照片档案是国家机构、社会组织及个人在社会活动中直接形成的，具有保存价值的以感光材料为载体的图像资料。照片档案主要由底片、照片及文字说明3部分构成。照片档案的种类很多，这里从照片的体裁角度作如下区分：

（1）新闻照片档案，指已经选编并办理了审批手续，完成新闻报道任务后，对今后具有连续宣传价值和查考利用价值的新闻照片及其文字说明材料。

（2）科技照片档案，指导记录和反映科技活动的照片资料。

（3）艺术照片档案，指经过对摄影造型艺术照片筛选而成的照片资料，包括人物照片档案、风景照片档案、花卉照片档案、动物照片档案，以及经过加工的历史文物照片档案、工艺美术照片档案等。

二、掌握照片档案收集范围与方法

1. 照片档案的归档范围

归档范围是以反映本单位活动为主并具有一定的参考利用价值的照片资料，主要包括：本单位在工作活动中产生的具有凭证和参考价值的照片；领导人物或著名人物参与本单位、本地区重大公务活动的照片；反映本地区重大事件、重大事故、自然灾害及异常现象的照片；本单位向有关单位提出内容和要求，组织拍摄或征集的照片；与本单位的其他载体档案有密切联系的照片；外单位形成但经本单位选用的照片；其他有保存和利用价值的照片。

2. 照片档案的收集方法

档案业务管理部门与有关行政部门工作相结合，调动有关部门的积极性；档案室（馆）收集照片与清理积存照片相结合，明确收集的重点单位；向机关、组织征集与向个人征集相结合，取得单位与个人的积极支持；档案部门自己收集与争取兄弟单位协助收集相结合，拓宽收集工作的渠道；全面收集与重点收集相结合，以重点带动一般；无偿收集与有偿征集相结合，区别情况，分别对待；收集历史照片与现实照片相结合，多渠道、多层次地进行收集。

三、整理照片档案

照片档案的整理应遵循有利于保持照片档案的有机联系、有利于保管、有利于提供利用的"三个有利于"原则。对于照片档案数量较少的单位，照片档案可从属文书档案或科技档案，并统一整理、编号；对于照片档案数量较多，且所收集的照片档案与文书档案或其他类型档案相对独立的单位，应将照片档案单独分类、编目，单独存放。归档的照片与底片影像应一致；无底片的照片应翻拍底片，无照片的底片应冲洗出照片；照片档案的底片、照片应分开存放。

1. 底片的分类、排列、编号

（1）底片的分类　　一个全宗的底片要单独整理，不同全宗的底片不可混杂。各单位可根据实际情况采用切合本单位实际的分类法。对于大部分单位来说，底片数量不多，可不分类，只按底片收集的先后顺序编流水号即可。

对于底片数量和类型较多的单位，可按以下几种方式分类：①按制成材料分为软制底片和硬制底片，黑白底片和彩色底片；②按形成方式分为原底片与翻版底片；③按底片呈像分为负片和反转片；④按尺寸大小分为2寸、4寸和特大号等；⑤按年度分类，即按不同历史时期、不同年度产生的底片来分类；⑥按内容分类，即按底片反映的问题、项目、产品等来分类。

（2）底片的排列与编号　　底片排列是按收集时间顺序进行的。底片在全宗内编流水号，格式为"全宗号—保管期限代码—底片号"，并用铁笔在底片乳剂面片边处横排刻上底片号，同时在底片袋的右上方标明底片号。

全宗号：档案馆给立档单位编制的代号。

保管期限代码：分别用"1、2、3"或"Y、C、D"对应代表永久、长期、短期。

张号：在某一全宗某一保管期限内底片从"1"开始编流水号。

例如："44—Y—6"，即代表××市档案局永久卷中的第6张底片。底片号登录顺序应与照片号登录顺序保持一致。

（3）底片装袋插册　　底片应放入底片袋内保管，一张一袋，并在底片袋右上方标明底片号。翻拍底片应在底片袋左上方标明"F"字样，拷贝底片标明"K"字样。对于大幅底片，应垫衬柔软的中性偏碱性纸张后放入专用档案袋或档案盒。

2. 照片的分类、排列及编号

（1）照片档案的分类与排列　　照片档案应在全宗内按"年度—问题"进行分类。跨年度且不可分的照片，也可按"保管期限—问题—年度"进行分类。不同全宗照片不可混杂。分类方案应前后一致，不应随意变动。照片的排列应在分类方案的最低一级类目内，按问题结合时间、重要程度、保密等级等进行排列。

（2）照片档案的编号　　照片号的编制有两种格式：

格式一：全宗号—保管期限代码—册号—张号。

格式二：全宗号—保管期限代码—张号。

全宗号、保管期限代码与底片号中的全宗号、保管期限代码是一致的。

册号：在某一全宗某一保管期限内照片册的排列从"1"开始编流水号。

张号：格式一中张号是指照片在册内排列按从"1"开始的顺序编号；格式二中张号是指在某一全宗某一保管期限内照片排列按从"1"开始的顺序编号。

1）××市档案局（馆）的照片档案分类大纲与编号方法。

分类大纲：党群类、行政类、业务类、领导视察等4类。

编号方法：采用"全宗号—保管期限代码—册号—张号"编号方法。

例如："44—C—1—3"代表××市档案局长期保管的照片档案中的第1册（党群类）的第3张照片。

2）全市重大活动照片档案分类大纲及编号方法。

例如，泉台交流及侨务活动（全宗号384）、"海丝"活动（385）、××文化建设重大活动（386）、××城市建设重大活动（387）等。其中，"385—Y—11"即代表"海丝"

活动永久保管的第 11 张照片。

照片档案的编号应做到不重号、不空号、不漏号。照片档案经分类、排列、编号后，即可按编号顺序将其固定在照片册的芯页上。对于大幅照片，可将其放入专用的档案盒（袋）中。

3. 编写照片档案文字说明

照片档案除底片、照片外，还有一个非常重要的组成部分——文字说明。照片上所反映的只是事件的一个或几个片段，它所反映的事实具有一定的局限性，需要有文字说明加以补充。没有文字说明，将会严重影响照片档案作用的发挥。

（1）文字说明的内容　　文字说明主要包括事由、时间、地点、人物、背景和摄影者等 6 个要素。

① 事由：照片影像所反映的事件。

② 时间：事件发生或事物变化、产生的时间和拍摄时间。

③ 地点：被摄物所在的具体地点。

④ 人物：照片影像上主要人物的姓名、身份，填写说明时还要标明照片上主要人物所在的位置，如××县工商局局长×××（前排左二）。

⑤ 背景：对揭示照片影像主题具有一定作用的背景，一般指时代背景，如"1984 年 10 月 1 日，参加中华人民共和国建国 35 周年国庆游行的大学生通过天安门时，队伍中突然展开'小平，您好'的横幅，表达了亿万人民的心声"，这张照片的文字说明中"35 周年国庆游行"即为时代背景。

⑥ 摄影者：照片的拍摄单位和拍摄人。

（2）文字说明的编写要求

① 文字要简洁，语言要通顺，一般不超过 200 字。

② 事物产生的时间可用普通的年、月、日表示法，拍摄时间用 8 位数表示，1～4 位表示年，5～6 位表示月，7～8 位表示日。例如，2002 年 2 月 19 日可写作 20020219。

③ 一般照片以自然张为单位编写说明，一组照片应编制比较详细的总说明，每一张再加以简要的分说明。

（3）文字说明格式　　说明采用横式分段书写，宽度可灵活掌握，最窄不得小于 50mm，格式如下：

题　　名：
照 片 名：
底 片 名：
参 见 号：
时　　间：
摄 影 者：
文字说明：

近年来，随着数码技术的不断发展，有些单位开始使用数码相机进行照片的拍摄，形成数码照片。对于数码照片可以通过光盘刻录进行保存、检索。简单讲就是，先建立一个照片类目文件夹，然后将所摄的有保存价值的数码照片按类目保存到计算机，并给每张照片附上文字说明，再刻录成光盘。

四、鉴定照片档案

（1）**鉴定的内容**　鉴定照片形成的年代、反映的内容及载体材料等。

（2）**鉴定的方法**　通过史料考证鉴定；调查询问有关人员考证鉴定；实地考察鉴定；内容对照比较考证鉴定；请有关专家进行技术鉴定等。

（3）**照片档案保管期限的确定**　根据照片档案的价值确定其保管期限，分永久、长期、短期3种。可参照与之相对应的文书档案的保管期限的规定确定其保管期限。

五、保管照片档案

1. 库房要求

照片档案，尤其是底片档案，对库房的要求比较严格。除有条件的单位应建造符合《照片档案管理规范》要求的专用档案库房外，一般单位也应选择专用房间，使用专门的箱柜存放照片档案。对于存放底片的房间，应控制室内昼夜温度变化在 ±3℃，湿度变化在 ±5%。其他还有防火、防尘、防光、防污染等要求。

2. 装具要求

底片和照片不应装入同一纸袋内，以免底片受潮时与照片粘合。保管底片可采用活页本装法，每本若干页，正反两面都可装底片。彩色底片与黑白底片装入不同纸袋收藏，另行编号，按顺序排列。

照片档案的装具，由于过去没有统一的要求，各地各单位做法不一，有使用普通相册的，有自制相册的，有仿照文书档案规格自行设计相册的。现在应按《照片档案管理规范》要求自制或直接从厂家选购符合国家标准的《照片档案册》和《照片底片册》。

> **小实例：照片档案，见证城市发展**
>
> 2008年3月9日，吉林市解放60周年，为了纪念这一特殊的日子，吉林市电视台娱乐频道将制作《岁月的痕迹——纪念吉林市解放60周年》专题片。档案馆为该专题片的制作提供了32幅馆藏老照片，实际用于播出的有26幅。通过新旧城区照片的对比，在一定程度上反映了吉林市自解放后60年来的城区巨变。该专题片于2008年3月9日在吉林市电视台娱乐频道《瞬间江城》栏目中分三期滚动播出。节目播出后，给观众留下深刻印象，在社会上引起很大的反响。

第四节　管理实物档案

一、认识实物档案

实物档案是指以物质实体为载体，反映本单位历史真实面貌的特定物品。一般包括奖状、奖杯、奖旗、印章、名人字画、对外交流中收受的礼品（即公务活动纪念品）及单位发展中有纪念意义的物品等。归档实物按其珍贵程度，将保管期限定为永久或定期。

实物档案具有形体直观、形状多样化的特点，它直观地反映了单位的发展和各方面工作取得的业绩，不但具有较高的查考利用价值，而且具有良好的社会教育功能，是文书档案的重要补充，按照国家有关规定，必须实行集中统一管理。

二、掌握实物档案归档范围与归档要求

1. 实物档案的归档范围

（1）本单位获得的各种奖状、奖杯、奖牌、锦旗、荣誉证书、光荣册等。
（2）上级领导、知名人士、有关单位赠送给本单位的题词、锦旗、牌匾、字画、工艺品等。
（3）本单位对外交往中获赠的重要纪念品。
（4）本单位组织的各种重大活动中形成的纪念品。
（5）机构成立以来使用过的牌、匾、印章等。
（6）本地区、本企业第一批生产的、获奖的及重要的产品样品。
（7）其他具有保存价值的实物。

2. 实物档案的归档要求

（1）应归档的实物自形成后的次年三月底前向本单位档案管理部门移交；由于特殊原因，应归档的实物确需在有关部门暂时保留的，应先将该实物移交档案管理部门拍照登记后，再办理借用手续。
（2）归档的实物要保持整洁、无破损。任何部门和个人不得随意将实物档案损坏、私存或转送他人。
（3）归档的实物应当拍照后归档，所拍照片要纳入本单位照片档案的管理中，两者之间要建立准确、可靠的标识关系。
（4）本单位对外交往中赠送给对方的重要实物，也应当将实物拍照后归档。

三、整理实物档案

1. 归档实物的分类

归档实物以件为单位进行整理（成套实物为一件）。归档实物可按物品种类分类；实物档案较少的单位，可不分类。

2. 归档实物的排列

归档实物可按种类结合时间进行排列，也可按归档时间顺序进行排列。

3. 归档实物的编号

归档实物应按分类方案和排列顺序逐件编档号，并在不影响实物品相的合适位置粘贴标签，填写档号。归档实物的档号一般由全宗号、类别号、件号组成。比如"Sw1—2"，"Sw1"是实物类别中的第1类"奖杯"，"2"表示件号，是奖杯实物中的第2件。

4. 编制分类目录

目录一式二份，不同属类的目录分开订装，在目录夹封面写上实物档案。

实物档案分类目录
（荣誉类）

档　号	获奖单位	授予部门	荣誉称号	获奖实物种类	获奖时间	保管期限
Sw1—1	××市档案局	××市政府	双文明先进单位	奖杯	20120118	永久

第十章 特殊载体档案管理技能训练

实物档案分类目录

（礼品类）

档　号	礼品名称	赠送单位	时　间	保管期限
Sw2—1				

实物档案分类目录

（字画类）

档　号	责　任　者	题名（字画名称）	时　间	字画规格	保管期限
Sw3—1					

四、保管实物档案

（1）实物档案应按"类别号—件号"上架排列，单独存放。所用装具不应对实物有任何不利影响。

（2）实物档案的保管环境温度为 14～24℃，相对湿度为 45%～60%，并注意做好"八防"等工作，确保档案的完整与安全。

（3）定期对实物档案进行检查，发现问题妥善处理。

（4）严格执行实物档案出入库房登记制度，保证实物档案不丢失。

五、利用实物档案

（1）利用实物档案时必须严格履行借阅登记手续。

（2）因举办展览等活动确实需要使用实物档案原件，须办理借用审批手续。

（3）珍贵的或不易搬动的实物档案，可提供实物档案照片使用。

法规阅读与案例思考

➤ 法规阅读
法规 1
电子文件归档与管理规范（GB/T 18894—2002）（摘录）

一、总则

1. 电子文件自形成时应有严格的管理制度和技术措施，确保其真实性、完整性和有效性。

2. 应对电子文件的形成、收集、积累、鉴定、归档等实行全过程管理与监控，保证管理工作的连续性。

3. 应明确规定电子文件归档的时间、范围、技术环境、相关软件、版本、数据类型、格式、被操作数据、检测数据等要求,保证归档电子文件的质量。

4．归档电子文件同时存在相应的纸质或其他载体形式的文件时,应在内容、相关说明及描述上保持一致。

5．具有永久保存价值的文本或图形形式的电子文件,如没有纸质等拷贝件,必须制成纸质文件或缩微品等。归档时,应同时保存文件的电子版本、纸质版本或缩微品。

6．应保证电子文件的凭证作用,对只有电子签章的电子文件,归档时应附加有法律效力的非电子签章。

二、电子文件的真实性、完整性和有效性保证

1．应建立规范的制度和工作程序并结合相应的技术措施,从电子文件形成开始不间断地对有关处理操作进行管理登记,保证电子文件的产生、处理过程符合规范。

1.1 登记处理过程中相互衔接的各类责任者(如起草者、修改者、审核者、签发者等)。

1.2 登记处理过程中的各类操作者(打字者、发文者、收文者、存储管理者等)。

1.3 登记处理过程中产生的责任凭证信息(批示、签名、印章、代码等)。

1.4 登记电子文件传递、交接过程中的其他标识。

2．应采取可靠的安全防护技术措施,保证电子文件的真实性。

2.1 建立对电子文件的操作者可靠的身份识别与权限控制。

2.2 设置符合安全要求的操作日志,随时自动记录实施操作的人员、时间、设备、项目、内容等。

2.3 对电子文件采用防错漏和防调换的标记。

2.4 对电子印章、数字签署等采取防止非法使用的措施。

3．应建立电子文件完整性管理制度并采取相应的技术措施采集背景信息和元数据。

4．应建立电子文件有效性管理制度并采取相应的技术保证措施。

5．电子文件的处理和保存应符合国家的安全保密规定,针对自然灾害、非法访问、非法操作、病毒侵害等采取与系统安全和保密等级要求相符的防范对策,主要有：网络设备安全保证、数据安全保证、操作安全保证、身份识别方法等。

三、电子文件的收集与积累

1．收集积累要求

1.1 记录重要文件的主要修改过程和办理情况,有查考价值的电子文件及其电子版本的定稿均应被保留。正式文件是纸质的,如果保管部门已开始进行向计算机的全文转换工作,则与正式文件定稿内容相同的电子文件应当保留,或可根据实际条件或需要确定是否保留。

1.2 当公务或其他事务处理过程只产生电子文件时,应采取严格的安全措施,保证电子文件不被非正常改动。同时应随时对电子文件进行备份,存储于能够脱机保存的载体上。

1.3 对在网络系统中处于流转状态,暂时无法确定其保管责任的电子文件,应采取捕获措施,集中存储在符合安全要求的电子文件暂存存储器中,以防散失。

1.4 对用文字处理技术形成的文本电子文件,收集时应注明文件存储格式、文字处理工具等,必要时可同时保留文字处理工具软件。文字型电子文件以 XML、RTF、TXT 为通

用格式。

1.5 对用扫描仪等设备获得的采用非通用文件格式的图像电子文件,收集时应将其转换成通用格式,如无法转换,则应将相关软件一并收集。扫描型电子文件以 JPEG、TIFF 为通用格式。

1.6 对用计算机辅助设计或绘图等设备获得的图形电子文件,收集时应注明其软硬件环境和相关数据。

1.7 对用视频或多媒体设备获得的文件以及用超媒体链接技术制作的文件,应同时收集其非通用格式的压缩算法和相关软件。视频和多媒体电子文件以 MPEG、AVI 为通用格式。

1.8 对用音频设备获得的声音文件,应同时收集其属性标识、参数和非通用格式的相关软件。音频电子文件以 WAV、MP3 为通用格式。

1.9 对通用软件产生的电子文件,应同时收集其软件型号、名称、版本号和相关参数手册、说明资料等。专用软件产生的电子文件原则上应转换成通用型电子文件,如不能转换,收集时应连同专用软件一并收集。

1.10 计算机系统运行和信息处理等过程中涉及的与电子文件处理有关的参数、管理数据等应与电子文件一同收集。

1.11 对套用统一模板的电子文件,在保证能恢复原形态的情况下,其内容信息可脱离套用模板进行存储,被套用模板应作为电子文件的元数据保存。

1.12 定期制作电子文件的备份。

2．电子文件的登记

2.1 每份电子文件均应在《电子文件登记表》中登记。

2.2 《电子文件登记表》应与电子文件同时保存。

2.3 《电子文件登记表》如果制成电子表格,应与电子文件一同保存,永久保存的电子表格应附有纸质等拷贝件,并与相应的电子文件拷贝一起保存。

2.4 电子文件稿本代码：M—草稿性电子文件；U—非正式电子文件；F—正式电子文件。

2.5 电子文件类别代码：T—文本文件；I—图像文件；C—图形文件；V—影像文件；A—声音文件；O—超媒体链接文件；P—程序文件；D—数据文件。

四、电子文件的归档

1．归档要求

文件形成部门或信息管理部门应定期把经过鉴定,符合归档条件的电子文件向档案部门移交,并按档案管理要求的格式将其存储到符合保管期限要求的脱机载体上。

2．鉴定

2.1 电子文件的鉴定工作,应包括对电子文件的真实性、完整性、有效性的鉴定及确定密级、归档范围和划定保管期限。

2.2 归档前应由文件形成单位按照规定的项目对电子文件的真实性、完整性和有效性进行检验,并由负责人签署审核意见,将检验和审核结果填入《归档电子文件移交、接收检验登记表》。如果文件形成单位采用了某些技术方法来保证电子文件的真实性、完整性和有效性,则应把其技术方法和相关软件一同移交给接收单位。

2.3 电子文件的归档范围参照国家关于纸质文件材料归档的有关规定执行，并应包括相应的背景信息和元数据。

2.4 电子文件保管期限和密级的划分工作，参照国家关于纸质文件材料密级和保管期限的有关规定执行。电子文件的背景信息和元数据的保管期限应当与内容信息的保管期限一致。应在电子文件的机读目录上逐件标注保管期限的标识。

3．归档时间

逻辑归档可实时进行，物理归档应按照纸质文件的有关规定定期完成。

4．检测

在进行电子文件归档工作时，应对归档电子文件的基本技术条件进行检测，检测内容包括：硬件环境的有效性，软件环境的有效性及其信息记录格式、有无病毒感染等。

5．归档

电子文件的归档，按照鉴定标识进行。电子文件的归档可分两步进行，对实时进行的归档先做逻辑归档，然后定期完成物理归档。归档时，应充分考虑电子文件的技术环境、相关软件、版本、数据类型、格式、被操作数据、检测数据等技术因素。

5.1 逻辑归档

将电子文件的管理权从网络上转移至档案部门，在归档工作中，存储格式和位置暂时保持不变。

5.2 物理归档

5.2.1 凡在网络中予以逻辑归档的电子文件，均应定期完成物理归档。

5.2.2 把带有归档标识的电子文件集中，拷贝至耐久性好的载体上，一式三套，一套封存保管，一套供查阅使用，一套异地保存。对于加密电子文件，则应在解密后再制作拷贝。

5.2.3 本标准推荐采用的载体，按优先顺序依次为：只读光盘、一次写光盘、磁带、可擦写光盘、硬磁盘等。不允许用软磁盘作为归档电子文件长期保存的载体。

5.2.4 存储电子文件的载体或装具上应贴有标签，标签上应注明载体序号、全宗号、类别号、密级、保管期限、存入日期等，归档后的电子文件的载体应设置成禁止写操作的状态。

5.2.5 特殊格式的电子文件，应在存储载体中同时保存相应的查看软件。

5.2.6 将相应的电子文件机读目录、相关软件、其他说明等一同归档，并附《归档电子文件登记表》。

归档电子文件应以盘为单位填写《归档电子文件登记表》首页，以件为单位填写续页。

5.2.7 对需要长期保存的电子文件，应在每一个电子文件的载体中同时保存相应的机读目录。

5.2.8 归档完毕，电子文件形成部门应将存有归档前电子文件的载体保存至少 1 年。

五、归档电子文件的整理

1．归档电子文件的整理按 DA/T 22 规定的要求进行。

2．归档电子文件以件为单位整理。

3．同一全宗内的电子文件按照"年度—保管期限—机构（问题）"或"保管期限—年度—机构（问题）"等分类方案进行分类。

4．按电子文件类别代码相对集中组织存储载体。

5．电子文件的著录应参照 DA/T 18 进行著录，同时按照保证其真实性、完整性和有效性的要求补充电子文件特有的著录项目和其他标识。

6．将著录结果制成机读目录和纸质目录。

六、归档电子文件的移交、接收与保管

1．移交、接收与保管要求

对归档电子文件，应按有关规定进行认真检验。在检验合格后将其如期移交至档案馆等档案保管部门，进行集中保管。在已联网的情况下，归档电子文件的移交和接收工作可在网络上进行，但仍需履行相应的手续。

2．移交、接收检验

2.1　文件形成单位在移交电子文件之前，档案保管部门在接收电子文件之前，均应对归档的每套载体及其技术环境进行检验，合格率达到 100% 时方可进行交接。

2.2　检验项目如下：

——载体有无划痕，是否清洁；

——电子文件有无病毒；

——归档电子文件的真实性、完整性、有效性及审核手续；

——登记表、软件、说明资料等是否齐全；

——对特殊格式的电子文件，应核实其相关的软件、版本、操作手册等是否完整。

检验结果分别由移交单位、接收单位填入《归档电子文件移交、接收检验登记表》的相应栏目。

2.3　档案保管部门应按照要求及检验项目对归档电子文件逐一验收。对经检验不合格者，应退回形成单位重新制作，并再次对其进行检验。

3．移交手续

档案保管部门验收合格后，须完成《归档电子文件移交、接收检验登记表》的填写、签字、盖章环节。登记表一式两份，一份交电子文件形成单位，一份由档案保管部门自存。

4．保管要求

归档电子文件的保管除应符合纸质档案保管的要求外，还应符合下列条件：

A）归档载体应作防写处理。避免擦、划、触摸记录涂层。

B）单片载体应装盒，竖立存放，且避免挤压。

C）存放时应远离强磁场、强热源，并与有害气体隔离。

D）环境温度选定范围：17～20℃。相对湿度选定范围：35%～45%。

归档电子文件在形成单位的保管，也应符合上述条件。

5．有效性保证

5.1　归档电子文件的形成单位和档案保管部门每年均应对电子文件的读取、处理设备的更新情况进行一次检查登记。设备环境更新时应确认库存载体与新设备的兼容性，如不兼容，则应进行归档电子文件的载体转换工作，原载体保留时间不可少于 3 年。保留期满后对

可擦写载体清除内容后可重复使用，不可清除内容的载体应按保密要求进行处置。

5.2　对磁性载体每满2年、光盘每满4年进行一次抽样机读检验，抽样率不低于10%，如发现问题应及时采取恢复措施。

5.3　对磁性载体上的归档电子文件，应每4年转存一次。原载体同时保留时间不少于4年。

5.4　档案保管部门应定期将归档电子文件的检验结果填入《归档电子文件管理登记表》。

6．迁移

随着系统设备更新或系统扩充，应及时对归档电子文件进行迁移操作，并填写《归档电子文件迁移登记表》。

7．利用

7.1　归档电子文件的封存载体不应外借。未经批准任何单位或人员不允许擅自复制电子文件。

7.2　利用时应使用拷贝件。

7.3　利用时应遵守保密规定。对具有保密要求的归档电子文件采用联网的方式利用时，应遵守国家或部门有关保密的规定，有稳妥的安全保密措施。

7.4　利用者对归档电子文件的使用应在权限规定范围之内。

8．归档电子文件的鉴定销毁

8.1　归档电子文件的鉴定销毁，参照国家关于档案鉴定销毁的有关规定执行，且应在办理审批手续后实施。

8.2　属于保密范围的归档电子文件，如存储在不可擦除载体上，应连同存储载体一起销毁，并在网络中彻底清除。不属于保密范围的归档电子文件可进行逻辑删除。

9．统计

档案保管部门应及时按年度对归档电子文件的接收、保管、利用和鉴定销毁情况进行统计。

法规2

磁性载体档案管理与保护规范（DA/T15—1995）（摘录）

1．范围

本标准规定了对磁性载体文件的积累、归档要求和磁性载体档案的管理、贮存与保护等诸环节的要求。本标准适用于机关、团体、企事业单位的磁性载体文件和磁性载体档案的管理与保护。不适用于计算机光盘、激光视盘和激光唱盘。

2．引用标准（略）

3．定义

3.1　磁性载体文件，指以磁性材料（如计算机磁带、软磁盘、录像带、录音带）为信息载体的文件。

3.2　磁性载体档案，指国家机构、社会组织和个人在社会活动及科学实践中直接形成的有保存价值的磁性载体文件。

3.3 软件,指计算机程序和相应的数据及其他文件,包括固件中的程序和数据。

3.4 软件文件,指软件的书面描述和说明。它规定了软件的功能、性能、组成及软件设计、测试、维护和使用方法。

3.5 保管单位,指一组具有有机联系的、价值和密级相同或相近的文件材料的集合体。本标准规定的保管单位形式为盒、盘等。

4. 积累

4.1 磁性载体文件的积累工作由文件形成部门负责,确保积累文件内容的完整性、准确性。档案部门负责监督、检查、指导。

4.2 磁性载体文件应一式两份,与相应的纸质文件同时积累并进行登记。

4.3 磁性载体文件形成部门对已形成的磁性载体文件应同纸质文件一样及时整理,同一盘(带)中存放多份文件的应建立磁性载体文件目录清单。

4.4 软件文件的积累范围是软件生存期各阶段形成的文件,各阶段形成的文件执行GB8566—1988、GB8567—1988、GB9385—1988 和 GB9386—1988 的有关规定。

4.5 磁性载体文件的更改单、版本更新通知都应积累、登记。

5. 磁性载体文件的归档要求

5.1 磁性载体文件形成部门负责对需要归档的磁性载体文件进行整理、编辑,根据本单位情况,待项目结束后将磁性载体文件按照 GB1989—1980、GB7574—1987 和 GB9416.1—1988 转换成标准格式,一式两份(A、B盘),及时向档案部门移交归档。

5.2 归档的磁性载体文件必须是可读文件。必须在有关的设备上演示或检测,运转正常,无病毒,清洁,无划伤,确保文件的完整性和内容的准确性。

5.3 归档使用的录音(像)带、软磁盘的性能质量,应分别符合 GB7309—1987、GB9416.1—1988、GB/T14306—1993 的规定。

5.4 同一项目同一类别的磁性载体文件应存贮在同种磁性载体上。

5.5 应将4.3中建立的磁性载体文件目录清单与磁性载体档案一同归档。

5.6 归档的磁性载体文件应由文件形成部门编制归档说明。

5.6.1 磁带(软磁盘)需简要说明带(盘)中存贮文件的内容、运行的软硬件环境、版本号、文件的完整性和准确性等。

5.6.2 录像片需简要说明该片的内容、制式、语别、密级、规格和放映时间。同时,还应归档一套可供借阅的备份录像片。

5.6.3 录音带需简要说明讲话内容、讲话人姓名、职务、录制日期、密级等。

6. 磁性载体档案的管理

6.1 磁性载体文件的归档工作应执行国家、单位的有关规定和本标准规定。

6.2 磁性载体文件的归档与管理工作应遵循集中统一、确保安全、便于利用的原则,由各单位的档案部门归口管理。

6.3 磁性载体文件管理应重视磁性载体的选择,禁止使用劣质软磁盘、磁带、录像带、录音带作载体。

6.4 严格做好磁性载体档案的保密工作。

6.5 应将5.1中归档的一式二份磁性载体档案中的一份作为保存件,不得外借。

6.6　各级档案部门应建立磁性载体档案的借阅制度，严格执行借阅审批手续。

6.7　借阅和归还磁性载体档案时，按规定进行质量检查、验收。

6.8　归档的磁带（软磁盘）必须贴上标签。

6.8.1　磁带（软磁盘）套、盒上需标注带（盘）编号、档号、软件名称、版本号、文件数、密级、编制人、编制日期等标识。

6.8.2　录像带盒上需标注带编号、档号、片名、放映时间、摄制单位、摄制日期、规格、制式、语别、密级等标识。

6.8.3　录音带盒上需标注带编号、档号、讲话人姓名、职务、主要内容和录制日期、密级、讲话时间等。

6.9　在贮存磁性载体档案的同时，应保存有关磁性载体档案的文字资料，内容包括：写操作日期、系列号、文件号、记录密度模式、当前目录、状态、生产者鉴定、使用日期及其他一些需要著录的内容。不得用铅笔或水溶性墨水书写。

7. 磁性载体档案贮存与保护

7.1　贮存前的准备

7.1.1　长期贮存的磁带性能要求

应使用有背涂层的磁带；被存磁带不应损坏、污染；磁带上不允许有皱折；磁带应缠绕在刚性轮毂上，绝不能缠绕在有橡胶铀套的轮毂上，并且应卷绕平整、松紧适度。录像带、录音带各项指标应符合 GB/Tl4306—1993、GB7309—1987、GB11956—1989 的要求。

7.1.2　贮存前的物理准备

a．长期贮存的磁性载体档案的信息要用经过调整、清洁的设备录制。

b．贮存前，检查磁带缠绕是否规整、边缘有无损坏，并应将磁带在存储环境中平衡 1～3 天，然后在全长度上使用清洁机慢速、均匀、连续地重新缠绕，缠绕张力为1.7～2.2N（牛顿）。

c．应将磁带在干燥的环境中（相对湿度小于 40%）快封到塑料袋中和（或）密封容器中，以防粘和剂、润滑剂挥发。

7.2　贮存

7.2.1　库房温、湿度要求

温、湿度变化范围：应在温度 15～27℃、相对湿度 40%～60% 范围内选定一组值，一旦选定，在 24 小时内温度变化不得超过 ±3℃、相对湿度变化不得超过 ±5%。最佳环境温度是 18℃、相对湿度是 40%。

7.2.2　清洁管理要求

a．不要用手触摸磁带（软磁盘），应戴非棉制手套操作；

b．不要使磁带（软磁盘）接触不清洁表面，如地面、桌面等；

c．装磁带（软磁盘）的装具应洁净无尘；

d．库房地面不应打蜡、铺地毯；

e．吸尘器的排出气应通向专用容器或库房外；

f．库房中禁止使用打印机。

7.2.3　风压要求

库房宜保持为正压，减少灰尘对环境的污染；库房中应无腐蚀性气体，并保证通风良好。

7.2.4 防水要求

库房内的设备要避免水淹，磁带（软磁盘）架最低一层搁板应高于地面30cm以上。

7.2.5 防火要求

a．库房及装具应使用耐火材料，库房内及附近不得有易燃物品；
b．库房内严禁出现明火；
c．库房中应备有CO_2型灭火器；
d．库房物品如纸张、木材、洗涤液等应尽量少，并且应摆放整齐，不能有路障；
e．对重要档案应专柜存放。

7.2.6 防磁要求

a．磁性载体档案与磁场源（永久磁铁、马达、变压器等）之间的距离不得少于76mm；
b．可使用软磁物质（软铁、铁淦氧、镍铁合金等）构成容器、箱柜，对磁场进行屏蔽；
c．磁性载体档案如装入有磁屏蔽的容器中，应距容器内壁至少26cm；
d．使用无屏蔽的容器运输时，磁性载体档案距容器外壁至少76cm；
e．不得将任何磁性材料及其制品（包括磁化杯、保健磁铁、磁铁图钉等）带入库房；
f．在存有重要档案的库区，应设置测磁设备，以查出隐蔽的磁场。

7.2.7 防紫外线要求

不允许紫外线直接照射磁性载体档案。

7.2.8 放置要求

磁带（软磁盘）应放入磁带（软磁盘）盒中，垂直放置或一盘盘悬挂放置。

7.2.9 保养及维护

应定期保养及维护磁性载体档案，并应建立磁性载体档案检测、保养卡，包括：

a）清洁

要保证磁带机、软盘驱动器、清洗机的清洁，除要定期清洗磁带外，当发现运行磁带（软磁盘）有碎片脱落时，应立即对全系统进行清洗；磁带盘、磁带盒清洗溶剂可选用二氯二氟甲烷、异丙醇、甲醇等，并在通风良好的环境中操作。

b）倒带

1）倒带间隔

在温度为18℃±1℃、相对湿度为40%±5%的环境中贮存的磁带，建议倒带间隔为3.5年。如果不能保持上述温、湿度范围，倒带间隔应视保存环境不同相应缩短。

2）倒带卷绕张力

倒带速度要慢，张力要恒定，保持1.7～2.2N（牛顿），倒带后，磁带要保持在标准的读/写（录/放）状态。

c）检查及修复

检查及修复包括：磁带（软磁盘）外观检查、计算机磁带漏码/误差检查及受损磁带（软磁盘）修复。遭受高温、水泡的磁带，其处理方法见本规范附录B（略）。

d）复制

1）每年对大型磁性载体档案按3%的比例随机抽样读检，如发现有永久误差，则应对整套磁性载体档案重新检查，对发生永久误差的磁性载体档案进行复制；

2) 极重要磁性载体档案的复制周期由单位自定；

3) 正常保存的磁性载体档案，可每 10 年复制一次。

7.3 再使用

磁性载体档案再使用场所的温度、相对湿度与库房的温度、相对湿度相差范围应分别为 ±3℃、±5%。否则，应在再使用前，将计算机磁带在使用环境中平衡 3 天以上，录音带、录像带需平衡 24 小时以上。在读带前还应将磁带按正常速度全程进带、倒带各两次。

7.4 运输要求

7.4.1 磁带（软磁盘）应封装在塑料袋中，再放入容器里运输，运输时要轻拿轻放，严禁剧烈震动和翻滚。

7.4.2 应防潮、防曝晒、防重压。

7.4.3 运输环境的温度、相对湿度范围分别为 4～32℃，20%～80%。

7.4.4 应避免使用金属探测器进行探测（X 射线除外）。

7.5 特殊要求

除遵守前面各项内容外，还应注意：

7.5.1 磁带

a. 拿取卷轴时，要拿轮毂处，不要挤压法兰盘；

b. 剪掉磁带末端已经损坏的部分；

c. 不能将磁带末端接触脏的地方（如：不能将磁带拖到地面上等）；

d. 应仔细将磁带装在卷轴上，防止它的末端皱折；

e. 开始记录之前，应留出不少于 1m 的空白带；

f. 至少用 15 分钟时间运转磁带，检查带边的卷曲情况，并观察装在卷轴上的磁带是否平坦整齐，带边有任何变形迹象都是不允许的；

g. 贮存前应将磁带在贮存环境中重新卷绕。

7.5.2 软磁盘

a. 不要弯折软磁盘；

b. 不要用橡皮筋、曲别针来固定软磁盘的纸套；

c. 应先将标签写好，再贴到软盘上。如软盘上已有标签，不要用硬笔如圆珠笔在盘上写；

d. 软磁盘上不能放置重物；

e. 如要修改盘上标签内容，应划改。

7.5.3 录像带

除遵守前面各项内容外，还应注意，不要将录像带放在电视机壳顶上。

7.5.4 磁带机、软盘驱动器及工作间

应定期检查及清洗磁带机、软盘驱动器；磁带机及软盘驱动器应放在上风口，而易产生碎屑的设备如打印机、穿孔机等应置下风处。工作间的要求见本规范附录 C（略）。

7.5.5 磁性载体档案数据的保护

a. 避免机械原因损坏磁带、软磁盘；

b. 在使用时，严格遵守操作规程；

c. 避开强磁场；

d. 使用工具软件查阅文件内容时，应谨慎，防止破坏文件。

第十章 特殊载体档案管理技能训练

法规 3

照片档案管理规范（GB/T 11821—2002）

（2002 年 12 月 4 日发布，2003 年 5 月 1 日实施）

1．范围
本标准规定了银盐感光材料照片档案的收集要求、整理程序和保管条件。
本标准适用于各级各类档案室、档案馆的照片档案管理。

2．规范性引用文件（略）

3．术语和定义
下列术语和定义适用于本标准。

3.1
照片档案 photographic archives
国家机构、社会组织或个人在社会活动中直接形成的以静止摄影影像为主要反映方式的有保存价值的历史记录。照片档案一般包括底片、照片和说明三部分。

3.2
芯页 photo holder
用以固定照片或底片，并标注说明的中性偏碱性纸质载体，是照片册、底片册的组成单元。

4．照片档案的收集

4.1 收集范围

4.1.1 记录本单位主要职能活动和重要工作成果的照片。

4.1.1.1 领导人和著名人物参加与本单位、本地区有关的重大公务活动的照片。

4.1.1.2 本单位组织或参加的重要外事活动的照片。

4.1.1.3 记录本单位、本地区重大事件、重大事故、重大自然灾害及其他异常情况和现象的照片。

4.1.2 记录本地区地理概貌、城乡建设、重点工程、名胜古迹、自然风光以及民间风俗和著名人物的照片。

4.1.3 其他具有保存价值的照片。

4.2 收集要求

4.2.1 对属于收集与归档范围的照片，应按照规定定期向本单位档案机构或档案工作人员归档，集中管理，任何单位或个人不得据为己有。

4.2.2 对存有真伪疑义的照片应采取必要措施进行鉴定。

4.2.3 对反映同一内容的若干张照片，应选择其主要照片归档。主要照片应具备主题鲜明、影像清晰、画面完整、未加修饰剪裁等特点。

4.2.4 底片、照片、说明应齐全。

4.2.5 底片与照片影像应一致。

4.2.6 对无底片的照片应制作翻拍底片；对无照片的底片应制作照片。

4.2.7 照片档案的移交和征集应符合有关标准的要求。

4.3 收集时间

4.3.1 对具有归档价值的照片，其摄影者或承办单位应及时整理，向档案室归档，一般不应跨年度。

4.3.2 依照《中华人民共和国档案法实施办法》的规定，照片档案随立档单位其他载体形态的档案一起向有关档案馆移交。在特殊情况下，经同级档案行政管理部门同意可以提前或延迟移交。

4.3.3 档案馆应按收集范围随时征集零散的对国家和社会具有保存价值的照片。

5．照片档案的整理

5.1 整理原则

照片档案的整理应遵循有利于保持照片档案的有机联系、有利于保管、有利于提供利用的原则。照片档案的底片、照片应分开存放。

5.2 照片、底片的鉴定

5.2.1 保管期限

保管期限是按照片、底片的价值划定的存留年限，分为永久、长期、短期三种。对照片、底片保管期限的划分按照《国家档案局关于机关档案保管期限的规定》执行。

5.2.2 密级

密级是指照片、底片保密程序的等级。密级的划定按照《中华人民共和国保守国家秘密法》、《中华人民共和国保守国家秘密法实施办法》、GB/T 7156 及有关规定执行。

5.3 底片的整理

5.3.1 底片的编号

底片号是固定和反映底片在全宗内排列顺序的一组字符代码，由全宗号、保管期限代码、张号组成。其格式如下：

全宗号—保管期限代码—张号

全宗号：档案馆给立档单位编制的代号。

保管期限代码：分别用"1、2、3"或"Y、C、D"对应代表永久、长期、短期。

张号：在某一全宗某一保管期限内底片的排列从"1"开始的顺序编号。

5.3.2 底片号的登录

5.3.2.1 宜使用铁笔将底片号横排刻写在胶片乳剂面片边处（刻写不下时，前段可不写），不得影响画面；也可采用其他方式将底片号附着在胶片乳剂面片边处，不得污染胶片。

5.3.2.2 底片号登录顺序应与照片号登录顺序保持一致。

5.3.3 底片袋的标注

底片放入底片袋内保管，一张一袋。应在底片袋的右上方标明底片号。对翻拍底片，应在底片袋的左上方标明"F"字样。对拷贝底片，应在底片袋的左上方标明"K"字样。

5.3.4 底片的入册

5.3.4.1 底片册一般由 297mm×210mm 大小的若干芯页和封面、封底组成。

5.3.4.2 应按底片号顺序将底片袋依次插入底片册。

5.3.4.3 芯页的插袋上应标明相同的底片号。

5.3.5 大幅底片的放置

对幅面超过底片册芯页尺寸的大幅底片，应在乳剂面垫衬柔软的中性偏碱性纸张后，放入专用的档案袋或档案盒中，按底片号顺序排列。

5.3.6　册内备考表

5.3.6.1　册内备考表项目包括：本册情况说明、立册人、检查人、立册时间。册内备考表应放在册内最后位置。

5.3.6.2　本册情况说明：填写册内底片缺损、补充、移出、销毁等情况。对底片册立册以后发生或发现的问题，应由有关的档案管理人员填写说明，并签名、标注时间。

5.3.7　底片册的封面

底片册的封面应印制"底片册"字样。

5.3.8　底片册的册脊

底片册册脊的项目包括：全宗号、保管期限、起止张号、册号。

5.3.9　底片册的排列

底片册按照全宗号、保管期限、册号的顺序排列，上架保存。

5.4　照片的整理

5.4.1　照片的分类

应在全宗内按"保管期限—年度—问题"进行分类。跨年度且不可分的照片，也可按"保管期限—问题—年度"进行分类。分类方案应保持前后一致，不应随意变动。

5.4.2　照片的排列

应在分类方案的最低一级类目内，按问题结合时间、重要程度等进行排列。为便于提供利用，照片排列及入册时应同时考虑不同保密等级照片的定位。

5.4.3　照片的编号

照片号是固定和反映每张照片在全宗内分类与排列顺序的一组字符代码，由全宗号、保管期限代码、册号、张号，或全宗号、保管期限代码、张号组成。照片号有两种格式：

格式一：全宗号—保管期限代码—册号—张号

格式二：全宗号—保管期限代码—张号

若采用格式二，可选用照片、底片分别编号法或合一编号法（影像相符的照片、底片编号相同）。选用合一编号法宜以照片、底片齐全为基础。

全宗号：档案馆给立档单位编制的代号。

保管期限代码：分别用"1、2、3"或"Y、C、D"对应代表永久、长期、短期。

册号：在某一全宗某一保管期限内照片册的排列从"1"开始的顺序编号。

张号：格式一中的张号是指照片在册内的排列从"1"开始的顺序编号。格式二中的张号是指在某一全宗某一保管期限内照片的排列从"1"开始的顺序编号。

5.4.4　照片的入册

5.4.4.1　照片册一般由297mm×210mm大小的若干芯页和封面、封底组成。芯页以30页左右为宜，有活页式和定页式两种。

5.4.4.2　应按照分类、排列顺序即照片号顺序将照片固定在芯页上，组成照片册。

5.4.5　大幅照片的放置

对于照片册放置不下的大幅照片，可将其放入专用的档案袋或档案盒中，按照片号顺序排列。如竖直放置，应首先将照片固定在专用的纸板上，再放入袋、盒中；如水平放置，照片的堆放高度不宜超过5cm。以竖直放置为宜。

5.4.6　单张照片说明的填写

5.4.6.1 说明的格式

说明应用横写格式，分段书写。其格式如下：

题　　名：

照　片　号：

底　片　号：

参　见　号：

时　　间：

摄　影　者：

文字说明：

5.4.6.2 说明的内容

5.4.6.2.1 题名应简明概括、准确反映照片的基本内容，人物、时间、地点、事由等要素尽可能齐全。

5.4.6.2.2 照片号按 5.4.3。

5.4.6.2.3 底片号按 5.3.1。

若采用照片、底片合一编号法，可不填写底片号。

5.4.6.2.4 参见号是指与本张照片有密切联系的其他载体档案的档号。其格式如下：

（相关档案种类）档号

注：括号内为选择著录内容

示例 1：文书档案 0113—2—18

示例 2：科技档案 G—J—21

照片档案由档案室移交至档案馆后，应对其参见号进行核对，对与实况不符的应及时调整。

5.4.6.2.5 照片的拍摄时间用 8 位阿拉伯数字表示，第 1～4 位表示年，第 5～6 位表示月，第 7～8 位表示日。

示例：1953 年 3 月 2 日写作 19530302。

5.4.6.2.6 摄影者一般填写个人，必要时可加写单位。

5.4.6.2.7 文字说明应综合运用事由、时间、地点、人物、背景、摄影者等要素，概括提示照片影像所反映的全部信息；或仅对题名未及内容作出补充。其他需要说明的事项亦可在此栏表述，如照片归属权不属于本单位的，应注明照片版权、来源等。

5.4.6.2.8 密级应按 GB/T 7156 所规定的字符在照片周围选一固定空白处标明，使用印章亦可。

5.4.6.3 说明的位置

单张照片的说明，可根据照片固定的位置，在照片的右侧、左侧或正下方书写。

5.4.6.4 大幅照片的说明

对大幅照片的说明可另纸书写，与照片一同保存。一组联系密切的照片中的大幅照片，应随该组照片一同在册内编号，填写单张照片说明，并注明其存放地址。

5.4.7 组合照片说明的填写

5.4.7.1 一组（若干张）联系密切的照片按顺序排列后，可拟写组合照片说明。采用组合照片说明的照片，其单张照片说明可以从简。

5.4.7.2 组合照片说明应概括提示该组照片所反映的全部信息内容及其他需要说明的事项。

5.4.7.3　应在组合照片说明中指出所含照片的起止张号和数量。
5.4.7.4　同组中的每一张照片均应在单张照片说明的左上角或右上角标出组联符号。组联符号按组依次采用"①""②""③"……同组中的照片其组联符号相同。如册内只有一组照片和其他散片时，组联符号采用"①"。组联符号不宜越册。
5.4.7.5　整理照片时因保管期限或密级的不同，有些同组的照片可能会被分散到不同的照片册内，应在组合照片说明中指出这些密切相关照片的保管期限、册号和组号。
示例：相关照片　长期—4—⑥
上例中保管期限亦可采用"2"或"C"表示。
5.4.7.6　组合照片说明可放在本组第一张照片的上方，也可放在本册所有照片之前。
5.4.8　册内备考表
按 5.3.6。
5.4.9　照片册的封面
照片册的封面应印制"照片册"字样。
5.4.10　照片册的册脊
照片册册脊的项目包括：全宗号、保管期限、册号、起止张号。
5.4.11　照片册的排列
照片册按照全宗号、保管期限、册号的顺序排列，上架保存。
5.5　照片档案目录的编制
5.5.1　目录的著录
5.5.1.1　著录项目
照片档案目录的著录项目包括：照片号、底片号、题名、时间、摄影者、备注、参见号、册号、页号、组内张数、分类号、项目号、主题词或关键词、密级、保管期限、类型规格、档案馆代号、文字说明等。
5.5.1.2　条目的著录单位
以照片的自然张或若干张（一组）为单位著录成为照片档案目录的条目。
5.5.1.3　组合照片的著录
5.5.1.3.1　以一组照片为单位著录时，题名应根据题名拟写要素，简明概括、准确反映一组照片的基本内容。
5.5.1.3.2　以一组照片为单位著录时，照片号、底片号、页号均应著录起止号；时间应著录起止时间；参见号、摄影者可以著录多个。
5.5.1.4　大幅照片的标注
对于大幅照片、底片，应在备注栏内注明"大幅"和存放地址。以一组照片为单位著录时，还应在备注栏内注明其中所含的大幅照片的照片号、底片号。
5.5.1.5　著录与标引的要求
照片档案著录与标引的方法和要求，应按照 DA/T 18、GB/T 15418、DA/T 19 执行。
5.5.2　目录的编制
5.5.2.1　目录种类
照片档案目录种类包括册内目录、基本目录、分类目录、主题目录、摄影者目录等。
5.5.2.2　基本目录
照片档案基本目录的必备项目是：照片号、题名、时间、摄影者、底片号、备注，可根据需要增加项目。基本目录的条目应按照片号排序。

5.5.2.3　册内目录

册内照片目录为选择性目录。其组成项目是：照片号、题名、时间、页号、底片号、备注。册内目录的条目应按照片号排序。册内目录位于册内最前面。

6. 照片档案的保管

6.1　包装物与装具

6.1.1　底片袋

底片袋应使用表面略微粗糙和无光泽的中性偏碱性纸制材料制作，其pH值应在7.2～9.5之间，α-纤维素含量应高于87%。

底片袋应使用中性胶粘剂，接缝应在袋边。

6.1.2　底片册、照片册

底片册、照片册所用封面、封底、芯页均应采用中性偏碱性纸质材料制作，其pH值应在7.2～9.5之间，化学性能稳定，且不易产生碎屑或脱落的纤维。

6.1.3　贮存柜架

底片、照片应在能关闭的装具中保存，如存储柜、抽屉、有门的书架或文件架等。

贮存柜架应采用不可燃、耐腐蚀的材料，避免使用木制及类似材料。木制材料易燃烧、易腐蚀，还可能挥发出某些有害气体，促使底片、照片老化或褪色。贮存柜架的喷涂用料应稳定耐用，且对贮存的底片、照片无有害影响。

对贮存柜架进行排列时，应保证空气能在其内部循环流通。

6.2　温度、湿度要求

6.2.1　推荐的存贮最高温度和相对湿度见表10-1。

表10-1　推荐的存贮最高温度和相对湿度

类　　型	中　期　贮　存		长　期　贮　存	
	最高温度/℃	相对湿度（%）	最高温度/℃	相对湿度（%）
黑白底片	25	20～50	21 15 10	20～30 20～40 20～50
彩色底片	25	20～50	2 -3 -10	20～30 20～40 20～50
黑白照片	25	20～50	18	30～50
彩色照片	25	20～50	2	30～40

注：1. 中期贮存是指胶片、照片在表中规定的温、湿度条件下至少能保存10年。
　　　长期贮存是指胶片、照片在表中规定的温、湿度条件下至少能保存100年。
　　2. 推荐值内较低的温度、湿度环境，更能延长胶片、照片的寿命。

6.2.2　底片、照片应恒温、恒湿保存。长期贮存环境，24小时内温度的周期变化不应大于±2℃，相对湿度变化不应大于±5%。中期贮存环境，24小时内温度的周期变化不应大于±5℃，相对湿度变化不应大于±10%。

6.2.3　所推荐的温度、湿度条件，应在各单独的贮存器具内或整个贮存室内加以保证。

6.2.4　底片、照片贮存的温、湿度与提供利用房间的温、湿度若存在较大差别，应设缓冲间，在其提供利用前应在缓冲间过渡几小时。

6.3　空气调节和净化要求

6.3.1　空气调节要求

6.3.1.1　为保证贮存库的温、湿度条件，应配备独立的空气调节系统。

6.3.1.2　贮存库的气压应保持正压状态，以防止外界空气渗入。

6.3.1.3　去湿应选用恒湿控制的自动制冷型除湿机，加湿应选用可控式加湿机，不应使用水盆或饱和化学溶液，以免导致湿度过高。

6.3.2　空气净化要求

6.3.2.1　进入贮存室或贮存柜的空气应首先经过机械过滤器过滤，以免空气中的固体颗粒擦伤胶片或与胶片起反应。过滤器宜采用干介质型，应不可燃，其捕捉率不应低于85%。

6.3.2.2　应使用洗涤或吸收等空气净化装置，去除空气中的二氧化硫、硫化氢、过氧化物、臭氧、酸性雾气、氨和氧化氮等气体杂质。

6.3.2.3　油漆的挥发气体是一种氧化污染源，应控制使用。若贮存环境新刷油漆，应在三个月后投入使用。对其他存有污染源的新贮存环境，亦应搁置一段时期后再投入使用。

6.3.2.4　硝酸片基胶片会释放出有害气体，因此，不应与其他胶片同处存放，也不应与其他胶片使用同一通风系统。

6.4　库房有关要求

库房条件和防火、防水、防潮、防日光及紫外线照射、防污染、防有害生物、防震、防盗等要求，应符合 JGJ 25 的规定。

6.5　保管要求和措施

6.5.1　贮存库房应保持整齐、清洁，应有严格的使用和存放规则。

6.5.2　照片档案入库前应进行检查。对受污染的照片、底片应进行必要的技术处理，防止受污染的照片、底片入库。

6.5.3　接触底片的人员应戴洁净的棉质薄手套，轻拿底片的边缘。

6.5.4　底片册、照片册应立放，不应堆积平放，以免堆在下面的底片、照片受压后造成粘连。

6.5.5　珍贵的、重要的、使用频率高的底片应进行拷贝，异地保存。拷贝片提供利用，以便更好地保存母片。

6.5.6　每隔两年应对底片、照片进行一次抽样检查，不超过五年进行一次全面检查。若温、湿度出现严重波动，应缩短检查的间隔期。检查中应密切注意底片、照片的变化情况（卷曲、变形、变脆、粘连、破损、霉斑、褪色等），亦应注意包装材料的变质问题，并做好检查记录。若发现问题，应查明原因，及时采取补救措施。

案例思考

案例1　丢失的报告

张诚是某电子有限公司的秘书。一天，办公室陈科长让她把两个产品研发组对新产品开发的建议整理一下，写成对比性报告交给总部。接到指示后，张秘书赶紧将两组上交的文件录入电脑，进行编辑和整理。

忙到下午一点多，就在报告快要收尾的时候，陈科长打来电话说，他正在赶回公司的路上，预定在一点半会见的一位客户，让张秘书先接待一下。张秘书放下电话，一看表已经1:20了，她急急忙忙把快要打完的报告存到电脑桌面，关闭电脑后到楼下大门口去迎接客户。

就这样一天快要过去了，总部打来电话问技术对比性报告怎么还没收到，小张这才想起来那份报告，说下班之前一定发过去。她重新打开电脑时，发现由于电脑中毒无法开机了。于是，张秘书找来维修人员，给电脑重装了系统。电脑终于可以正常工作了，但她保存在电脑桌面上的报告，却怎么也找不到了。

小张急得哭了起来……

思考：电脑中了病毒，重装系统后，为什么桌面上文件不见了？

案例2 消失的报表

孙俪是某化妆品公司财务处的秘书。年终的某一天，公司总经理打电话来，告诉她明天想看一下某系列化妆品的年度利润情况，让财务处交一份报表上来。一接到任务，整个财务处都忙了起来。小王负责审核各季度的单据，小娟负责计算各项利润，老周负责统合。一切准备就绪后，孙俪对同事们说："你们先走吧，我把整理好的报表打印出来，一会儿再走。"

十分钟之后，孙俪长长伸了一个懒腰，感叹道："领导一句话，我们就忙活了一天。"这时，孙秘书收到一条手机短信，看完短信，发现手机没电了，于是找出充电器准备给手机充电，可是插座离椅子有点远，孙秘书随手拽了一下电源线。"啪"，那边的电脑电源插头掉了下来，电脑显示器随即黑了屏。

孙俪心头一紧，突然想到自己好像没有把文件存档，她慌里慌张地插上电源插头，打开电脑，却傻眼了，多人忙碌、辛苦了一天的报表消失了。

繁华的城市，夜晚灯火通明。一栋写字楼里的一间办公室还亮着灯，一个女孩坐在电脑前，一边啜泣一边忙碌着……

思考：在进行重要的文件录入时，除了要及时保存外，还要注意些什么？

第十一章 档案管理软件操作技能训练

> **学习任务和目标**
>
> （1）通过实际操作，学会安装档案管理系统，提高学生计算机操作技能。
>
> （2）学会收文、发文登记管理，学会归档文件管理，并会数据备份与恢复，提高学生对档案信息化发展的适应能力。
>
> （3）通过与档案管理工作人员、同学之间的接触，培养学生与人沟通、交流合作能力，以及团队协作能力。

随着办公自动化、档案管理现代化和电子政务建设推进的需要，许多地区已推行文档一体化管理制度，文档一体化软件的使用已成为新时代档案工作人员的必备技能。文档一体化软件品牌众多，其原理和使用方法基本一致。本章以"创奇文书档案管理软件"为例，指导学生操作档案管理软件。

第一节 安装运行与系统设置

一、安装

1. 系统配置要求

CPU：奔腾 PIII800 以上。

内存：64M 以上。

显示器：分辨率 800×600 以上。

操作系统：Windows 2000 以上。

2. 系统安装方法

首先运行 SETUP.EXE 安装程序，系统将自动开始安装。在安装过程中，可根据自己的需要修改安装目录路径，按照安装向导完成软件安装。

3. 系统运行方法

选择 WINDOWS 开始→程序→创奇综合档案管理系统 v5.1 →创奇综合档案管理系统菜

单，或将鼠标双击桌面“创奇综合档案管理系统 v5.1”快捷图标，即可运行系统。

二、系统设置

（1）文书全宗设置（如图 11-1 所示） 使用系统时首先要设置好单位全宗号，系统收、发、归档都会用到。

项目	设置值
全宗号	

图 11-1　文书全宗设置

（2）文书条目默认设置（如图 11-2 所示） 如“顺序号”设置为递增，新增记录时会在上一条记录“顺序号”基础上加 1，此设置在收发文件录入时发挥作用，简化录入。条目一、二、三可以自定义名称，其他条目都是文书档案标准名称，不能更改。

条目名称	自定义条目显示名称（只对条目一\条目二\条目三有效）	默认值类型
文件日期	文件日期	重复
来/发日期	来/发日期	重复
机构(问题)	机构(问题)	重复
文件密级	文件密级	重复
紧急程度	紧急程度	重复
件号	件号	递增
保管期限	保管期限	重复
年度	年度	重复
公文种类	公文种类	空值
盒号	盒号	空值
收/发文编号	收/发文编号	空值
文件字号	文件字号	空值
份数	份数	空值
文件题名	文件题名	空值
责任者	责任者	重复
页数	页数	空值
全宗号	全宗号	重复
备注	备注	空值
主题词	主题词	空值
条目一	条 目 一	空值
条目二	条 目 二	空值
条目三	条 目 三	空值

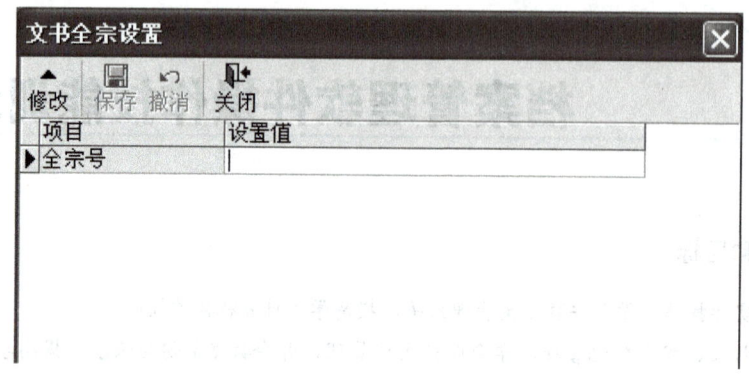

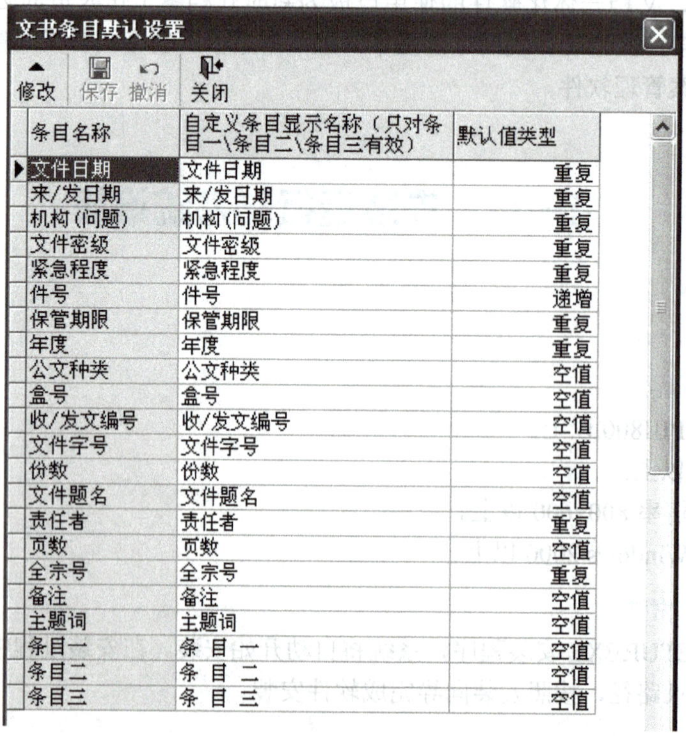

图 11-2　文书条目默认设置

（3）**文书分类方式设置**（如图11-3所示） 设置单位分类方式，建议使用本系统时首先进行设置。

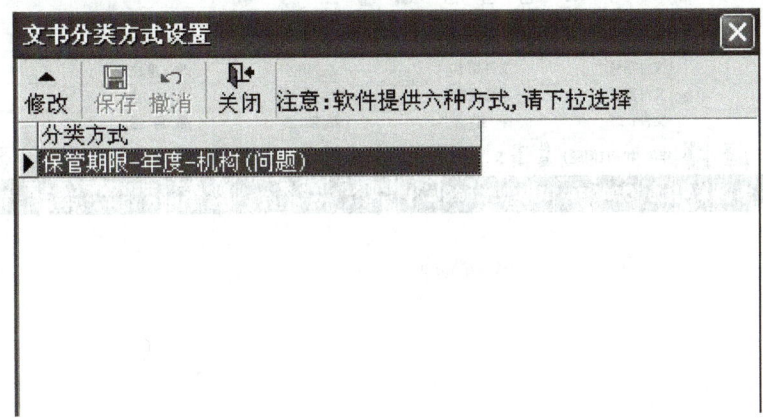

图11-3　文书分类方式设置

（4）"**保管期限**""**机构（问题）**""**文件密级**""**紧急程度**"**代码设置**（如图11-4所示） 使用系统时首先进行设置，其他模块需要用到它。

图11-4　保管期限、机构（问题）、文件密级等设置

（5）"**快捷录入**"**功能说明**　用简单的值替代要经常需要录入的复杂的值，可在收、发、归档文件的录入和修改模块发挥作用。例如：在收、发、归档文件录入责任者时，可能会经常录入某个单位，那就要设置快捷录入，如设置"zf"代表"××市人民政府"，在录入责任者时，只需要录入"zf"后回车，系统便会自动把它转换成"××市人民政府"。

第二节　收文和发文登记管理

一、收文登记管理

收文登记管理主要包括收文维护、收文处理单打印、收文查询、文件借阅。
用鼠标点击菜单"收文登记管理"将转至界面（如图11-5所示）。

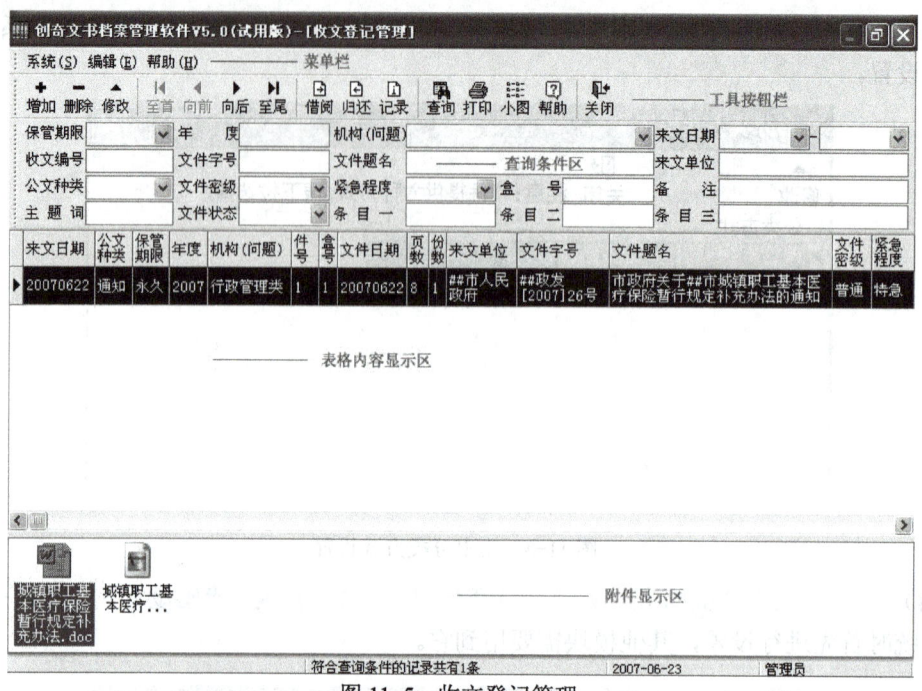

图 11-5 收文登记管理

（1）**增加** 单击"增加"按钮，弹出"收入登记录入"界面（如图 11-6 所示），进行收文登记录入。

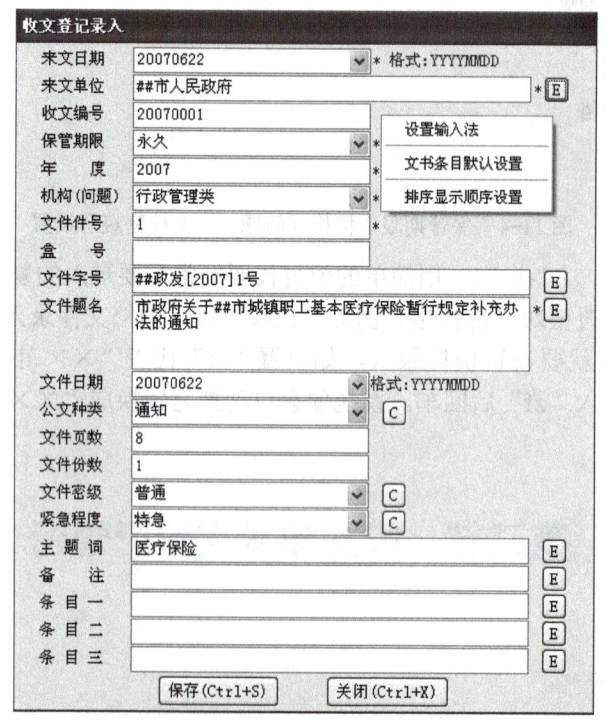

图 11-6 收文登记录入

有*符号为必录条目，"E（Easy）"按钮表示条目快捷录入设置，"C（Code）"按

第十一章 档案管理软件操作技能训练

钮表示条目代码设置。输入要求如下:

来文日期:输入收文日期,要求 8 位,如"2007 年 6 月 22 日"应输入"20070622"。

来文单位:根据原文件录入,最大支持 50 位字符。(归档文件管理中此条目为"责任者")

收文编号:收文登记顺序号。

保管期限:该文件的保管期限,如果该文件现在暂不归档,下拉选择"不归档"项目。

年　　度:该文件的归档年份,输入 4 位,如 2007。

机构(问题):输入该文件的分类,用下拉进行选择。

文件件号:输入该分类方法下的顺序号,系统会自动生成一个该分类下的件号,也可不编,设置为 0。

盒　　号:输入文件装盒号,最大支持 50 位字符。

文件字号:根据原文件录入,最大支持 50 位字符。

文件题名:根据原文件录入,最大支持 250 位字符。

文件日期:文件形成日期,要求 8 位。

公文种类:输入该文件所属公文种类,下拉进行选择。

文件份数:输入该文件的份数。

文件页数:输入该文件的页数。

文件密级:输入该文件所属文件密级,下拉进行选择。

紧急程度:输入该文件所属紧急程度,下拉进行选择。

主 题 词:最大支持 50 位字符。

备　　注:最大支持 50 位字符。

条 目 一:最大支持 50 位字符。

条 目 二:最大支持 50 位字符。

条 目 三:最大支持 50 位字符。

条目一、二、三可以根据需要在"系统设置/条目默认设置"中自定义名称。

右键可设置条目在录入界面的排列顺序(如图 11-7 所示)。

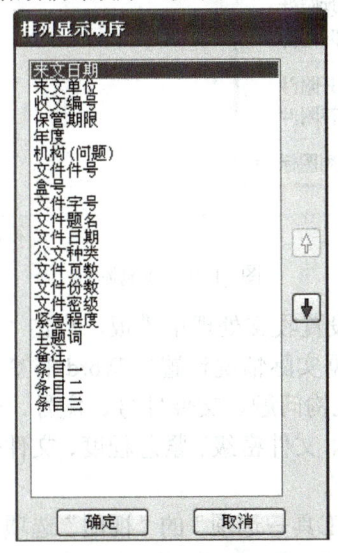

图 11-7　收文条目排列显示顺序

录入操作技巧说明：条目录入完全可以用键盘控制，回车可以下移焦点，方向键"↑""↓"可以上下移动焦点，把需要录入条目值设置显示在前，条目值不变或递增的可根据"条目默认设置"生成的设置显示在后，最后结合快捷录入与保存快捷键<Ctrl+S>，可提高录入速度。

（2）**删除** 单击之后将删除当前文件及附件（快捷键<Ctrl+D>）。

（3）**修改** 参考增加功能（快捷键<Ctrl+E>）。

（4）**查询** 首先在查询条件区录入要查询文件的条件，然后点击工具栏"查询"按钮，系统将根据当前查询区条件查询文件（快捷键<Ctrl+F>）。

小实例：

想了解有关"春节"的信息文件，先在查询条件区的"文件题名"中录入"春节"，然后点击"查询"按钮，表格中将返回所有"文件题名"包含有"春节"二字的文件信息。如果想缩小查找范围，可在查询条件区的"文件日期"中选择最近几年的文件，然后再点击"查询"按钮，最近几年"文件题名"中包含"春节"的文件范围就会缩小，也就更能准确地找到所需要的信息。（如图11-8所示）

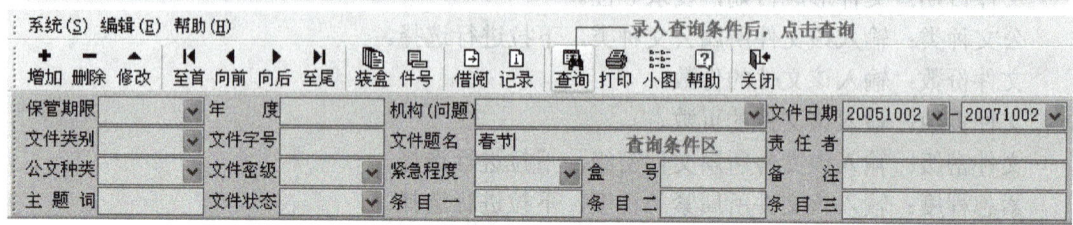

图11-8 查询"春节"信息文件

（5）**增删附件**（如图11-9所示） 单击菜单"编辑/显示文件附件"，可以打开隐藏附件区，在附件区空白处右击或选中其中一个文件右击，然后进行相关操作。在用不到或不查看附件时，不要显示附件区，这样可留更多空间给文件内容表格，还可以提高文件查询浏览速度。

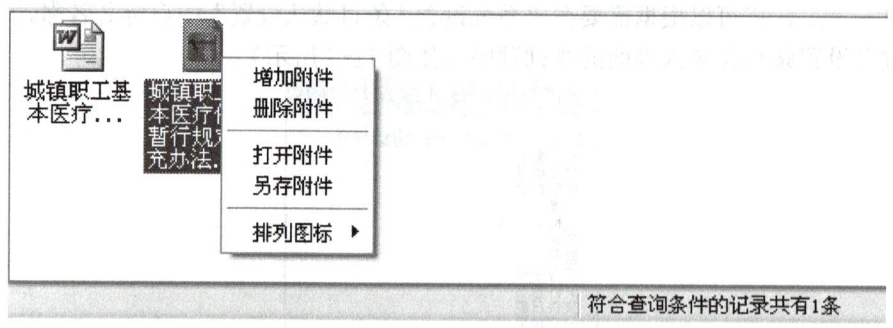

图11-9 增删附件

（6）**收文处理单打印** 先设置收文处理单模板，点击"打印/收文处理单模板设置"，模板文件为一个Word文件，根据实际情况设置好Word书签，软件支持以下书签：收文编号、公文种类、保管期限、年度、机构问题、文件件号、盒号、全宗号、来文单位、来文日期、文件日期、文件字号、文件题名、文件密级、紧急程度、文件份数、文件页数、主题词、备注、条目一、条目二、条目三。

打开模板后在Word菜单"工具→选项"的"视图"选项卡中"显示"栏中，勾选"书签"（如图11-10所示）。

第十一章　档案管理软件操作技能训练

###单位收文处理单

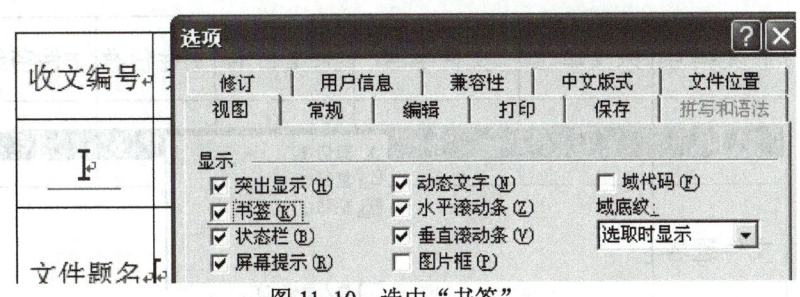

图 11-10　选中"书签"

1）书签的删除（如图 11-11 所示）。以"收文编号"为例说明，在 Word 中先把光标移到要删除书签"收文编号"的位置，然后选择 Word 菜单"插入/书签"，删除"收文编号"书签。

###单位收文处理单

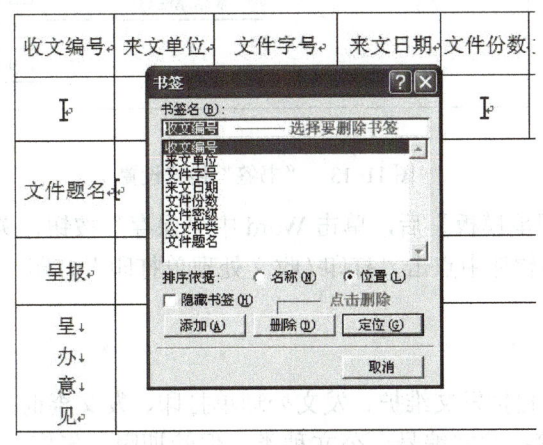

图 11-11　删除"书签"

2）书签的添加（如图 11-12 所示）。以"收文编号"为例说明，在 Word 中先把光标移到要添加书签"收文编号"的位置，然后选择 Word 菜单"插入/书签"，添加"收文编号"书签。

###单位收文处理单

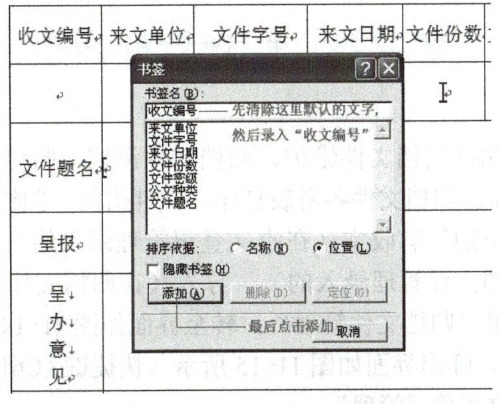

图 11-12　添加"书签"

3）书签格式设置（如图 11-13 所示）。选择有书签表格，然后设置字体及排列格式。

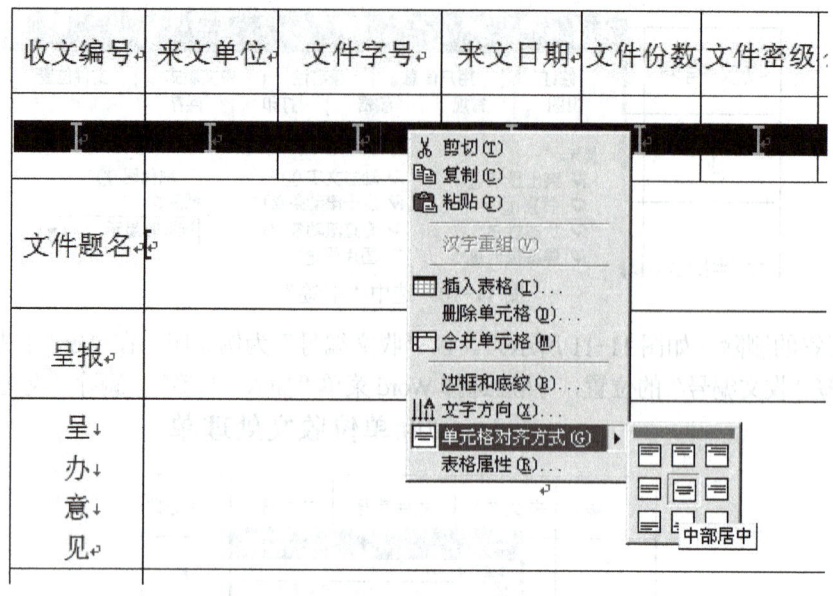

图 11-13 "书签"格式设置

设置好"收文处理单模板"后，单击 Word 中"保存"按钮，关闭 Word 打开的"收文处理单模板"，在档案软件中点击"打印/收文处理单打印"打印。

二、发文登记管理

发文登记管理主要包括发文维护、发文处理单打印、发文查询、文件借阅。

软件支持以下书签：发文编号、公文种类、保管期限、年度、机构问题、文件件号、盒号、全宗号、发文单位、发文日期、文件日期、文件字号、文件题名、文件密级、紧急程度、文件份数、文件页数、主题词、备注、条目一、条目二、条目三。

具体操作方法参阅"收文登记管理"。

第三节 归档文件管理

归档文件管理主要包括归档文件维护、归档文件浏览、归档文件搜索、归档文件目录打印、归档文件封面打印、归档文件备考表打印、文件借阅、归档文件盒目录。

归档文件的"文件类别"有收文（在收文登记管理录入的）、发文（在发文登记管理录入的）、录入（在归档文件管理录入的）、导入（在归档文件导入转入的）。

（1）用鼠标点击菜单"归档文件管理"，转至界面如图 11-14 所示。

1）增加。点击之后，弹出界面如图 11-15 所示（快捷键〈Ctrl+N〉）。

输入要求：参阅"收文登记管理"。

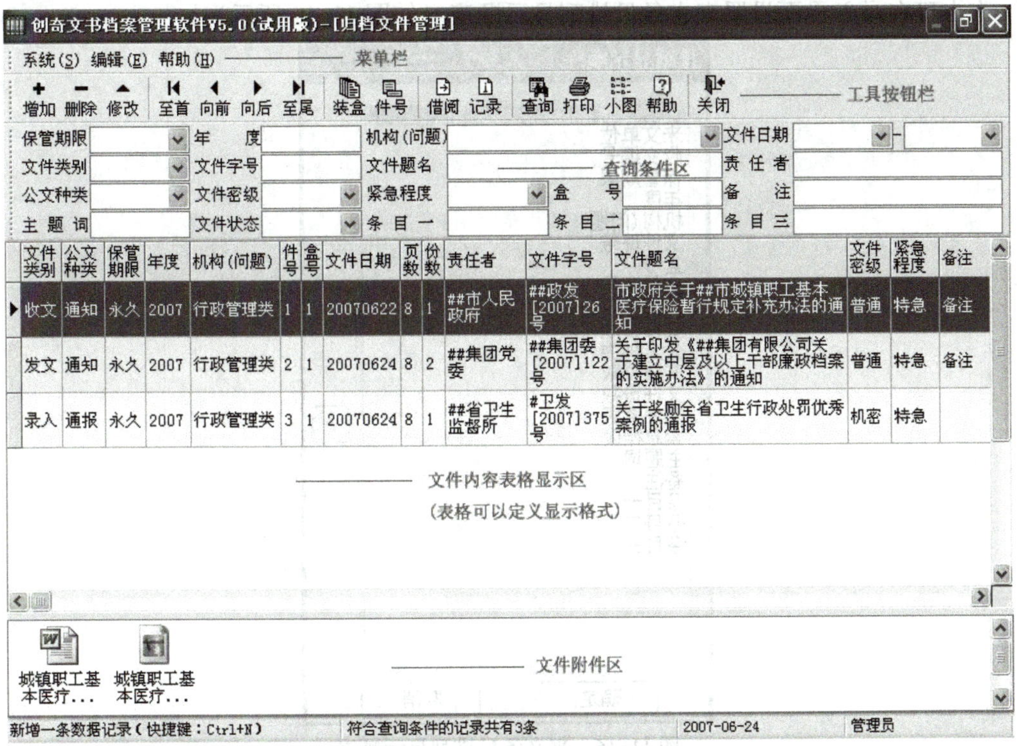

第十一章 档案管理软件操作技能训练

图 11-14 归档文件管理

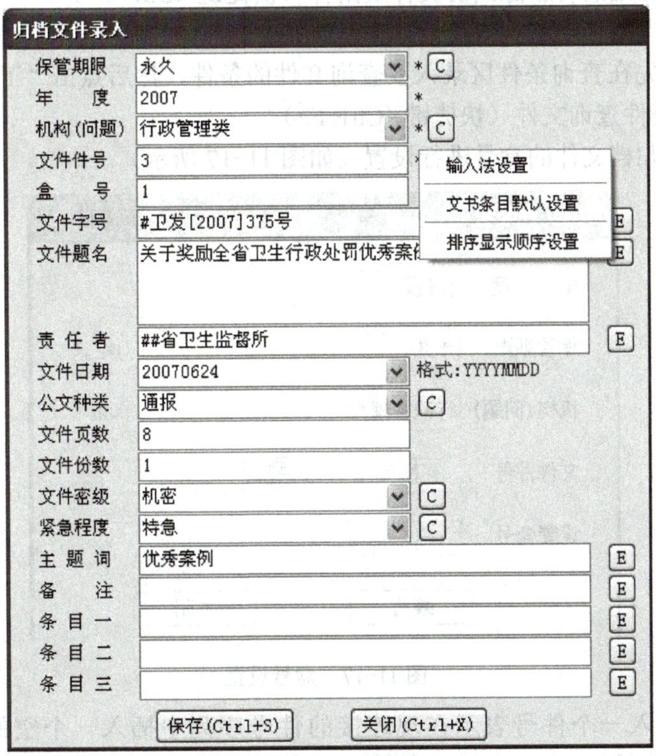

图 11-15 归档文件录入

右击可在录入界面设置来文条目排列显示顺序（如图11-16所示）。

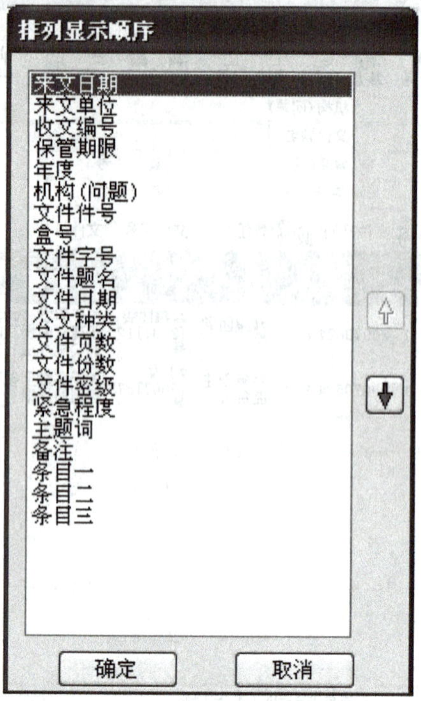

图11-16　来文条目排列显示顺序

2）删除。点击之后将删除当前文件及附件（快捷键〈Ctrl+D〉）。

3）修改。参考增加功能（快捷键〈Ctrl+E〉）。

4）查询。首先在查询条件区录入要查询文件的条件，然后点击"工具"按钮，系统将根据当前查询区条件查询文件（快捷键〈Ctrl+F〉）。

5）装盒。对归档文件的盒号进行设置（如图11-17所示）。

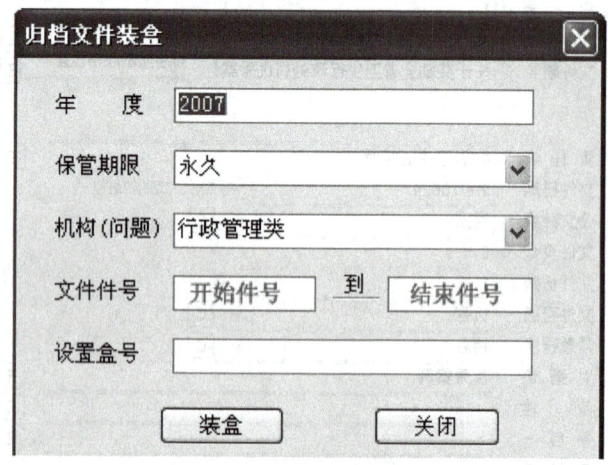

图11-17　盒号设置

6）件号。插入一个件号表示在现连接的件号序列中插入一个空的件号。例如：若A分类方式下有件号为1、2、3、4的4个文件，现发现一新文件与件号为2的文件内容连贯,需要编在其后面,这时在 A 分类方式下插入件号 3,原 4 个文件件号变为了 1、2、4、5,空出件号,然后把那个新加文件件号设为 3,这样就可把新文件插入在需要的位置了(如图 11-18 所示)。

删除一个件号表示在现连接的件号序列中删除一个空的件号,是插入件号的反操作。例如:若 A 分类方式下有件号为 1、2、4、5 的 4 个文件,发现空出一个件号 3,因件号要求连续,这时在 A 分类方式下删除件号 3,原 4 个文件件号变为了 1、2、3、4(如图 11-19 所示)。

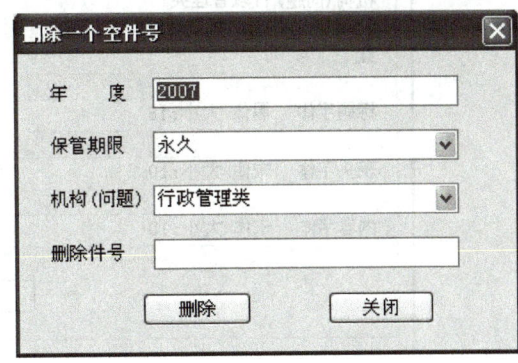

图 11-18　插入空件号　　　　　图 11-19　删除空件号

(2)单击菜单"归档文件浏览"转至界面如图 11-20 所示。

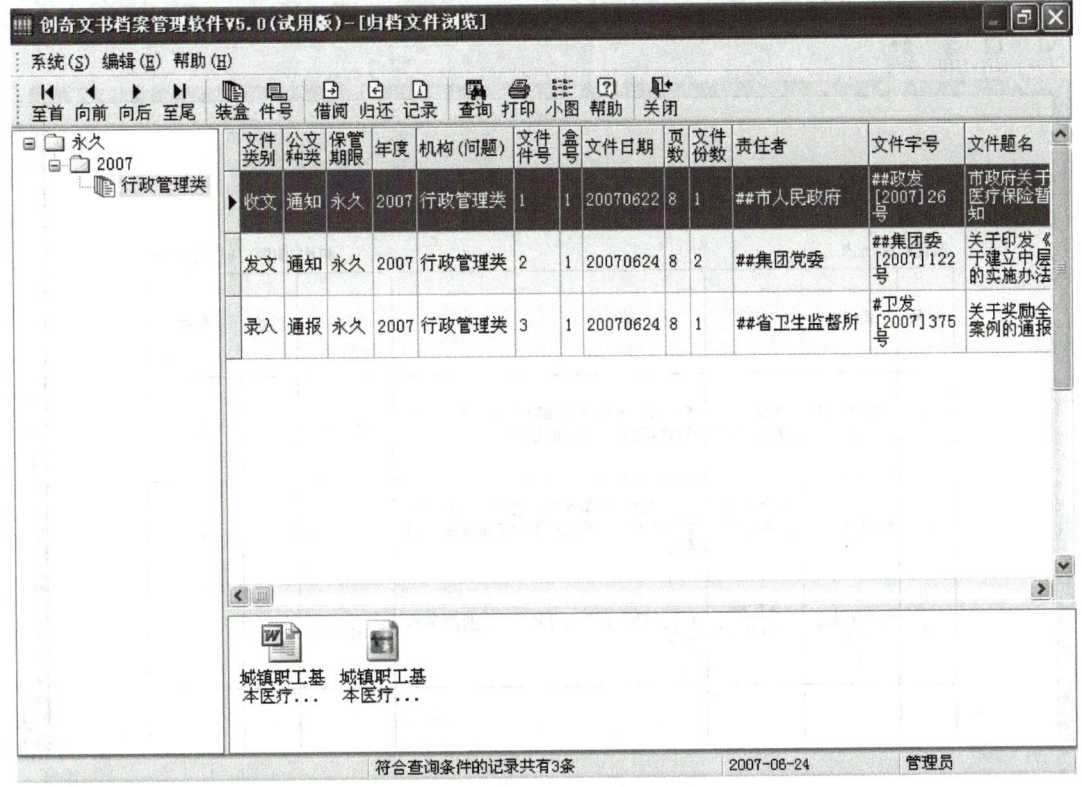

图 11-20　归档文件浏览

239

（3）单击菜单"归档文件打印"转至界面如图11-21所示。

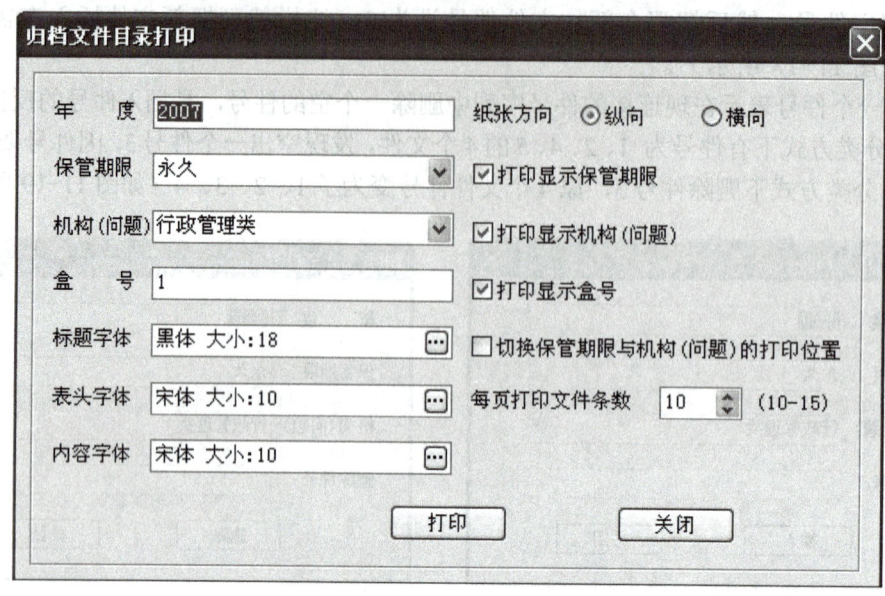

图11-21 归档文件打印

打印支持自己定义字体，系统会保存设置。归档文件目录打印效果如图11-22所示。

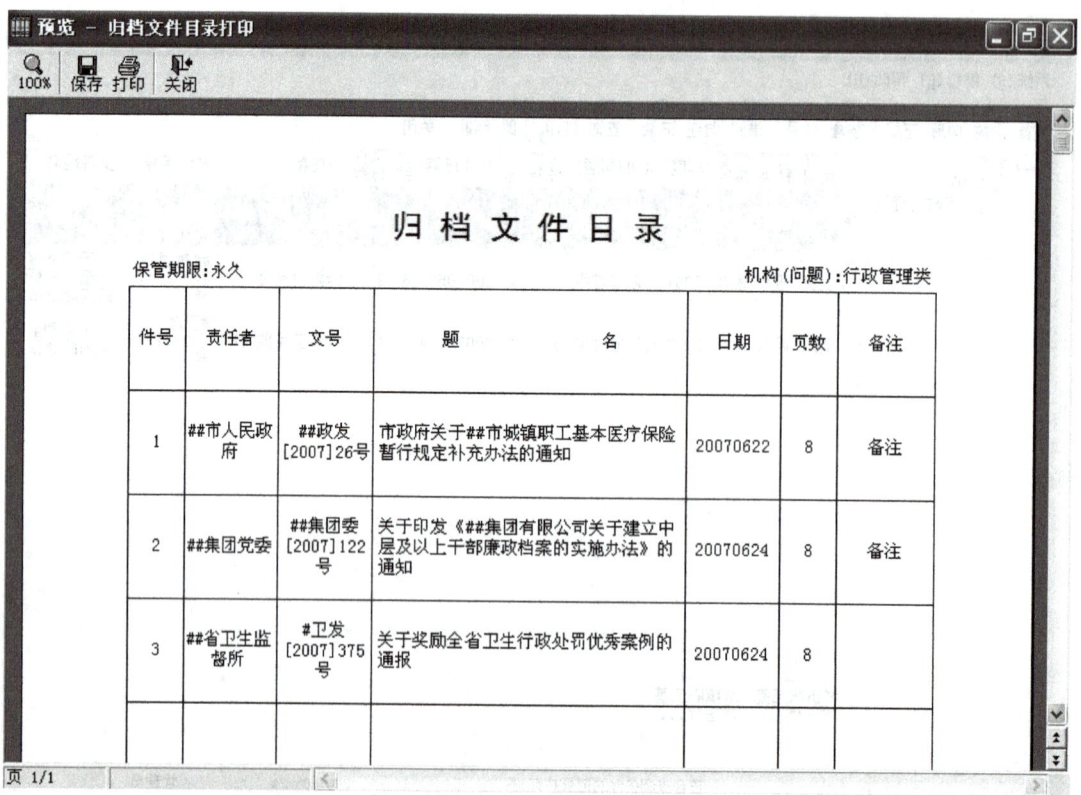

图11-22 归档文件目录打印效果

第四节　数据备份与恢复

一、获取软件的安装目录

右击计算机桌面上"创奇综合档案管理系统"图标，选择"属性"命令，如图11-23所示。

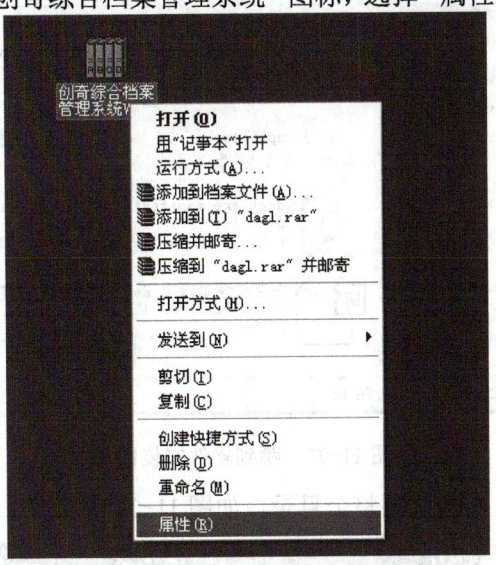

图11-23　选择"属性"命令

弹出界面如图11-24所示。

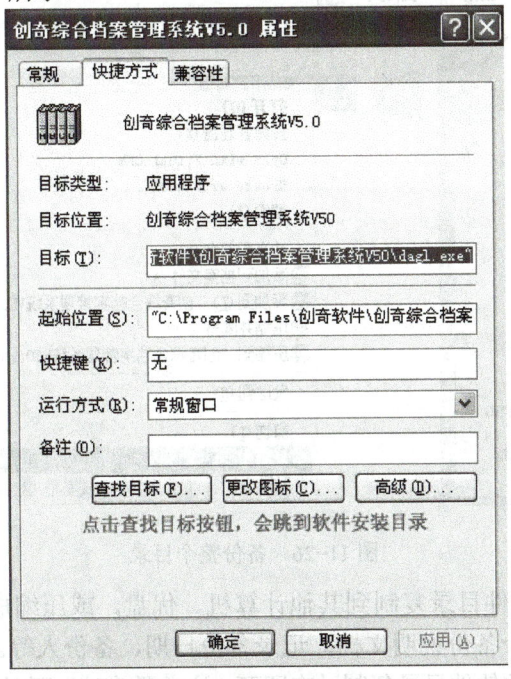

图11-24　查找安装目录目标

二、备份整个目录

软件安装目录如图 11-25 所示。

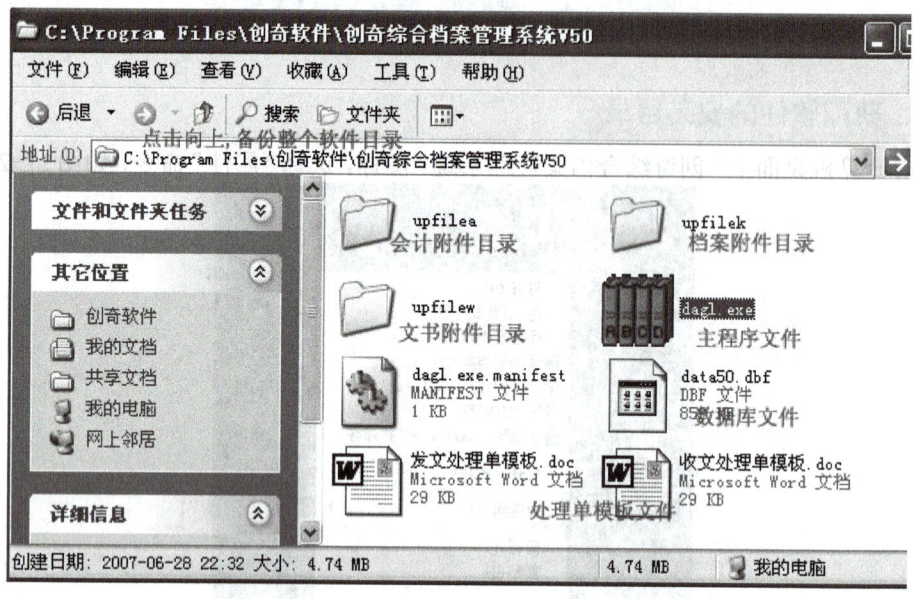

图 11-25　跳到软件安装目录

点击"向上"按钮，右击复制整个目录，如图 11-26 所示。

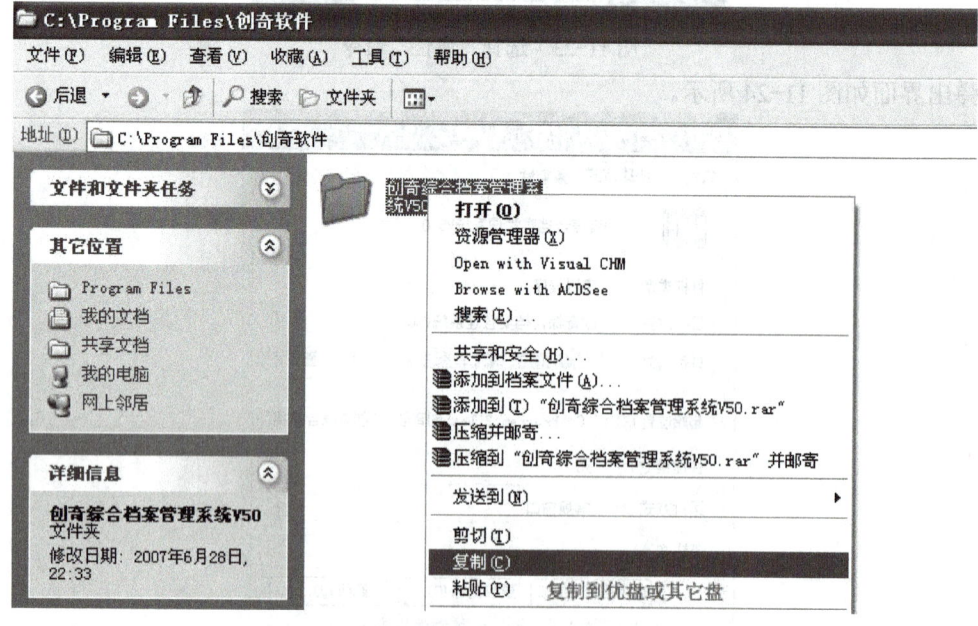

图 11-26　备份整个目录

1）备份。把当前软件目录复制到其他计算机、优盘，或压缩成一个文件刻录到光盘。为了便于记忆最好做一个备份说明文档，记录备份日期、备份人等。

2）恢复。把备份好的软件目录复制过来即可，注意覆盖时先要对原软件目录做一个备份。

法 规 阅 读

档案管理软件功能要求暂行规定

（国家档案局　2001年6月5日）

第一章　总　　则

第一条　为适应档案管理现代化需要，规范档案管理软件的开发研制和安装使用，提高计算机辅助档案管理的标准化水平，确保档案数据的安全和有效利用，特制定本规定。

第二条　本规定所称的档案管理软件，是指各机关、团体、企业事业单位和各级各类档案馆用于对档案信息和档案实体进行辅助管理的各种类型的计算机应用软件系统。

第三条　档案管理软件的研制开发和安装使用，应遵循"规范、先进、实用"的原则，既要满足当前工作的需要，又要兼顾将来技术发展的趋势。

第二章　基　本　要　求

第四条　档案管理软件应具备数据管理、整理编目、检索查询、安全保密、系统维护等基本功能，并能辅助实体管理及根据用户特殊要求增扩其他相应功能。

第五条　档案管理软件的开发研制与功能设计必须符合国家有关档案工作和计算机信息系统管理的法律法规和业务技术标准。

第六条　档案管理软件的研制、安装和使用，必须具有严格的安全保密机制。

第七条　档案管理软件应具有良好的实用性、兼容性及可扩展性，并做到界面友好，用语规范，操作简单，使用方便。

第八条　档案管理软件应具备较强的数据独立性，确保在软、硬件环境发生变化时数据的完整、安全迁移及有效利用。

第九条　档案管理软件应配有完备的安装与使用技术资料，主要包括：用户手册、系统管理员手册、数据实体关联图等。

第三章　数据管理功能

第十条　数据管理模块应具备对各类档案目录及原文信息进行管理的功能，主要包括：数据库的建立、修改、删除，档案数据的输入、储存、修改、删除等内容。

第十一条　数据库管理系统的选择应充分考虑用户所需的数据容量；数据结构设计应符合检索优先的原则，能够以 DBF 文件格式或通过 XML 文档进行数据交换，并具备安全、合理、灵活等特性。

第十二条　数据项的设置应符合《档案著录规则》（DA/T 18—1999）的规定。

第十三条　系统应提供键盘录入、文件扫描和直接接收电子文件等多种档案数据输入方式。

具有文档一体化功能的档案管理软件，应能保证系统内文件处理部分录入的数据与档案数据对应项目的格式完全一致，并能根据归档标识实现归档文件的有效迁移。

具有图纸管理功能的档案管理软件，其录入图纸的幅面（如 A0）与精度（如 200dpi）

应满足用户的应用要求。

第十四条 各种不同类型的档案数据，其文件格式均应尽量采用 XML 文档和 RTF、TXT 格式；扫描图像数据采用 JPEG、TIFF 格式；视频数据采用 MPEG、AVI 格式；音频数据采用 MP3、WAV 等格式。

确需采用专用（非通用）格式的，应能根据需要按要求实现与通用格式之间的转换。

第四章 整理编目功能

第十五条 整理编目模块应具备数据采集、类目设置、分类排序、数据校验、目录生成、数据统计、打印输出等基本功能，并能根据用户意见需要增设主题词（或关键词）及分类号的自动标引功能。

第十六条 整理编目模块应能满足下列主要要求：

（一）能为用户自行设置实体分类方案预留空间，并能满足自动按照分类类目进行分类和排序；

（二）能自动生成档案管理所需各种排列序号，并能由用户自主修改和重排序，保存时有防重号校验功能；

（三）能自动生成符合档案工作相关标准的各类目录和备考表等；

（四）具备功能齐全的统计功能，并能生成相应报表；

（五）具备完备的打印输入功能，能打印输出各类目录、统计报表、备考表等。

第五章 检索查询功能

第十七条 检索查询模块应具备对档案信息数据进行多种途径检索查询的基本功能，并具备借阅管理等辅助功能。

第十八条 检索查询模块中必须设置题名、责任者、形成时间、主题词、分类号等检索项。根据用户需要，还可设置文件编号、档号等辅助检索项。

第十九条 检索查询模块应能满足下列主要要求：

（一）能根据检索查询模块提供多条件组合查询，并能对常用检索途径进行优化，满足用户对查全率、查准率的要求；

（二）能根据用户需要设置目录检索、全文检索、图文声像一体化检索等功能；

（三）能对查询结果进行显示、排序、转存、打印或选择输出等技术处理。

第二十条 借阅管理功能应包括对利用者以及利用的目的、时间、内容、效果等信息的记录、分析、统计以及档案催退、续借、退还等功能。

第六章 辅助实体管理功能

第二十一条 辅助实体管理模块应具备对档案征集、接收、移交以及档案鉴定、密级变更等进行相应管理的功能。

第二十二条 辅助实体管理模块应能满足下列主要要求：

（一）对征集、接收、移交档案的时间、来源、交接人、数量、种类、载体进行管理；

（二）对档案划控、保管期限变更、密级变更、鉴定销毁等进行管理。

第七章 安全保密功能

第二十三条 档案管理软件的研制、安装和使用，必须符合《计算机信息系统保密管理暂行规定》（国保发〔1998〕1号）的各项要求，具备系统访问控制、数据保护和系统安全保密监控管理等基本功能，确保档案数据安全。

第二十四条 系统访问控制，必须能实现严格的权限控制，并具有防止越权操作的技术措施。

第二十五条 数据保护，必须保证系统对档案数据的采集、存储、处理、传递、使用和销毁按照国家有关保密规定进行，并在各项操作中有相应的密级识别。涉密系统还应有严格的数据加密措施。

第二十六条 系统安全保密监控，必须能对系统中各种操作实现严格的监控并加以记录。

第八章　系统维护功能

第二十七条 系统维护模块应具备用户权限管理、系统日志管理、数据的备份与恢复等基本功能。

第二十八条 用户权限管理应包括系统各部分的操作权限管理和数据操作的权限管理。系统应能对所有上机操作人员自动判断分类，拒绝、警示非法操作并加以记录。

第二十九条 系统日志管理应提供独立于操作系统的电子文件、档案查询日志记录功能，包括上机人姓名、访问时间（年月日时分）、所用微机编号、查询内容、利用方式（阅读、修改、拷贝、打印），并提供详情查询功能。日志文件保存时间应不少于两个月，需长期保存的日志文件应自动转存备份。

第三十条 系统维护模块在提供数据备份与恢复处理功能的同时，还应能对档案数据某些代码提供方便的维护。

第九章　附　　则

第三十一条 各使用单位可根据实际工作需要，在档案管理软件设计和使用过程中分阶段实现本规定所要求的各种功能，但必须留有相应的拓展接口。

第三十二条 各省、自治区、直辖市档案行政管理部门对本行政区域内档案管理软件的开发、鉴定和使用加强监督与指导。

第三十三条 本规定由国家档案局负责解释。

第三十四条 本规定自发布之日起施行。

第十二章

家庭档案 DIY

> **学习任务和目标**
>
> （1）直接接触和管理家庭档案，掌握家庭档案的内容和分类，提高学生管理家庭档案的意识和能力。
>
> （2）将档案管理工作由公共档案管理延伸到家庭档案管理，进一步提高学生对档案及档案管理工作的认识和兴趣，巩固已学知识和能力。
>
> （3）家庭档案的学习和管理也是一种亲情教育，有利于学生性情、人格等方面健康发展。

随着科学技术的发展，生产力水平的提高，人们的生活质量有了很大的改善，家庭生活日益丰富多彩，普通百姓对建立家庭档案的意识愈来愈强。把在家庭生活和社会活动中形成的具有保存价值的档案材料分门别类地妥善整理保存，用来管理家政事务，对提高家庭生活质量有着很好的作用。建立家庭档案花钱很少，也不需花费太多精力，人人都可以做到。

第一节 认识家庭档案

一、了解家庭档案的含义与作用

1. 什么是家庭档案

家庭档案是以婚姻关系和血缘关系为基础的一种社会生活组织形式的家庭或家族所形成的档案。具体来说，家庭档案，就是一个家庭或家族内的各个成员，在从事家庭事务和某些社会活动的过程中，记录并保存起来以备日后查考使用的各种文字、图表、声像等不同形式的历史记录。

2. 家庭档案的作用

（1）**教育作用** 家庭是社会的细胞，家庭和睦带来社会和谐，家庭稳定带来社会稳定，家庭文明带来社会文明，家庭进步带来社会进步。一张奖状、一份录取通知、一纸毕业证体现了强烈的时代色彩，饱含了丰厚的精神财富，是营造家庭文化氛围、沟通家庭成员情感、启迪家庭成员心智、激励家庭成员奋进的真实而鲜活的教材。

（2）**依据作用**　家庭成员作为社会人，在各项社会活动中都应受到法律保护。各种证件、票据、合同等家庭档案在产权明晰、责任裁定等社会事务中对维护家庭成员的合法权益、避免不必要的纠纷能起到重要的凭证作用。同时家庭档案在增强家庭凝聚力方面也具有重要的意义。俗话说："清官难断家务事。"在现实生活中，由于财产分割、遗产继承等家务事引发的家庭矛盾屡见不鲜。假如我们重视了家庭档案的建立，各种证件、遗嘱等相关家庭档案对化解家庭矛盾、避免家庭纠纷会起到积极的作用。

（3）**传承作用**　家庭档案真实地记录了长辈们在家庭事务和社会实践中的经历，既是长辈人生精华的浓缩，又是晚辈们感知历史的窗口，通过家庭档案这个载体可以把家庭崇尚的精神、文化财富留传给后人，可以使未成年人耳濡目染地继承前辈的才华和风范，对于中华民族人口素质的整体提高，能发挥重要的作用。

（4）**宣传作用**　家庭档案的所有权虽然属于个人，但它既记载了家庭的历史，又折射了社会的变迁，是国家档案资源的重要补充。家庭档案的建立，极大地丰富了档案资源。家庭档案作为档案的一个分支，它的第一价值在家庭，第二价值在社会。一些家庭档案的内容，如私人信件、日记、照片等可转化成社会档案，有的可转化为公开发行的出版物，为全社会所利用。大家广为传阅、耳熟能详的《曾国藩家书》《傅雷家书》等就是典型的例证。

（5）**参考作用**　随着社会进步和科学技术的飞速发展，人们的生活水平不断提高，各种电器已广为普及，并不断升级换代，成为现代人生活中必不可少的伴侣。为了日后正确使用和维护这些家电，就需要把有关的图纸、使用说明书、保修单等归档保存起来，否则，一旦出现什么故障会给家庭生活带来许多不便，以致造成一定的损失。我们在收集、整理家庭卫生、保健等档案时，也是同样的道理。每个家庭成员的健康状况及体检、用药等情况均记录在册，一旦日后有人发生病情，这些材料就能为医生及时诊治病痛起到参考作用。

二、掌握家庭档案的种类

1. 履历类
家庭成员日记、成长记录、自传、回忆录、个人任聘文件（复印件）、就业合同等。

2. 荣誉类
家庭成员获得的各类荣誉证书、奖状、奖牌、奖章等奖品及表彰文件（复印件）。

3. 证件类
家庭户口簿、独生子女证、出生证、身份证、学生证、毕业证（肄业证、结业证）、学位证、工作证、护照、结婚证（离婚证）、职称证、培训证、行车证、驾驶证、低保证、离（退）休证、老年证、会员证、下岗证、房产证、土地证等。

4. 设备类
电视机、计算机、影碟机、洗衣机、空调、摄像机、照相机、冰箱、手机、车辆等家用设备的购买发票、说明书、保修卡、合格证、电路图等。

5. 理财类
家庭收支记录、购物发票、人情簿、存款单、有价证券、借据、保险合同、契约、工资条、工资卡、水电气暖等缴费单等。

6. 声像类

家庭成员各个时期的工作照、生活照、结婚照、摄影作品（含底片），家庭成员在各个庆典、聚会娱乐、旅游观光等活动中形成的录像带、录音带、光盘及家庭成员自制的手工艺精品（如剪纸、泥塑、布艺、糖人等）的照片等。

7. 学习类

家庭成员撰写的稿件、文学作品、学术论文、著作、书法、绘画，以及成绩单、作业、读书心得、学习笔记等。

8. 健康类

家庭成员体检表、健康检查单、医保本、献血证、病历本、住院证明、医院处方等。

9. 社交类

信件、名片、贺卡、邀请函、聘书、通信录等。

10. 收藏类

家庭所收藏的各种图书、字画、古玩、艺术品（剪纸、泥塑、编织、布艺等）、集邮册、旅游图册（含门票、入场券）、纪念品、报刊剪贴、标本等。

11. 家史类

家谱、族谱、年谱、家庭大事记、遗嘱、铭文、墓志等反映家庭历史的档案。

各个家庭档案内容不只限于上述范围，不同类型的家庭，其家庭档案的内容和数量是不相同的。对一个具体的家庭来说，应根据实际情况确定其家庭建立档案的内容。

第二节　整理家庭档案

一、分类

1. 按内容/名称分类

按内容可分成上述"家庭档案的种类"所列 11 个大类，也可按 11 个大类当中的某些小类设置类别，如信件类、照片类、荣誉证书类、购物发票类、摄影作品类、稿件类、书法类、绘画类、剪纸类、剪报类等。

2. 按家庭成员分类

按家庭档案内容所涉及的成员或形成家庭档案材料的成员设置类别，如父亲档案、母亲档案、子女档案等。此方法适用于个人特征或隶属关系比较明显的家庭档案，如日记、证书、毕业证、工资条、照片、文章、病历、信件等。

上述两种方法一般情况下不单独使用，而是结合起来使用。

（1）先按内容（名称）分类，后按家庭成员分类。例如，荣誉证书、信件、照片等家庭档案，可首先按荣誉证书设置一级类别，然后按家庭成员设置二级类别，即把各个家庭成员的荣誉证书分开,每个成员的集中在一起。

（2）先按家庭成员分类,后按内容/名称分类。例如,对子女档案的分类,可首先按"某子女档案"设置一级类别,然后再按成长记录、体检表、照片、荣誉证书、作业、成绩单、毕业证等具体内容设置二级类别,或按履历类、荣誉类、证书类、声像类、学习类、健康类等设置二级类别。

二、排序

按形成时间的先后顺序或按重要程度排列。

三、材料整理

（1）对于规格较小或易破损的纸质材料,为便于保管,避免零乱,需要粘贴或托裱,如购物发票、工资条、旅游门票等。

（2）粘贴时不要使用糨糊,可用胶水或双面胶,以免生虫、发霉。

四、编制序号

（1）家庭档案以每份（件、册、张、本、套）为单位编顺序号（阿拉伯数字）。

（2）属于同一类别的档案连续编号。

（3）编号的位置在每份（件、册、张、本、套）档案材料的首页,可直接用笔书写,不便直接书写的,可以书写在纸上,然后粘贴牢固即可。

五、装盒（袋）

（1）盒子（袋）的外观、规格可视档案材料的形式、材料、大小来选择,如纸质档案盒、塑料文件盒、家庭购买物品的包装盒或自己定制的盒子等。盒子不拘形式,只要整齐美观,利于保管,便于使用即可。

（2）对于图书,集邮册等便于存放的家庭档案,可不装盒。

（3）盒脊背要注明类别名、年度（年代）、姓名等项目,以便查找。

六、编制目录

（1）一盒（袋）内存放多份（件、册）档案材料的,以盒为单位登记、放置目录,即一盒（袋）一份目录;一盒（袋）内只存放一份（件、册）档案材料的,以一个类别为单位登记、放置目录,即一类一份目录。

（2）目录所列项目视档案材料的具体特征来设定,顺序号、题名、日期是必备项目。其中"顺序号"与上述"编制序号"中的顺序号一致。

（3）目录一式两份,一份入盒（袋）,另一份集中存放,作为检索目录,以便查找。

1）要将有保存价值的材料及时归档,对破损的材料要加工粘贴,字迹不清的要另纸誊清附后,保持其完整性。

2）记明类别,按顺序编上流水号。有的要确定标题,记明日期和来源。

3）除奖章、证件、声像档案外，其他档案要分年度、类别进行组合，写好卷内目录，装订成卷，也可采用预先准备好的本子，以剪报的形式按内容顺序粘贴起来。

4）要认真做好登记，编好案卷目录，并在包装上写好类别、内装材料、名称。家庭档案数量多、内容复杂的还应制作目录卡作为查找工具，有条件的还可录入计算机，以便查找。

5）定时对家庭档案进行清理，对无保存价值、时效性已过的可以剔除。

七、保管

建立的家庭档案应该放入家庭档案柜或其他家具中存放。保密、隐私和贵重的家庭档案可单独存放。家庭应妥善保管家庭档案，注意防火、防盗、防潮、防虫、防光、防尘、防鼠等。如果家庭不具备保管条件，在家庭自愿的条件下可申请将其珍贵的家庭档案寄存到当地国家综合档案馆。

案 例 思 考

案例1　挚爱浓情（郝文琴）

我收集整理家庭档案是2002年8月开始的，后来经过6次调整，逐渐形成了14类、65盒卷、75万字，各种照片、图片5 359张，并且排列有序、管理规范的家庭档案。

打开我家的档案柜，左柜门挂着100枚毛主席像章，右柜门贴着30张老照片，这些成了我们家庭的一道亮丽风景线。当时我总结它们的好处是"管理省心、用时随心、看时开心、鼓舞人心"。

家庭档案建成后，我把孩子们都找来看，让他们谈感受、提意见。大女儿王继文看后写了一首诗词，诗中写道："妈妈年龄六十八，身体健康精神佳，档案工作结硕果，创新精神时代化，小小档案大世界，老有所为创最佳，家庭档案是财富，女儿继往写中华。"我和全家人都感到十分欣慰。

多年来的实践证明，家庭档案也可以起到教育子女、促进家庭成员和谐的作用。因家庭档案是个特殊载体，内容真实、具体，潜移默化，孩子们经过对比才知道新社会的甜，才会有社会主义主人翁的感觉。孙女王晓雅说："奶奶，咱家旧社会是这样苦啊！我真有点不相信，这样一比，我们真是生活在天堂里，以后要珍惜时光，好好学习。"

家庭档案浓缩着对长辈至真至美的亲情爱意，起到尊老敬老的教育作用。2004年是我和老伴王占魁结婚45周年，外孙女郑美玉把平时积攒的零花钱拿出来，为我们俩补了一张穿婚纱的电脑画像。她送来时说："姥姥，我给你一个惊喜！"一家人看了乐得都合不上嘴。

2003年外孙女所在的学校组织演讲大赛，大女儿说："走！到姥姥的家庭档案柜里找材料去。"在（两卷）"162位英雄事迹"材料里，最后选用了抗美援朝英雄杨育才"奇袭白虎团"的故事，讲题是《弘扬民族精神，踏寻英雄足迹》，受到师生们的好评，荣获年级组演讲一等奖。从此，她以英雄为榜样，严格要求自己，在学校听老师的话，爱护小同学；在社会上尊老携幼，乐于助人。学校每次有大小型活动，她都被选为节目主持人，而且从一个中等生，一跃成了班里的优等生，是班里品学兼优的好学生，后来考入实验中学。在月考中，她的语文、数学、英语3科总分名列全班第一名。我想这也是家庭档案在建设学习型社会，

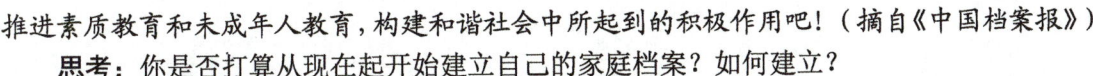

推进素质教育和未成年人教育,构建和谐社会中所起到的积极作用吧!(摘自《中国档案报》)

思考:你是否打算从现在起开始建立自己的家庭档案?如何建立?

案例2　家庭档案——我生活的好伴侣（轩秀英）

在家庭生活和社会生活中形成的、归属个人保存备查的历史记录就是家庭档案。家庭档案虽然是记录个人的生活历史,但也间接反映出社会的发展变化,同时也是家庭和社会的宝贵财富。建立、保管和利用好家庭档案,对于提高家庭生活质量,提升公民道德素质,推动社会的文明进步,具有重要的现实意义和深远的历史意义。

作为一个家庭主妇,每天除了上班忙碌工作以外,还要料理家务、照顾孩子以及维系亲朋好友之间的礼尚往来等。为把瞬间即逝的东西永远留在身边,我养成了记载生活中点点滴滴的习惯,久而久之,就形成了一份具有使用价值的家庭档案。

建立家庭档案,开始觉得有些麻烦,但坚持下来也就形成了习惯。比如我的"天天写",就成了晚饭后一项必办的事,就像每天要洗脸吃饭一样。

建立家庭档案后,每个家庭成员可以随时查到自己最真实的"历史"。建档过程看似麻烦,到需要时可方便着呢!就好比遇到不认识的字时需要查字典一样。记得老伴单位曾要他的军功证、转业证,子女们评职称时需要曾获得的各种奖励证书,都要到我这里查他们的档案;有时,连在外地上大学的外孙女填写表格,也要打电话问我一些相关资料,因为我这里有他们的证书档案、成长档案、健康档案……全家都把家庭档案当个宝。

我建立家庭档案是从生活中不断总结、慢慢摸索而来的,刚开始也走了不少弯路。如刚开始我把认为有用的证件、卡片、票证、书信、照片、说明书、奖状、便条纸等,都妥善保存在书、笔记本、刊物中,或放在衣柜、抽屉中,看似保管得很好,但时间长了,需要某样东西时却记不清放在哪里了,明明记得肯定有,但就是找不着,急得直冒汗。后来在社区干部的指导下,我按类别和家庭成员建立起了档案,谁的资料放入谁的档案盒中,这样就方便多了!

家庭档案是我持家的好帮手,也是我生活中的好伴侣。(摘自《中国档案报》)

思考:比较家庭档案管理与其他档案管理有何异同?

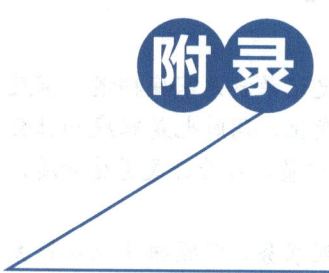

附录 A

企业档案工作规范（DA/T 42—2009）
（国家档案局 2009 年 11 月 2 日发布，2010 年 1 月 1 日实施）

1 范围

本标准确立了企业档案工作原则、组织和制度要求，给出了企业档案业务工作、档案信息化建设、档案工作设施设备配置等方面的方法与技术指南。

本标准适用于大中型工业企业，其他类型企业及事业单位可参照使用。

2 规范性引用文件（略）

3 术语和定义

DA/T 1—2000 确立的以及下列术语和定义适用于本标准。

3.1 企业档案 business records

企业在研发、生产、经营和管理活动中形成的有保存价值的各种形式的文件。

3.2 企业档案工作 business records management

企业履行档案管理职责的行为和活动。

3.3 电子档案 electronic records

具有保存价值的归档电子文件及相应元数据、背景信息和支持软件。

3.4 档案信息化 archival informationization

运用信息技术对归档文件、数据信息资源及档案进行采集、整合、维护、处置和提供利用服务的档案管理提升过程和工作方式。

4 档案工作总则

4.1 企业档案是企业知识资产和信息资源的重要组成部分。企业档案工作是企业研发、生产、经营和管理活动的基础性管理工作。

4.2 企业档案工作应以企业资产关系为纽带，实行统一领导、统一管理、统一制度、统一标准。

4.3 企业档案工作应以满足企业各项活动在证据、责任和信息等方面的需求为导向,运用现代技术与管理方法,通过资源整合和开发,为企业研发、生产、经营、管理和持续发展提供有效服务。

4.4 企业应维护档案的完整、准确、系统与安全。

5 档案工作组织

5.1 组织系统建设

5.1.1 档案工作领导

企业应确定档案工作的分管领导,确定各职能或承办部门、各项目档案工作的负责人,确定档案部门的负责人。

5.1.2 档案机构设置

企业应根据规模和管理模式设置专门的档案机构,或指定负责档案工作的机构。大型企业应设立档案馆。

5.1.3 档案人员配备

企业应配备与企业研发、生产、经营和管理相适应的专职档案人员;各部门、各项目应配备专职或兼职档案人员。企业应保持档案人员相对稳定。

5.1.4 档案工作体系

企业应建立以档案部门为核心,各职能或承办部门、各项目专兼职档案人员为基础的企业档案工作体系。

5.2 企业管理职责

5.2.1 企业应贯彻国家有关档案工作法律、法规和方针政策,建立健全档案工作规章制度,将档案工作纳入企业发展规划和工作计划,为档案工作持续发展提供保障。

5.2.2 企业应将文件形成、积累和归档要求纳入各部门、项目及专项工作职责和有关人员岗位职责,并对分管领导、部门和项目负责人及有关人员职责履行情况进行考核。

5.2.3 企业应采取必要措施,维护和确保档案的完整、准确、系统和安全。

5.2.4 企业资产与产权变动时应做好档案的处置工作,国有企业应依照档发字〔1998〕6号文件的要求进行,其他企业可参照。

5.2.5 企业应对档案工作中做出成绩的集体或个人给予表彰和奖励;对违反有关规定造成档案损失的相关人员给予处分。

5.3 企业部门职责

5.3.1 企业各职能或承办部门及项目负责人应对本部门或项目归档文件的完整和系统负责。

5.3.2 企业各职能或承办部门及项目文件形成者应负责积累文件,并对归档文件的齐全、准确和形成质量负责。

5.3.3 专兼职档案人员应负责收集、整理应归档的文件,对归档文件的整理质量负责。

5.3.4 企业各职能或承办部门及项目对文件管理的责任,见 ISO 15489.1 第七章、ISO 15489.2 和档发〔2002〕5号文件要求。

5.4 档案部门职责

5.4.1 统筹规划企业档案工作,制定企业文件归档和档案鉴定、整理、保管、统计、利用、移交等有关规章制度。

5.4.2 负责企业档案的收集、整理、保管、鉴定、统计和提供利用工作。

5.4.3 指导企业各部门、项目及专项工作文件的形成、积累、整理及归档工作。

5.4.4 监督、指导、检查企业所属单位（包括派出机构和投资的全资、控股企业）的档案工作。

5.4.5 依照有关规定向国家档案馆或有关单位移交档案。

5.5 档案人员要求

5.5.1 档案人员应遵纪守法、忠于职守、具有专业知识。

5.5.2 档案部门负责人应具有中级以上专业技术职称或大学本科以上学历。

5.5.3 档案人员应具备大学专科以上学历或同等学识水平。

5.5.4 档案人员应定期接受档案业务培训。

6 档案工作制度

6.1 工作规章

6.1.1 明确企业文件形成、归档责任。企业在制定有关规章、标准和制度中应提出相应的文件收集、整理和归档的责任要求。

6.1.2 制定企业档案工作规定。企业档案工作规定是企业档案工作的基本要求，其主要内容应包括：档案工作原则及管理体制，文件的形成、积累与归档职责要求，档案收集、鉴定、整理、保管、统计、利用要求，资产与产权变动档案的处置原则，解释权限等。

6.1.3 建立档案工作责任追究制度。对相关岗位人员违反文件收集、归档及档案管理制度，发生档案泄密、造成档案损毁等行为，企业应提出责任追究和处罚措施，并将有关要求纳入相关管理制度。

6.1.4 制定档案管理应急预案。对可能发生的突发事件和自然灾害，企业应制定档案抢救应急措施，包括组织结构、抢救方法、抢救程序、保障措施和转移地点等。对档案信息化管理的软件、操作系统、数据的维护、防灾和恢复，应制定应急预案。

6.2 管理制度

6.2.1 文件归档制度。应明确文件归档范围及保管期限、归档时间、归档程序、归档质量要求以及归档控制措施。

6.2.2 档案保管制度。应明确各门类档案保管条件、特殊载体档案保管方式、档案清点检查办法、对受损档案的处置办法、档案进（出）库要求、库房管理要求和库房管理员职责。

6.2.3 档案鉴定销毁制度。应明确鉴定、销毁工作的组织、职责、原则、方法和时间等要求。

6.2.4 档案统计制度。应明确统计内容、统计要求和统计数据分析要求。

6.2.5 档案利用制度。应明确档案提供利用的方式、方法，规定查（借）阅档案的权限和审批手续，提出接待查（借）阅档案的要求。

6.2.6 档案保密制度。应明确档案形成者、档案管理者、档案利用者应承担的保密责任。

6.2.7 电子档案管理制度。应对企业各信息系统中形成的电子文件提出归档、管理和利用要求。

6.2.8 档案管理系统操作制度。应明确档案管理系统操作人员的职责、档案管理系统软件、硬件的操作要求。

6.3 业务规范

6.3.1 文件、档案整理规范。应明确文件立卷与档案整理原则、整理方法、档号编制要求和档案装具要求等。

6.3.2 档案分类方案。应明确分类依据、类别标识、类目范围。

6.3.3 文件归档范围和保管期限表。应明确各类文件归档的范围及其相对应的保管期限。

6.3.4 特殊载体档案管理规范。应明确不同载体档案收集、整理的要求和保管的条件。

7 档案业务工作

7.1 企业档案工作与业务活动

7.1.1 企业档案工作是企业各项业务和活动的有机组成部分，应纳入企业领导工作议事日程，纳入企业规章制度及工作流程，纳入企业部门和有关人员的经济责任制或岗位责任制。

7.1.2 企业档案部门或档案人员应参加产品鉴定、科研课题成果审定、项目验收、设备开箱验收等活动，负责检查应归档文件的完整、系统。

7.1.3 企业下达项目计划任务应同时提出项目文件的归档要求；检查项目计划进度应同时检查项目文件积累情况；验收、鉴定项目成果应同时验收、鉴定项目文件归档情况；项目总结应同时做好项目文件归档交接。

7.2 文件的形成、积累

7.2.1 文件形成时应使用耐久、可靠的记录载体和记录方式。

7.2.2 文件形成者应将办理完毕、有保存价值的文件及时交本部门、项目或专项工作档案人员保管。

7.3 文件整理与归档

7.3.1 文件整理

文件立卷整理应遵循文件形成规律，区分保管期限，保持文件间有机联系。文书、科技、会计、人事等门类文件的整理，应分别符合 GB 9705、DA/T 22、GB/T 11822、财会字〔1998〕32 号、劳力字〔1992〕33 号等标准及文件的要求；音像、电子等载体形态文件整理，应分别符合 GB/T 11821、DA/T 15、GB/T 18894、DA/T 32 等标准的要求。

7.3.2 文件归档范围

7.3.2.1 企业在筹备、建设、生产、经营、管理等活动及产权变动过程中形成的具有保存价值的各种载体形式的文件都应纳入归档范围。国有企业文件归档范围应符合档发〔2004〕4 号文件要求。

7.3.2.2 归档文件的主要来源有：
—— 本企业形成的文件；
—— 本企业引进项目、外购设备等接收的文件；
—— 所属单位及参股企业应向本企业提交的文件；
—— 本企业参与的合作项目，合作单位按要求应向本企业提交的文件；
—— 本企业执行、办理的外来文件。

7.3.2.3 企业应根据经营管理范围和业务活动类型制定文件归档范围和保管期限表。确定文件归档范围和保管期限可参照、但不限于本规范附录 A（略）。项目建设类文件应依据企业在项目建设中的性质确定，建设单位、设计单位、施工单位、监理单位文件归档具体范围参见 DA/T 28；服务类型企业各类文件归档范围及企业中专业性较强的业务活动的文件归档范围，应结合企业活动和专门业务编制。

7.3.3 文件归档时间

7.3.3.1 经营管理工作、生产技术管理工作、行政管理工作、党群工作中形成的文件一般应在办理完毕后的第二年一季度归档。

7.3.3.2 科研开发、项目建设文件应在其项目鉴定、竣工验收前归档，周期长的可分阶段、单项归档；产品生产及服务业务应定期或按阶段归档。

7.3.3.3 产权产籍、质量认证、资质信用、合同协议、知识产权等文件应随时归档；外购设备仪器或引进项目的文件应在开箱验收或接收后即时登记归档。

7.3.3.4 会计核算专业材料应在会计年度终了后由会计部门整理归档，保管一年后向档案部门移交。

7.3.3.5 电子文件逻辑归档宜定时进行，物理归档应与相应门类或内容的其他载体归档时间一致。

7.3.3.6 磁带、照片及底片、胶片、实物等载体形式的文件应在工作结束后及时归档，或与相应内容的纸质载体归档时间一致。

7.3.3.7 更新、补充的文件，企业内部机构变动和干部职工调动、离岗时应清退的文件，企业资产与产权变动过程中形成的文件，其他活动中形成的文件等，应随时归档。

7.3.4 文件归档要求

7.3.4.1 企业应实行部门、项目及专项工作的文件收集、整理、归档责任制。各部门、项目及专项工作专兼职档案人员应按照规定将文件整理后归档。

7.3.4.2 归档的文件应完整、准确、系统，其制成材料应有利于长久保存，图文字迹应符合形成文件设备（打印机、复印机、扫描仪等）标称的质量要求。

7.3.4.3 归档的文件应为原件。因故无原件的可将具有凭证作用的复制件归档。

7.3.4.4 非纸质文件应与其文字说明一并归档。外文（或少数民族文字）材料若有汉译文的，应一并归档，无译文的要译出标题和目录后归档。

7.3.4.5 归档的文件一般一式一份。重要的、利用频繁的和有专门需要的可适当增加份数。

7.3.4.6 两个以上单位合作完成的项目，应以合同、协议等形式约定文件归档要求。主办单位一般应保存全套文件，协办单位保存与所承担任务相关的正本文件。

7.3.4.7 文件形成部门应就归档文件填写《档案交接登记表》。重要项目文件归档时应由项目管理部门编写归档说明，并经项目负责人审核签字。

7.4 档案收集工作

7.4.1 文件归档的交接

7.4.1.1 文件形成部门应按期将《档案交接登记表》随同已整理的文件向档案部门移交。

7.4.1.2 档案部门接收时应认真核对，并检查档案质量。双方在《档案交接登记表》签字后各保留一份。

7.4.2 档案与资料的收集

7.4.2.1 企业应接收所属单位因产权变动后属本企业所有的档案。

7.4.2.2 企业应根据资产管理权限接收无法人资格的所属单位档案。

7.4.2.3 企业可根据需要收集宣传报道本单位的新闻资料。

7.4.2.4 企业可根据研发和市场竞争的需要收集与企业经营范围相关的资料。

7.4.2.5 企业可根据需要向社会、离退休人员征集档案、资料。

7.5 档案整理工作

7.5.1 档案部门应区分全宗进行档案的分类、排列与编目。

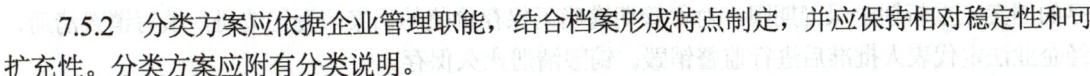

7.5.2 分类方案应依据企业管理职能,结合档案形成特点制定,并应保持相对稳定性和可扩充性。分类方案应附有分类说明。

7.5.3 类别号可采用阿拉伯数字、英文字母、拼音字母中的一种或两种混合方法设定。

7.5.4 全宗内档案按类分别集中排列,类别内档案按类目条款顺序依次排列编号。

7.5.5 根据分类方案和排列顺序编制档号。档号应指代单一,具有唯一性。档号编制方法见 DA/T 13。

7.5.6 档号可采用"[全宗号—]分类号(或项目代号或目录号)—案卷号(或件号或盘、盒、张号)"([ ]表示可选)结构。

全宗号由企业根据对所属单位集中统一管理档案的需要和企业产权变更情况自行设定。

7.5.7 纸质档案应与对应的非纸质载体档案设立互见号。

互见号是反映同一内容其他载体档案保管单位的档号。

7.5.8 按全宗、类别、保管期限编制档案目录。

7.5.9 档案部门应对每个全宗建立全宗卷。全宗卷可单独管理。全宗卷的主要内容和编制方法见 DA/T 12。

7.6 档案保管工作

7.6.1 档案存放应依据档案载体选择档案柜架。底图不宜折叠。磁性载体应选择防磁设施。重要档案应异地备份。

7.6.2 档案入库前一般应去污、消毒。受损的档案应及时修复或补救。对于易损的制成材料和字迹,应采取复制手段加以保护。

7.6.3 库房管理

7.6.3.1 库房应保持干净、整洁,并具备防火、防盗、防光、防有害气体、防尘、防有害生物等防护功能(见 JGJ 25)。

7.6.3.2 库房温、湿度应符合 JGJ 25、GB/T 18894 和 DA/T 15 对各类档案载体的保管要求,并有温湿度登记。

7.6.3.3 库房设备运转情况应定期检查,并及时排除隐患。

7.6.3.4 库藏档案应定期清理核对,做到账物相符。库藏档案数量发生变化时应记录说明。

7.7 档案鉴定工作

7.7.1 企业应成立由主管领导、职能部门、专业技术人员和档案人员组成的档案鉴定委员会(或小组),负责确定文件保管期限和到期档案鉴定。

7.7.2 档案保管期限应根据文件对企业、国家和社会所具有的现实和今后工作查考、凭证作用,以及历史研究价值确定。

7.7.3 档案保管期限一般分为永久和定期两种。会计档案的保管期限执行《会计档案管理办法》。

7.7.4 永久保管档案。凡是反映本企业主要职能活动和历史面貌,对本企业、国家和社会有长远利用价值的文件,列为永久保管。

7.7.5 定期保管档案。凡是反映本企业一般工作活动,在一定时间对本企业各项工作有参考利用价值的文件,列为定期保管。定期保管档案的年限可根据其参考利用价值分为 30 年和 10 年。

7.7.6 企业应定期对已到保管期限的档案进行鉴定。经档案鉴定委员会鉴定,仍需继续保存的档案应重新划定保管期限；对保管期满确无保存价值的档案应登记造册，填写销毁清册，经企业法定代表人批准后进行监督销毁。销毁清册永久保存。

7.8 档案统计工作

7.8.1 档案部门应及时、准确地填报本企业档案工作年报及有关统计报表。

7.8.2 建立档案工作统计台账，主要内容包括：档案馆（室）藏情况；年度入出库情况；档案利用情况；档案专兼职人员情况；档案设施、设备情况；档案销毁情况等。

7.8.3 档案统计工作应保持连续性。

7.9 档案利用工作

7.9.1 档案部门应加强档案检索系统建设，开发档案信息资源，及时、有效地提供档案利用服务。

7.9.2 企业应根据保密规定和知识产权管理要求，设定利用者权限。超越权限的利用需经有关领导审批。

7.9.3 利用档案应按规定进行登记。利用效果突出的宜进行登记。

7.9.4 可采用直接查阅、电话调阅、网上查阅等方式提供利用原件、复制件、缩微件和电子档案。

7.9.5 企业宜对档案信息进行分类汇总，形成专题汇编，如规章制度汇编、专题文件汇编等。

7.9.6 企业宜对档案信息进行综合整理，形成专题材料，如大事记、年鉴、组织沿革、产品性能比较、科研成果简介、工程项目简介、设备的更新换代、市场的变化等。

7.9.7 企业宜对档案信息进行分析研究，形成深层次加工材料，如历年生产经营指标统计分析、重大事故原因研究分析、企业史志等。

7.9.8 企业可利用档案举办档案陈列或展览。

8 档案信息化建设

8.1 档案信息化目标与原则

8.1.1 企业档案信息化应以促进、完善企业信息化和提升档案管理现代化水平为总目标。

8.1.2 企业档案信息化应坚持技术与管理并重、与企业信息化协调和同步的原则。

8.1.3 企业各信息系统的开发与实施应充分考虑档案管理的要求。

8.2 电子文件的归档

8.2.1 电子文件归档要求及功能应嵌入文件生成系统。企业各信息系统生成的文本、图形、图像、数据等类型电子文件归档范围应参照纸质文件归档范围确定。音频、视频、多媒体等类型电子文件及数据库的归档范围应根据相关规定和需要确定。

8.2.2 企业各信息系统所形成的电子文件的元数据、背景信息，以及生成非通用电子文件格式的软件等应与电子文件一并归档。

8.2.3 归档的电子文件数据格式应易于识读、迁移。电子文件通用格式见GB/T 18894第6章。

8.2.4 电子文件应经鉴定、整理、审核后归档。电子文件的整理、鉴定与归档要求参见GB/T 17678.1 和 GB/T 18894。

8.2.5 加密的电子文件归档时一般应解密，必须加密归档的电子文件应与其解密软件和说明文件一并归档。

8.2.6 文件形成部门应负责确保归档电子文件具备真实性、可靠性、完整性和可用性。

8.3 传统载体档案数字化

8.3.1 企业可根据档案保管和利用的实际需要，有选择地对传统载体档案实施数字化。

8.3.2 纸质档案数字化应符合 DA/T 31 的要求，缩微胶片数字化应符合 DA/T 43 的要求。

8.3.3 照片档案和声像档案数字化文件格式见 DA/T 32 的附录 B。

数字化生成的档案副本档号应与原档案对应。

8.4 电子档案的保管

8.4.1 电子档案应参照纸质档案分类方案进行整理。

8.4.2 电子档案应存储到脱机载体上。其存储载体见 DA/T 32 的附录 C，保管要求见 GB/T 18894 的 9.4。

8.4.3 脱机存储电子档案的载体或装具上应贴有注明载体序号、电子档案号、密级、保管期限、存入日期等内容的标签，电子档案载体应设置成禁止写操作的状态。

8.4.4 存储在脱机载体上的电子档案应一式三套，一套封存保管，一套异地保管，一套提供利用。

8.4.5 超过保管期限的电子档案的鉴定和销毁，按照纸质档案的有关规定执行，其删除和销毁应符合 GB/T 18894 中 9.8 的相关规定。对确认销毁的电子档案应有销毁文件目录存档。

8.5 档案网络化服务

8.5.1 企业应建立馆（室）藏档案目录数据库，并逐步实现档案的全文检索。

8.5.2 对数字化档案和各信息系统归档的电子文件，档案部门应根据设定的利用权限提供及时有效的网络化服务。

8.5.3 涉密档案管理系统应与互联网物理断开，非涉密档案管理系统可与互联网逻辑隔离。

8.5.4 档案管理系统应采取身份认证、权限控制、加装防火墙等安全保密措施。

8.5.5 对档案管理服务器应采取可靠的备份、恢复措施。

8.5.6 各信息系统应有生成电子文件自动归档功能的模块或接口。

8.6 档案管理系统软件

8.6.1 档案管理系统软件的配置应满足本企业的实际工作需要，并适应本企业信息化建设发展需要。

8.6.2 档案管理系统应具备收集整编、数据管理、检索浏览、借阅管理、统计汇总、权限设置、安全保密、系统维护等基本功能，并能辅助实体档案管理及根据需求增扩其他相应功能。

8.6.3 档案管理系统应与各信息系统之间衔接，并能接收和兼容各信息系统生成的电子文件。档案管理系统设计与实施参见 ISO 15489.1 第 8 章和 ISO 15489.2。

9 档案工作设施设备

9.1 档案库房

9.1.1 档案库房应设置在远离易燃、易爆物品和水、火等存在安全隐患的场所，无特殊保护装置一般不宜设置在地下或顶层。

9.1.2 档案库房楼层地面应满足档案及其装具的承重要求。

9.1.3 档案库房面积应满足档案工作发展的需要，留有存储空间。

设置档案馆的企业，档案库房建筑应符合 JGJ 25 的要求，库房一般应满足日后 20 年档案存储需要。

9.2 业务技术用房

9.2.1 业务技术用房应满足接收、整理、修复档案的实际需要。

9.2.2 企业可根据工作需要设置档案接收、整理、裱糊、消毒、复印、数字化、缩微以及安全监控等用房。

9.3 阅览及陈列室

阅览室应邻近办公室和档案库房，环境安静。

陈列室（展览室）宜设置在适于观览的场所。

9.4 档案装具

9.4.1 档案柜架应牢固耐用，一般应具有防火、防盗、防尘作用。应根据非纸质载体档案需要选择有专用保护功能的柜架。有条件的可采用密集架。

9.4.2 各类档案盒规格、式样和质量应符合 GB/T 9705、GB/T 11822、DA/T 22 和 GB/T 11821 的要求。

9.5 保护设备

9.5.1 档案库房应配置温湿度监控设备及灭火器材、防光窗帘、防盗门窗等必要的设施。

9.5.2 根据库房管理需要可配置除尘器、消毒柜、去湿机、加湿机、空气净化器等设备。

9.5.3 有条件的企业应配置自动报警、自动灭火、温湿度自动调控、监控等设备。

9.6 技术设备

9.6.1 配备档案整理工作所需要的装订机、打印机等设备。

9.6.2 配备档案修复、利用需要的数码照相机、摄像机、复印机、阅读机等设备。

9.6.3 配备信息化管理需要的计算机、服务器、扫描仪、光盘刻录机等设备，以及容灾备份设备、应急电源。

9.6.4 根据需要可配备 CAD 绘图仪、工程图纸复印机、缩微机等设备。

附录 B　企业档案管理制度一则⊖

××农垦企业档案管理制度

为贯彻实施《中华人民共和国档案法》，确保垦区社会保险系统档案资料的完整，提高档案的科学化和规范化管理水平，特制定本制度。

一、总局、分局社保局办公室为两级机构的档案管理部门，农牧场社保局应指定专人管理文书档案、会计档案和业务档案。

二、三级社保机构在党务、行政、业务以及财务、人事等工作中形成的具有保存和利用价值的文件材料均应立卷和归档。业务科室负责业务文件立卷和定期向办公室归档；财务科负责财务档案的立卷和定期向办公室归档；其余所需立卷和归档的文件材料均由办公室直接处理，办公室主任和专职文书、档案员应对本单位业务部门和下属机构的档案管理工作进行指导、监督和检查。

⊖ 该制度涉及档案管理的方方面面，兹录于此，可供拟写相关制度参考，也可用来巩固本书所学内容。

三、档案的立卷和归档要求

（一）应归档的文件材料齐全、完整。

（二）文件和电报按其内容的联系，合并整理、立卷。

（三）归档的文件材料，保持它们之间的历史联系，区分保存价值，分类整理、立卷，案卷标题简明确切，便于保管和利用。

四、有关干部人事管理、工资、职称、编制等方面的文件材料的立卷及工作人员的干部档案和工人档案，由政工科管理。

五、有立卷和归档职能的科室（办）应在第二年上半年向办公室移交档案，办公室档案员和科室（办）移交人根据移交目录，清点核对，并履行签字手续。财务档案从立卷之日起可以在财务部门保管一年，但应指定由专人保管，超过一年必须按时移交。

六、办公室负责档案管理的专兼职人员，应会同业务科室，根据工作需要，编制必要的目录、卡片、索引等工具，编辑档案文件汇集和各种参考资料，积极主动地开展档案的利用工作，为本单位各项工作服务，并注意掌握档案的利用效果。

七、归档范围、保管期限和档案销毁

（一）归档文件材料的范围：凡是反映本单位党务工作和业务工作活动、具有查考价值的文件材料均属归档范围。

1．上级机关或业务主管部门的文件材料：

（1）上级召开的需要贯彻执行的会议的主要文件材料；

（2）上级颁发的属于本单位主管业务并要执行的文件，以及普发的非本单位主管业务但需要贯彻执行的法规性文件；

（3）上级领导等视察、检查垦区社保工作时的重要指示、讲话、贺词、照片和有特殊保存价值的录音、录像等材料；

（4）代上级草拟并被采用的文件的最后草稿和印本；

（5）代上级转发本单位的文件（包括报纸、刊物转载）。

2．本单位的文件材料：

（1）本单位组织召开的社保系统工作会议，社保系统专业会议的全套文件材料以及各种声像材料；

（2）本单位党组、行政领导会议（局务会议）材料；

（3）本单位颁发的（包括转发及与其他行政部门联合颁发）各种正式文件的签发稿、印制稿、重要文件的修改稿；

（4）本单位的请示与上级机关或主管部门的批复文件、下级机构的请示与本单位的批复文件；

（5）本单位及其内部职能部门业务运行活动形成的工作计划、总结、报告、年度目标管理考核实施方案和考核评比结果等；

（6）反映业务活动和业务规范化管理的文件材料；

（7）反映业务活动的原始资料和基础数据资料（重要基数）、信息化处理（上传和下载）和信息系统运行的数据资料（包括备份的计算机盘、片）、工作记录等；

（8）需建立和反映的各业务险种的个人账户资料；

（9）对下级检查、调查研究形成的重要文件材料；

（10）统计原始台账、统计报表、汇总的统计报表和统计分析资料（备份的计算机盘片等）；

（11）本单位形成的凭证、账簿、财务报表，其他财务资料和汇总的财务报表（备份的计算机盘片等）；

（12）审计工作中形成的审计通知书、审计调查通知书、审计工作底稿、审计报告、审计意见书和审计决定等；

（13）本单位购建办公楼、重大修缮项目、征用土地以及基本建设工程施工、竣工、购置大中型设备的文件材料，信息化管理系统的开发建设文件材料等；

（14）本单位制定的条例、准则、章程和各项管理制度等文件材料；

（15）本单位成立、合并、撤销、更名、启用印信及组织简则、人员编制等文件材料；

（16）本单位、本系统的历史沿革、大事记，反映重要活动事件的简报、声像材料、荣誉奖励证书等文件材料；

（17）本单位（包括上报、下批）干部任免（包括备案）、调配、培训，专业技术职务申报、考试和评定、考核聘任，党员、团员、干部工勤人员名册、报表，以及工作人员的考试、考核、考勤、评聘、录用、转正、定级、调资、退职、退休、离休、评残、抚恤、死亡等工作及干部评优奖惩等文件材料；

（18）本单位和按干部管理权限规定的为下级单位办理的干部、工人的转移工资，行政、党、团、工会组织介绍信及存根；

（19）财产物资、档案等的交接凭证、清册。

（20）本单位的业务宣传、"CI"策划的定稿和印本，编印的情况反映，简报、宣传册等刊物的定稿和印本，编辑出版物的定稿、样本；

（21）本单位与外单位签订的各种合同、协议等文件材料；

（22）其他按有关规定应予归档的文件材料。

3. 同级行政部门或业务主管部门和非隶属机关的文件材料：

（1）同级行政部门或业务主管部门和非隶属机关颁发的非本单位主管业务但需要执行的法规性文件；

（2）有关业务机关对本单位工作检查形成的重要文件；

（3）同级行政部门和非隶属机关与本单位联系，协商工作的重要往来文件。

4. 下级单位的文件材料：

（1）下级单位报送的重要工作计划、报告、总结、典型材料统计报表、财务预算、决算报表等文件；

（2）下级单位（分局社保局）报送的政策性备案文件。

（二）档案的保管期限：

档案的保管期限由档案的保存价值确定，根据国家档案局的有关规定，档案保管期限一般分为永久和定期两种。定期保管档案的年限可根据其参考利用价值分为30年和10年。专门档案另有保管期限和销毁规定的按有关规定执行。

1. 永久保存的档案：本单位制定的属于政策性的文件；处理重要问题形成的文件、材料；召开的重要会议的重要文件材料；重要的请示、报告、总结；会计决算报表，综合统计报表；机构演变、单位领导人任免的文件材料；直属上级机关颁发的属于本单位主管业务并要贯彻执行的重要文件材料和非直属上级机关针对本单位业务并要贯彻执行的重要文件材料；构成数据库的基础数据和系统运行的重要业务资料（包括备份的计算机盘片）及各基本险种的个人账户资料等。

2．属于定期保存的档案由办公室会同应立卷和归档的业务科室共同确定保管期限，报主管或分管领导批准后执行；属于文件档案的由办公室根据有关规定确定保管期限，报主管领导或分管领导批准后执行。

（三）档案的销毁管理：

保管期限已经到期的档案和已无存查价值的档案可定期鉴定和销毁。属于业务或专业档案的由办公室主任和相关的业务科长，鉴定确认；属于文书档案的由档案员和办公室主任共同确认。销毁前由档案员登记造册，办公室主任和有关业务科长共同签字，报单位主管领导或分管领导批准后，由两人在指定地监销，并在销毁清册上签字。

八、会计档案的管理

（一）会计档案由总局和分局社保局组成保管单位，实现集中统一管理。总局社保局财务科应将保管超过一年的会计档案移交办公室档案员统一管理；各分局社保局财务科应将分局和所属的农牧场社保局保管超过一年的会计档案移交分局办公室统一管理（未实现局统筹的医疗保险、工伤保险和生育保险的会计档案，仍由农牧场社保局妥善保管）。

（二）按年度形式分类法，档案员应将会计档案分成四类，即凭证、账簿、报表和其他档案分别组成保管单位。

（三）会计档案的保管期限从会计年度终了后的第一天算起。会计档案的保管期限为永久、定期两种，垦区社保系统会计档案的保管期限明确为：

1．会计凭证：15年。
2．会计账簿：现金日记账、银行存款账为25年，其他15年。
3．会计报表：预算报表5年，年度决算报表永久，其他报表15年。
4．其他：15年。
5．固定资产清理报废：清理后5年。
6．会计档案移交清册：15年。
7．会计档案保管清册：25年。
8．会计档案销毁清册：25年。

（四）档案员应对会计档案分不同的类，按保管期限的长短依次排列案卷，做到科学管理，妥善保管，存放有序，查找方便，同时严格执行安全和保管制度，不得随意堆放，严防毁损、散失和泄密。

（五）档案员应与财务科的有关人员共同编制完整的会计档案目录，以利查找、提供、利用，并共同对各分局的会计档案管理进行业务指导、监督和检查。

九、档案保管制度

（一）存放档案必须有专门库房，并设有专柜、架、排架，排柜要科学摆放和便于查找，做到科学管理，排列整齐，并健全检索工具。

（二）微缩胶片、照片、磁带、光盘、磁盘的保管要符合规定要求。备份的磁盘、光盘等重要业务数据资料要做到异地存放和保管。

（三）要定期进行库藏档案的清理核对工作，做到账、物相符。

（四）库房要经常通风，做到整洁卫生，并做到防火、防水、防潮、防霉、防虫、防光、

防尘、防盗，以确保档案安全和延长档案寿命。

（五）接收、借阅档案必须认真验收，并办理交接和借阅手续。

（六）要经常检查永久性档案和会计档案的安全及保管情况，发现问题及时处理。

十、档案借阅制度

（一）借阅档案一律履行借阅手续，借阅人在借阅档案和归还档案时应签名并注明日期。

（二）借阅的档案不得中途转借他人。

（三）会计档案只能由财务部门和审计部门凭手续借阅，其他部门和人员一律不予借阅。

（四）所有档案要注意保管、保密，不得弄脏、涂抹、剪裁和拆毁等。

（五）借阅的档案未经批准，不得复制、拍照。借阅档案的时限为 7 天，用完后应及时归还，如期满未用完时，应续办借阅手续。

参 考 文 献

[1] 王立维，陈武英．档案管理学简明教程 [M]．杭州：浙江大学出版社，2006．
[2] 邓绍兴，陈智为．档案管理学 [M]．北京：中国人民大学出版社，2005．
[3] 陈兆祦，和宝荣，等．档案管理学基础 [M]．北京：中国人民大学出版社，2005．
[4] 徐拥军．商务档案管理 [M]．北京：中国建材工业出版社，2003．
[5] 冯惠玲．档案管理学 [M]．北京：中国人民大学出版社，1999．
[6] 何嘉荪．档案管理理论与实践 [M]．北京：高等教育出版社，1991．
[7] 王立维．档案统计指标应用举要 [J]．吉林档案，1993（2）．